中原智库丛书·论丛

全面深化改革开放，高质量建设现代化河南

QUANMIAN SHENHUA GAIGE KAIFANG
GAOZHILIANG JIANSHE XIANDAIHUA HENAN

阮金泉　王承哲 ◎ 主　编
李同新 ◎ 副主编

图书在版编目（CIP）数据

全面深化改革开放，高质量建设现代化河南/阮金泉，王承哲主编 .—北京：经济管理出版社，2023.5
ISBN 978-7-5096-9029-1

Ⅰ.①全… Ⅱ.①阮… ②王… Ⅲ.①区域经济发展—经济现代化—研究—河南 Ⅳ.①F127.61

中国国家版本馆 CIP 数据核字（2023）第 094984 号

组稿编辑：申桂萍
责任编辑：赵天宇
责任印制：许　艳
责任校对：陈　颖

出版发行：经济管理出版社
　　　　　（北京市海淀区北蜂窝 8 号中雅大厦 A 座 11 层　100038）
网　　址：www.E-mp.com.cn
电　　话：（010）51915602
印　　刷：唐山昊达印刷有限公司
经　　销：新华书店
开　　本：720mm×1000mm/16
印　　张：14.5
字　　数：269 千字
版　　次：2023 年 6 月第 1 版　2023 年 6 月第 1 次印刷
书　　号：ISBN 978-7-5096-9029-1
定　　价：88.00 元

·版权所有　翻印必究·
凡购本社图书，如有印装错误，由本社发行部负责调换。
联系地址：北京市海淀区北蜂窝 8 号中雅大厦 11 层
电话：（010）68022974　邮编：100038

编委会名单

主　编：阮金泉　王承哲
副主编：李同新
委　员：（按姓氏笔画排序）
　　　　万银锋　王宏源　王建国　王玲杰　邓小云
　　　　包世琦　冯玺玲　刘朝阳　闫德亮　李　娟
　　　　李立新　杨东风　杨兰桥　完世伟　张进才
　　　　张富禄　陈东辉　陈明星　陈建魁　赵西三
　　　　郜永军　唐金培　曹　明　潘世杰

前　言

感谢大家对现代化建设高端论坛暨第十三届中原智库论坛的积极参与和大力支持！

2022年6月18日，围绕全面深化改革开放推动现代化建设，为确保高质量建设现代化河南、高水平实现现代化河南提供理论服务和智力支持，河南省社会科学院、中国（海南）改革发展研究院、国际商报社联合举办"现代化建设高端论坛暨第十三届中原智库论坛"。

论坛得到了省内外相关单位和各方学者的大力支持，大家积极踊跃投稿，最终录用论文36篇。需要声明的是，各论文文责作者自负。录用的论文经过适当整理后，供大家参阅。由于时间和精力有限难免出现纰漏，后续将进一步完善提升。

再次感谢各方支持指导！

中原智库论坛会务组

目　录

统筹粮食安全与发展问题研究 …………………………… 迟福林　郭　达 / 1
高质量建设现代化河南的逻辑站位、时代特征及推进路径 ………… 唐晓旺 / 11
新时代河南全面开启现代化建设新征程的"五大关键" …………… 齐　爽 / 19
河南全力抓好第一要务的重大意义与重大举措 …………………… 高　璇 / 27
锚定"两个确保"推动河南高质量发展对策研究 ………………… 赵中华 / 34
现代化河南建设中乡村治理的推进逻辑与基本思路 ……………… 李三辉 / 41
以中华优秀传统文化助推现代化河南建设研究 …………………… 杨　波 / 49
"十四五"时期河南省推进创新驱动发展的思路与对策 …………… 吴旭晓 / 55
河南完善知识产权运营服务体系的对策研究 ……………………… 曾心怡 / 60
发展高水平民办职业教育　推动高质量技能河南建设 …………… 李婧瑗 / 70
河南推进战略性新兴产业集群高质量发展 ………………………… 袁　博 / 74
向"数"而行：河南省数字化转型分析 …………………………… 尚思宁 / 79
加快河南农业数字化转型 …………………………………………… 安晓明 / 83
河南省实现数字乡村治理的思考与建议 …………………………… 邓　欢 / 89
"互联网+"模式下基层治理数字化转型的困境及突破路径 ……… 郑　琼 / 94
数字化转型助力河南公共文化建设创新性发展 …………………… 靳瑞霞 / 100
新时代以人民为中心的河南数字政府建设 ………………………… 丁梦雨 / 104
文化强省建设要发挥红色资源优势 ………………………………… 李　娟 / 110
明确河南文化定位　推进河南文化高质量发展 …………………… 杨世利 / 114
河南省国家文化公园建设与城镇发展 ……………………………… 师永伟 / 120
国家考古遗址公园与河南文旅品牌建设研究 ……………………… 张冬宁 / 126
深耕优秀传统文化　打造爆款文旅视听产品
　　——对"中国节日"系列节目出圈出彩的思考 ………………… 李淑华 / 134
"一带一路"背景下河南中原文化传播路径探析
　　——以河南卫视《端午奇妙游》等系列节目为例 ……………… 李玉琪 / 142

· 1 ·

数字经济背景下城市群空间结构优化路径探析	刘一丝	/ 145
提高河南县城人口承载能力研究	盛　见	/ 150
河南农村地区青壮年就业创业情况分析	孙月月	/ 157
新时期河南农业农村现代化发展重点及路径选择	刘依杭	/ 163
中视频助力乡村振兴的研究与思考	李　珂	/ 169
推进郑州都市圈生态环境协同治理问题研究	张绍乐	/ 176
推进郑开同城化亟待破解的六大难题	刘　刚	/ 182
新时代传承创新中华传统孝文化的路径探索	刘兰兰	/ 187
实施民生领域改革战略融合发展城市养老服务	祁雪瑞	/ 194
治理现代化视域下的河南县域营商环境优化策略	金　东	/ 201
河南推进营商环境法治化的路径思考	王运慧	/ 207
以立法推进河南新型高端智库建设的构想	邓小云	/ 213
创新驱动发展战略下我国新型智库信息资源保障体系建设研究	丁　晓	/ 217

统筹粮食安全与发展问题研究[*]

当前,和平与发展的时代主题面临严峻挑战,发展与冲突成为全球面临的突出矛盾。面对国际风险日益加大的挑战,统筹安全与发展成为我国推进高水平开放、构建新发展格局的核心目标。在这个特定背景下,我国迫切需要在以粮食、能源为重点的商品领域和以金融、信息、科技为重点的服务领域,优化区域布局、产业布局与制度安排,形成统筹安全与发展新格局。

粮食安全是国家安全与经济社会发展的重要基础。党的十八大以来,在"以我为主、立足国内、确保产能、适度进口、科技支撑"的国家粮食安全战略和"谷物基本自给、口粮绝对安全"的新粮食安全观的指导下,我国在保障粮食安全、促进粮食发展方面取得了重大成就。但从实际来看,我国的粮食供需仍将在中长期维持紧平衡态势。特别是全球粮食产业链受到严重冲击、粮食保护主义向全球蔓延、主要粮食价格快速上涨等国际因素,叠加粮食消费继续增加、资源环境承载能力不足、农业劳动成本不断上升等国内因素,导致保障粮食安全、促进粮食发展仍将是我国中长期面临的重大而艰巨的课题。

习近平总书记曾指出,"河南作为农业大省,农业特别是粮食生产对全国影响举足轻重","河南农业特别是粮食生产,是一大优势、一张王牌,这个优势、这张王牌任何时候都不能丢"。河南是我国第二大产粮省份,在我国统筹粮食安全与发展中具有重要地位。当前,我国统筹粮食安全与发展面临着更加复杂的国内外形势,必须强化河南在我国双循环新发展格局中的农业支撑功能和服务国家安全与发展战略布局中的重要支点作用。

一、强化粮食供给安全

我国是一个超 14 亿人口的大国,粮食供给安全是重中之重。目前,我国粮

---

[*] 作者:迟福林,中国(海南)改革发展研究院院长、研究员、博士生导师;郭达,中国(海南)改革发展研究院院长助理,东北大学工商管理学院博士生。

食和主要农产品供应稳定,粮食供求基本平衡。与此同时,我国粮食生产与全球联系日益紧密,国际粮食供给格局变化对我国粮食生产和供给的影响日益增强,我国粮食供给的潜在危险逐步显现。这需要我们把握世界粮食安全格局变化,清醒认识我国粮食供给安全问题。

1. 俄乌冲突严重冲击全球粮食市场,加大全球粮食供给危机

近年来,俄罗斯与乌克兰逐渐成为全球主要的粮食出口国,在全球粮食生产与供给格局中的地位不断上升。1994~2020年,俄罗斯、乌克兰两国的小麦出口额由2亿美元增长到115.1亿美元,出口总额的比重由1.4%上升至25.7%(见图1)①。

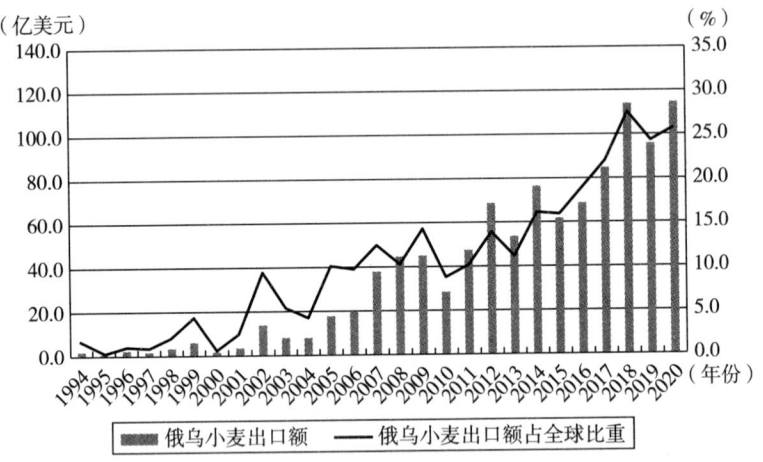

图1 1994~2020年俄乌小麦出口额及占全球的比重

俄乌冲突及西方制裁不仅对粮食生产及全球粮食产业链、供应链造成严重冲击,而且由此引发的全球粮食短缺使世界粮食出口管制愈演愈烈,包括全球第二大小麦种植国印度,以及其他国家纷纷制定粮食出口管制政策,粮食贸易保护主义有向全球蔓延的态势。同时,气候变化等叠加因素进一步加剧了全球粮食供给危机。联合国粮食及农业组织预计,2022~2023年,全球谷物缺口约为2000万吨,其中小麦供求缺口约为1270万吨;到2030年全球约有8%的人口,共计约6.6亿人可能面临长期饥饿。应当说,应对粮食供给危机已成为全球中长期面临的重大挑战。

---

① 本部分数据为作者在联合国粮食及农业组织数据库网站(https：//www.fao.ory/faostalz/)中查询相关数据并整理所得。

2. 粮食供给安全是我国统筹安全与发展的重要基础

近年来，我国粮食生产取得了显著成就，无论是粮食总产量，还是单位面积粮食产量，都呈现出总体上升的趋势。1991~2021 年，我国粮食总产量由 4.4 亿吨增长至 6.8 亿吨，增长了 54.54%；1991~2018 年，我国单位面积粮食产量由 3875.69 千克/公顷增长至 5621.17 千克/公顷，增长了 45.0%（见图 2）①。2021 年，我国人均粮食产量为 483 千克，高于国际公认的人均 400 千克的粮食安全线。我国依靠自身力量基本实现了粮食自给，形成了粮食安全的重要保障。

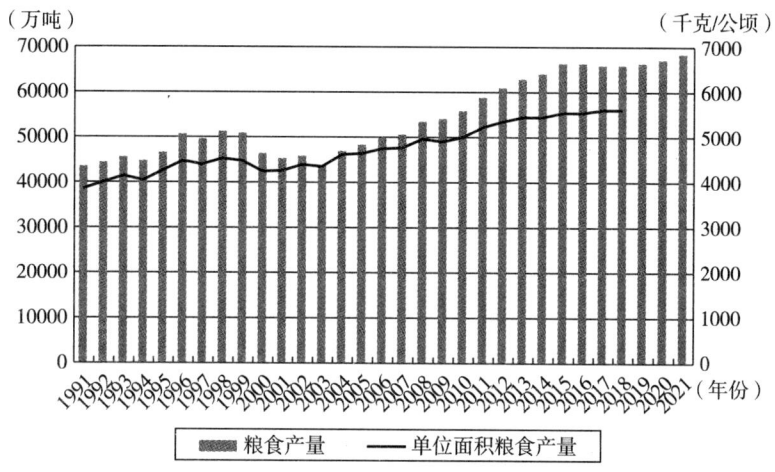

图 2　近年我国粮食产量与单位面积粮食产量

与此同时，我们要清醒地意识到我国粮食对外依存度提高所带来的风险。特别是在全球政治、经济、安全格局深刻变化的背景下，部分粮食对外依存度相对较高的潜在风险有可能转变为现实挑战，并成为保障我国粮食供给安全面临的新问题。2004~2021 年，随着我国农业市场持续扩大开放，我国粮食自给率由 94.98%下降至 80.58%，目前，有近 20%的粮食依赖进口（见图 3）②；同时，我国从乌克兰进口的玉米数量不断提升，从 2017 年的 182 万吨增至 2021 年的 824 万吨，五年内增长了 3.5 倍。俄乌冲突必将对我国粮食供给安全产生一定程度的影响。

---

①② 本部分数据为作者在国家统计局网站（https：//data.stats.gy.cn/）中查询相关数据并整理所得。

图3 1995~2021年我国粮食进口依存度变化情况

随着我国经济社会发展，人均粮食消费量还将逐步增加，特别是粮食消费结构逐步向高端化、绿色化提升，并由此带来粮食消费总量刚性增长和粮食消费结构不断升级。为此，我国需要实现提升粮食供给能力与优化粮食供给结构的双重目标，这也进一步增加了保障粮食供给安全的难度。中国社会科学院预测，到"十四五"期末，中国有可能出现1.3亿吨左右的粮食缺口，其中谷物缺口为2500万吨。在全球粮食供给宽裕、国际形势稳定的情况下，进口粮食不仅能保障我国粮食供给稳定，也对我国节约土地资源、保护生态环境具有重要作用。但在当前形势下，明显提升粮食供给自足性，实现"把中国人饭碗端在自己手里"的紧迫性全面凸显。

3. 加快推进河南农业工业化

2021年，河南夏粮总产量为760.64亿斤，占全国总产量的26.1%；其中，小麦总产量为760.56亿斤，占全国总产量的28.3%，居全国第一位。从问题导向来看，河南农业工业化的短板依然突出。2021年，河南土地产出率为4388.5元/亩，低于广东、浙江、江苏、山东等农业强省，河南人均农业劳动生产率只有2.3万元，为全国平均水平的56%，农产品精深加工率在20%左右。未来，强化河南在我国统筹粮食供给安全中的核心作用，需要在增加耕地面积基础上，尽快在农业工业化方面实现实质性突破。

第一，加快构建以生产、加工、储藏、运输、交易为重点的农产品产业链。依托河南农业装备制造优势，争取到2030年河南农产品加工产值与农业总产值的比值由目前的2.5:1提升至3.5:1左右，明显提升农业生产效率与国内国际竞争力。加大政府在土壤改良、农田水利基础设施建设、节水改造工程等领域的投入力度，逐步提升耕地质量。

第二，鼓励粮、油、菌、农机、畜产品等领域头部企业上市，形成一批具有全球竞争力的农业龙头企业。优化农业工业化区域布局，推动河南省各市、县形成各具特色的农业产业链、服务链。

第三，借助《区域全面经济伙伴关系协定》（Regional Comprehensive Economic Partnership，RCEP），吸引国内外龙头企业在河南设立农业总部基地，构建与农业工业化相配套的服务体系和创新体系。探索建立与国际标准接轨的食品和农产品质量安全标准体系与管理模式。服务企业用好 RCEP 农产品快速通关机制，开拓国际市场。支持河南省内龙头企业开展对外农业投资，获取境外优质关键农业生产资源。

二、强化粮食市场安全

作为基础性市场，粮食市场的稳定直接关系到我国宏观经济的稳定。粮食市场价格波动，直接关系到种粮农民的收入变化，也对我国通胀预期管理与消费价格变化产生重要影响。在全球面临通胀危机的情况下，强化粮食市场安全，保持粮食市场价格总体稳定，已成为我国稳定宏观经济预期的重大任务。

1. 全球粮食价格快速上涨增大全球滞胀风险

在俄乌冲突和粮食保护主义等的影响下，全球粮食价格快速上涨（见图4）。联合国粮食及农业组织数据显示，2022 年 6 月全球粮食价格指数虽较上月同比下降了 4.1 个百分点，但与上年同期相比仍上涨 27.6%，与 2020 年同期相比上涨 70.9%。其中，国际小麦价格继 5 月逼近历史高点后，于 6 月回落 5.7%，但仍同比上涨 48.5%[①]。全球粮食价格在高位运行将成为常态。

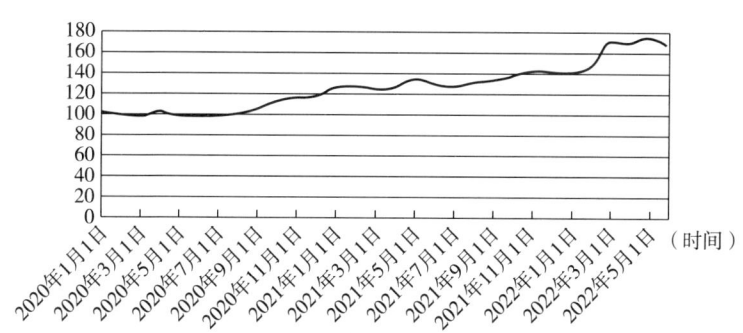

图 4　全球粮食价格指数变动情况

---

① 本部分数据来源：粮农组织食品价格指数和农产品价格指数［EB/OL］.联合国粮食及农业组织网站，https：//www.fao.org/worldlfoolsituation/foodprieesindex/zh/，2022-07-08.

在粮食与能源价格快速上涨的推动下，全球面临通货膨胀危机。世界银行数据显示，2022年4月全球通货膨胀率已高达7.8%，新兴市场与发展中经济体的通货膨胀率达到9.4%，全球112个国家的通货膨胀率在6%以上。在经济增长乏力与全球产业链、供应链受到严重冲击的情况下，世界经济可能将进入"滞胀时代"。

2. 我国粮食价格总体稳定，但仍需充分估计国际粮食价格快速上涨可能带来的冲击

近年来，我国持续深化粮食收储制度和价格形成机制改革，在稳步提升农民种粮收入的同时，确保了我国粮食价格总体稳定。2022年5月，我国小麦集贸市场价格环比上涨1.3%，远低于同期全球粮食价格涨幅，但仍然要高度重视近期小麦价格增速明显加快的潜在风险。例如，2019年5月至今，我国小麦集贸市场价格累计增幅为26.1%，超过了2010年5月至2019年5月的累计增幅（见图5）。2022年5月，我国食品价格上涨2.3%，涨幅比上月扩大了0.4个百分点。其中，粮食价格上涨3.2%，小麦收购价格较上年同期上涨22.6%[①]。

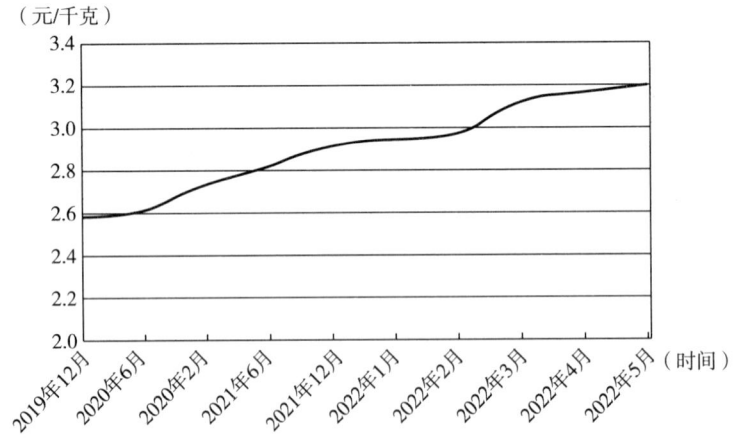

图5　2019年12月至2022年5月我国小麦集贸市场价格变动情况

我国不仅需要有效防范国际粮食价格上涨引发的输入性通货膨胀风险，而且需要高度关注因部分国家实行粮食出口管制、能源化肥等生产资料价格上涨造成的成本与价格倒挂加剧，并由此引发的粮食供给短缺风险。根据《全国农产品成

---

① 本部分数据根据国家粮食和物资储备局公布的多期《全国主要粮食品种收购价格周报》相关数据测算得出。

本收益资料汇编》，2006~2018年，我国稻谷、小麦和玉米三大主粮的平均生产总成本从444.92元/亩上涨到1093.65元/亩，涨幅高达145.8%；其中，三大主粮生产的平均工资成本从151.96元/亩上涨到419.24元/亩，上涨了175.9%。2022年5月出现的由于每亩可以得到1500元的收益，部分农民把没有成熟的小麦当作青贮卖掉的现象，需要引起多方面的关注。

3. 优化河南粮食生产的政策支持体系

面对我国粮食价格上涨压力不断而增加的现实挑战，需要强化河南等粮食主产区在进一步深化我国粮食收储制度和价格形成机制改革方面的先行示范作用，率先形成统一开放、竞争有序的现代粮食市场体系。

第一，完善粮食价格形成机制。例如，针对小麦、稻谷等口粮，以"成本+基本收益"为原则制定实施最低收购价格，激发农民种粮的积极性。完善种植补贴方式，逐步将补贴重点向规模化农业生产、服务主体倾斜。完善农产品价格保险机制，优化农民种植收入保险体系，明显提高收入保险金额，扩大保险覆盖面。同时，根据实际需要开发水灾等特色大灾保险，提升农民的抗风险能力。

第二，继续优化农业组织结构。支持河南省内专业大户、家庭农场、农民合作社、农业产业化龙头企业等新型农业经营主体加快发展。在保障集体利益与农户利益的前提下，开展"社会资本+村集体+农户"试点，通过优先雇用、社会保障、保底收益、按股分红等利益联结方式，形成社会资本与农民利益共同体。同时，引导返乡农民工创办、领办家庭农场、农民合作社、农业产业化龙头企业、农村专业技术协会和社会化服务组织等新型农业经营主体。

第三，构建河南农业品牌化、绿色化转型发展的政策支持体系。实施绿色导向的农业投入政策，打造河南绿色农业品牌，降低农业生产、经营主体的绿色发展成本。在省级层面开展农业品牌整合，并打造省域或区域性公用品牌，在明确标准的前提下引导粮食种植主体推动粮食产业转型升级，提升河南在粮食产业链、供应链、价值链中的地位。

三、强化粮食种子安全

"中国人的饭碗要牢牢端在自己手中，就必须把种子牢牢攥在自己手里。"种子是农业的"芯片"，强化种子安全成为统筹粮食安全与发展的重大任务。当前，在发展与冲突成为全球面临的突出矛盾的大背景下，保障种源自主可控的紧迫性、战略性全面凸显。

1. 全球种业垄断格局叠加俄乌冲突提升强化种子安全的紧迫性

自20世纪90年代开始，全球种业快速发展，特别是在全球化推动下，种业企业由传统的种植业逐步向技术密集型、资本密集型、人才密集型、市场垄断型、经营全球化的高新技术产业演变。当前,世界种业竞争日趋激烈,国际种业巨头纷纷加快全球化布局,加大研发投入,以市场垄断和技术壁垒强化自身利益,基本形成了全球种业市场被欧美国家高度垄断的市场格局。2020年,全球前十大种业企业的市场占有率达到60.9%;其中,前三大种业企业的市场占有率达到46.39%(见表1)。

表1 2020年全球前十大种业企业及市场份额

排名	企业	国家	销售额(百万美元)	占比(%)
1	拜耳	德国	10667	23.2
2	科迪华	美国	7590	16.5
3	先正达	中国	3083	6.7
4	巴斯夫	德国	1619	3.5
5	科马格兰	法国	1491	3.2
6	科沃斯	德国	1263	2.7
7	丹农	丹麦	779	1.7
8	坂田	日本	587	1.3
9	陇井	日本	484	1.1
10	隆平高科	中国	450	1.0

俄乌冲突后,粮食种子及化肥等关键农业生产资料被欧美国家用作制裁俄罗斯的武器。例如,德国拜耳集团发表声明称将停止在俄罗斯和白俄罗斯的"所有非必要业务"。种子安全在全球粮食生产大国中的重要性全面提升。

2. 我国种业发展正处于重要节点,统筹种子安全与种业发展仍是艰巨任务

近年来,我国种业发展取得重要进展,种子供应总体有保障。2020年,除玉米种子小比例依赖进口外,其余主粮种子自主选育的品种面积占比超过95%;农作物种子年进口量约占国内用种总量的0.1%,以蔬菜种子为主。同时,我国种业也在调整中实现稳步发展。近五年来,我国水稻、小麦两大口粮作物品种完全自给,种业市场规模维持在1200亿~1400亿元,使我国成为仅次于美国的全球第二大种业市场(见图6)。

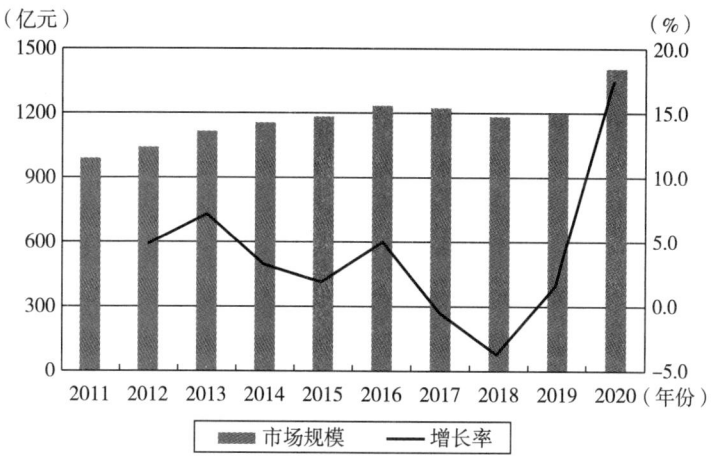

图6 2011~2020年我国种业市场规模及增速

与此同时，我国部分种子科技含量不高、种业竞争力不强的矛盾突出，并成为保障粮食安全的突出掣肘。例如，我国自主育种的玉米、大豆单产水平不足美国等发达国家的60%；部分蔬菜种子进口依赖度超过85%；种业企业"小、散、弱"的问题突出，我国65%以上的种子企业规模不足3000万元，全国前五大种子企业的市场份额仅为13.8%；具有研发能力的种子企业占比不足2%。在全球知名种子企业加速在我国布局的情况下，统筹种子安全与种业发展，逐步成为我国保障粮食安全的重大课题。

3. 营造有利于河南种子科技创新与种业发展的优良环境

河南既是种子需求大省，也是种子生产大省。2020年，河南以9.7%的育种企业为全国提供了30%~40%的小麦、花生种子。为适应我国保障粮食安全的需要，河南要尽快由育种大省向育种强省转变。

第一，推动全省种子企业战略重组。以资本为纽带，支持企业通过市场机制对全省642家育种企业及其资源进行整合，打造多个区域性种子大型骨干企业。灵活应用税收减免、资金奖励、用地、融资等政策加大对省内种业龙头企业的支持力度。根据全省种植布局，以龙头企业为引领打造多个各具特色的种业发展集群。

第二，畅通种业产学研转换机制。支持现有种业龙头企业与研发机构、上下游企业组建种子研发推广合作联盟，明显提升育种成果转化率。与国内外一流高校和科研机构共建联合实验室，积极破解种业缺"芯"难题。鼓励省内制种企业加快海外布局，开展种子贸易、投资合作、技术转让、资源整合等。支持郑州商品交易所开辟种子期货现货交易功能，开展涵盖育种技术、种质资源、种子知识产权交易及相关融资保险等配套服务。同时，加快国家生物育种产业创新中心建设，深化人才管理体制与科研管理体制改革，打造全球生物育种创新引领型新高地。

第三，强化种业领域的知识产权保护。加强地方立法探索，完善种子管理法律体系。进一步细化和统一植物新品种权侵权的界定、认定标准、方法等规则，率先推动品种权保护制度与知识产权保护制度的衔接。强化种子领域的行政保护与司法保护，推动农业、市场、交通、海关、知识产权、公安等部门协调联合办案、跨区域协作，打破种子知识产权保护领域的"条块分割"。

参考文献

［1］中华人民共和国国务院新闻办公室．中国的粮食安全［R/OL］．（2019-10-14）［2022-06-10］．http：//www.gw.en/zhengee/2019-10/14/comtent_5439410.htm.

［2］中原奋进正扬帆：沿着总书记的足迹之河南篇［EB/OL］．（2022-06-10）［2022-06-15］．http：//www.xinhuanet.com/202-06/10/c_1128729435.htm.

［3］2021年世界粮食安全和营养状况［R/OL］．（2021-07-12）．

［4］十年来我国粮食产能稳定提升［EB/OL］．（2022-06-28）［2022-06-30］．http：//www.gov.cn/ximwen/2022-06/28/content_5698149.htm.

［5］刘慧．玉米保供双向发力［N］．经济日报，2022-04-27（6）．

［6］《中国农村发展报告2020》主报告课题组．正确理解和科学看待我国粮食缺口［EB/OL］．（2020-08-20）［2022-06-15］．http//ex.essn.cn/zx/bwye/202008/120200820_5172381.shtml.

［7］李同新，陈明星，宋彦峰．河南农业农村发展报告（2022）：全面推进乡村振兴［M］．北京：社会科学文献出版社，2021：4-5.

［8］全面实施乡村振兴战略 加快农业农村现代化［EB/OL］．（2022-04-12）［2022-06-15］．http：//m.hnjs+j.gov.cn/2022/0412/63950.html.

［9］美国5月CPI同比上涨8.6%［EB/OL］．（2022-06-10）［2022-06-15］．http：//www.news.cn/2022/06/10/c_1128731594.htm.

［10］郭林涛．我国中长期粮食供应的脆弱性分析及其应对［J］．中州学刊，2020（8）：32-37.

［11］习近平在海南考察：解放思想开拓创新团结奋斗攻坚克难 加快建设具有世界影响力的中国特色自由贸易港［EB/OL］．（2022-04-13）［2022-06-10］．http：//www.gow.cn/xinwen/2022-04/13/comlent_5685109.him?jump=true.

［12］乔金亮，吉蕾．种业问题调查［N］．经济日报，2022-04-12（1）．

［13］前瞻产业研究院．2021年中国种子安全研究报告［R/OL］．（2021-07-14）［2022-06-10］．https：//bg.qianzhan.com/reporvdetail/2107141544484029.html#read.

［14］于浩．把种业的"芯片"掌握在自己手中［J］．中国人大，2021（16）：16-17.

高质量建设现代化河南的逻辑站位、时代特征及推进路径*

新时代,河南站在了新的历史起点,开启了现代化建设的新征程。"确保高质量建设现代化河南,确保高水平实现现代化河南"是新时代河南对标第二个百年奋斗目标的战略部署,是一项复杂的系统工程,涉及政治、经济、社会、文化、生态等方面,面临着很多困难和挑战。因此,全省上下必须以超常的思维、系统的观点思考问题,努力探索符合河南实际的高质量现代化之路。

一、高质量建设现代化河南的逻辑站位

(一)站位世界谋格局,以扩大开放推动深层次改革

习近平总书记指出,"世界正在经历百年未有之大变局,既是大发展的时代,也是大变革的时代"。目前,我国发展处于重要战略机遇期,机遇和挑战都有新的发展变化。面对新情况,国家提出了加快构建新发展格局的战略决策。当前,世界经济增长乏力、外需不足,外向型经济普遍受阻。促进国际国内双循环、建设国内大市场成为当代中国现代化建设的新方略。这对每个地区都是一个机遇性和重塑性的变革。在双循环新发展格局下,河南由开放的"末梢"变为开放的"前沿",由发展的"后方"变为发展的"前线",迎来了在世界版图上拓展发展新空间的良好契机。不进则退、慢进亦退、不创新必退。审时度势,河南必须抢先入局,必须站位世界,以更宽的视野、更强的力度谋划和推进改革开放,着力打造新时代全面深化改革开放的新标杆、国家创新型经济新高地、"三化"协调科学发展的示范区,成为展示中国风范、中国气派、中国形象的亮丽名片;必须抓住机遇,坚持开放为先,加快建立开放型经济新体制,推动形成全面开放新格局,打造开放层次更高、营商环境更优、辐射作用更强的开放新高地;必须解放思想,下大气力破除体制机制弊端,解放和发展生产力,在更高起点谋划和推进

---

* 作者:唐晓旺,河南省社会科学院经济研究所研究员。

全面深化改革开放，高质量建设现代化河南

改革，勇于破难题、闯难关，在破除体制机制弊端、调整深层次利益格局上"啃硬骨头"，强化改革举措系统集成，科学配置各方面资源，形成更加成熟更加定型的制度体系，为高水平实现现代化提供新的动力。

（二）站位全局谋发展，再造优势推动新的跨越

"十四五"时期是我国在全面建成小康社会的基础上，开启基本实现社会主义现代化新征程的重要时期。目前，河南的经济与广东、江苏、浙江等经济发达地区相比，仍有较大的差距，产业层次低，产品附加值不高，科技发展滞后，有些指标甚至达不到全国平均水平。新时代，河南应该站位全国大局，谋求跨越发展。在大局下谋划，在大势中推进，在大事上作为。第一，加快建设现代产业体系。河南应该把发展经济的着力点放在实体经济上，坚定以制造业高质量发展为主攻方向，常态化开展"万人助万企"活动，滚动推进"三个一批"项目建设，推动先进制造业和现代服务业、数字经济和实体经济深度融合，加快产业基础高级化、产业链现代化，建设制造强省。第二，加快推进招商引资。动态完善重点产业链图谱和招商路线图，创新招商方式，持续招大引强、招新引尖，特别是要引进一批高科技新技术头部企业，带动全省产业实现转型升级，实现产业现代化。第三，加快推进新型城镇化。坚持龙头带动和整体联动相结合，推动中心城市"起高峰"、县域经济"成高原"，加快形成以中原城市群为主体、大中小城市和小城镇协调发展的现代城镇体系。第四，全面推进乡村振兴。始终把解决好"三农"问题作为重中之重，推进乡村产业振兴、人才振兴、文化振兴、生态振兴、组织振兴，实现巩固拓展脱贫攻坚成果同乡村振兴有效衔接，加快农业农村现代化。

（三）站位未来谋创新，构建开放型创新生态

创新是引领发展的第一动力。2016年5月30日，习近平总书记在全国科技创新大会、两院院士大会、中国科协第九次全国代表大会上的讲话中指出，"纵观人类发展历史，创新始终是一个国家、一个民族发展的重要力量，也始终是推动人类社会进步的重要力量"。习近平总书记2018年5月28日在中国科学院第十九次院士大会、中国工程院第十四次院士大会上讲话时指出"中国要强盛、要复兴，就一定要大力发展科学技术，努力成为世界主要科学中心和创新高地"。抓创新就是抓发展，谋创新就是谋未来。在激烈的国际竞争中，唯创新者进，唯创新者强，唯创新者胜。当前，河南经济总量已跃居全国省份第五位，社会生产力、综合实力、科技实力迈上了一个新的大台阶。然而，在河南整体发展中不平衡、不协调、不可持续问题依然突出，人口、资源、环境压力越来越大。河南实现高水平现代化涉及近一亿人口，涵盖经济、社会、文化、生态等各方面，走要素驱动的老路难以为继。因此，河南必须站位未来，及早转入创新驱动发展轨

道，更好地释放科技创新潜力。基于此，河南必须加快实施创新驱动战略，把创新摆在发展的逻辑起点、现代化建设的核心位置，做强创新平台，壮大创新主体，集聚创新人才，完善创新制度，优化创新生态，建设国家创新高地；必须坚持面向世界科技前沿、面向经济主战场、面向国家重大需求、面向人民生命健康，完善科技创新体系，打造一流创新生态，推动创新链、产业链、供应链、要素链、制度链共生耦合，增强科技硬实力、经济创新力；必须加强跨周期战略谋划，争创国家未来产业先导示范区，前瞻布局未来产业，在氢能与储能、量子信息、类脑智能、生命健康科学、前沿新材料等产业加快谋划，超前部署，力争在关键领域、细分领域抢占发展先机。

（四）站位群众谋民生，发挥群众主体作用

群众路线是我们党的生命线和根本工作路线，是社会主义革命及现代化建设事业取得胜利的根本法宝。习近平总书记指出，"我们要始终把人民立场作为根本立场，把为人民谋幸福作为根本使命，坚持全心全意为人民服务的根本宗旨，贯彻群众路线，尊重人民主体地位和首创精神，始终保持同人民群众的血肉联系，凝聚起众志成城的磅礴力量，团结带领人民共同创造历史伟业"。人民群众是现代化建设的主力军，是现代化建设的力量源泉，高质量建设现代化，必须发挥人民群众的主体作用。高水平实现现代化河南，必须站位群众立场，增进群众感情，尊重群众首创精神，凝聚全省人民的意志，形成建设现代化河南的合力；必须站位群众所思所想，与群众结成真心的朋友，听取群众内心最真实的想法，始终把群众利益摆在最高位置，以群众拥不拥护、赞不赞成、高不高兴、答不答应作为根本工作标准；必须站位群众所急所盼，时刻把民生疾苦放在心头，从群众最关心的问题入手，把改革发展责任扛在肩上，着力解决发展不平衡不充分问题，让改革发展成果更多更公平地惠及全省人民，走好共同富裕之路，从而引导人民群众投身现代化建设之中，成为河南高水平建设现代化的"中流砥柱"。

（五）站位马克思主义立场，强化现代化建设的正确方向

马克思主义立场观点方法是辩证唯物主义和历史唯物主义世界观、方法论的统一，是共产党人看待一切问题的思想武器。站位马克思主义立场，就是要运用马克思主义的立场、观点和方法，分析和解决现代化建设中遇到的问题，推动社会主义现代化建设走向胜利。就河南来说，"两个确保"是一项复杂的系统工程，是一项前无古人的伟大事业，只有站位马克思主义立场，才能保证现代化建设的社会主义方向，保证广大人民群众的根本利益。在高水平建设现代化河南的实践中，必须站位马克思主义立场，推动马克思主义同河南现代化建设实践相结合，形成克服一切困难和挑战的思想武器。第一，始终保持共产主义的初心和使命，坚定马克思主义信念，强化使命担当，坚持现代化建设的正确方向；第二，

全面深化改革开放，高质量建设现代化河南

要深入推进自我革命，以新理念、新思路、新方法、新手段解决好新形势下现代化建设面临的新问题，提高现代化建设的质量和成效；第三，坚持解放思想、实事求是的方法，全面深化改革开放，推动体制与机制创新，强化高水平实现现代化的制度保障；第四，坚持党的领导，加强党的建设，不断发挥马克思主义政党的政治优势，为现代化建设提供强大政治保障。

二、高质量建设现代化河南要突出时代特征

（一）突出共富特色，以新发展格局引领高质量发展

现代化作为一股世界潮流，自英国工业革命开始，便不断推陈出新。中国早在鸦片战争结束以后，先进的知识分子已经开始了探索和寻求中华民族现代化的道路。中华人民共和国成立以后，党对我国现代化建设的目标不断完善，从中华人民共和国成立初期的"四个现代化"到党的十一届三中全会的"富强、民主、文明"，再到党的十六届六中全会的"富强、民主、文明、和谐"，党的十九大以后我国现代化的目标中又加上了"国家治理现代化"。我国现代化的目标越来越明晰，越来越符合中国实际。河南作为当代中国的缩影，在现代化道路的探索上也经历了不断完善的过程。河南省委、省政府在党中央的领导下，根据不同时代的特征，相继提出了"一高一低""两个较高""两大跨越""三化协调""打造三大高地实现三大提升""两个高质量"等现代化建设的方略，引领全省人民切实推进河南现代化建设。河南经过全省人民的不断努力，从传统的农业大省发展为新兴的工业大省，经济总量连续多年稳居全国第五位。当前，我国已全面建成小康社会，实现了第一个百年奋斗目标，开启了全面建设社会主义现代化国家的新征程。在此背景下，河南省委提出了"两个确保"的战略部署，这是谱写中原更加出彩新篇章的战略抉择，是中原崛起、河南振兴、富民强省方略的继承和发展，是开启全面建设社会主义现代化强省新征程的时代宣言。高质量建设现代化河南，必须以新发展理念为引领，加快经济结构战略性转型；必须以国内大循环为主、国内国际双循环相互促进构建河南发展新格局，探索内陆欠发达地区现代化之路；必须消除贫困、消除两极分化，建设共同富裕的现代化河南。

（二）突出中原特色，在全国现代化大局中自觉担当

河南处于我国地理位置的中心地带，是中华民族和华夏文明的重要发源地。"得中原者得天下"；逐鹿中原，方可鼎立天下。"天下之中"的独特区位赋予了河南独特的交通优势，由此带来了商品经济的繁荣。战国时期，在河南一带的商业中心，可以买到西方的皮革、东方的渔盐、南方的象牙、北方的马匹等。北宋之前，中原一直是中国政治、经济、文化和交通的中心。到了近现代，河南商业在全国仍占有重要地位。20世纪八九十年代的"郑州商战"闻名全国。此外，

·14·

河南地势平坦、土地肥沃、气候温润，也奠定了河南作为全国重要农业大省和新兴工业大省的基础。不过，在上一轮的对外开放中，河南因为位于内陆、不沿边不靠海，与沿海发达地区相比，处于劣势。但是，在"畅通内循环，构建大市场"的当下，"天下之中"的河南拥有了绝对的优势。在全面开启现代化的新征程中，河南应该立足自身的资源禀赋和产业基础优势，努力探索具有鲜明中原特色的现代化之路。第一，强力畅通内循环，着力构建中原大市场，为构建统一开放、竞争有序的全国大市场疏通经络。第二，实施优势再造，推动交通区位优势向枢纽经济优势转变、产业基础优势向现代产业体系优势转变、内需规模优势向产业链供应链协同优势转变，形成高质量发展新动能。第三，扎实推进共同富裕。长期以来，中原地区区域内发展差距相对较小，各地区发展相对均衡。因此，现代化河南，应该坚持这一特色，围绕共同富裕的根本目标，不断探索具有河南特色共同富裕的现代化之路。

（三）突出创新特色，建设国家创新高地

当今时代，创新在现代化建设全局中居于核心地位，科技自立自强是国家发展的战略支撑，加快建设科技强国，是现代化建设的重要任务。河南作为全国经济大省、人口大省，在开启全面建设社会主义现代化新征程的过程中，比以往任何时候都需要创新。河南省委、省政府高度重视科技创新工作，聚焦新发展理念，紧紧抓住构建新发展格局的战略机遇，以敢为人先的锐气和胆识，以"不进则退、慢进亦退、不创新必退"的历史使命感和责任感，以前瞻30年的格局和视野提出把河南建设成为国家创新高地的远景目标。突出创新特色，加快实施科技立省战略，积极推进产业技术创新和全域创新创造，努力在高水平创新平台、重大科技基础设施、世界一流学科、世界前沿课题、重大关键创新成果上实现重大突破。加快培育创新主体、创新人才、创新载体，实现创新主体高效联动、创新资源高效配置、科技成果迅速转化。加快构建创新生态，强化政策引领和考核导向，加快补齐河南在投入、人才、体制机制等方面的短板，全面完善河南创新体系、提升全域创新能力，为高质量现代化河南建设提供科技支撑。

（四）突出人文特色，打造有品质的现代化

文化是根、文化是魂。社会主义现代化是物质文明和精神文明相协调的现代化。在漫长的历史长河中，河南在中国的政治、军事、经济、文化等领域始终占据重要地位。"一部河南史，半部中国史"。河南文化底蕴厚重，是中国社会的缩影，是中华民族和华夏文明的重要发源地。建设高质量现代化，增强文化自信，弘扬中华优秀传统文化，推动中国传统文化创造性转化、创新性发展应该是河南人的担当。第一，将河南历史积淀与现代化河南建设紧密结合，诠释和丰富"开放、创新、包容"的河南精神，提振河南人奋进新征程、创造新奇迹的精气神。第二，弘扬和发展人文情怀，打造人性化社会、人文化气息、人情味生活。现代化河南，既应该有绿色、高效的产业园区和科技园区，也应该有一大批高品质的艺术街区、人文地标和文化景区，让越来越多的人向往河南，让文化成为推动河南现代化建设的重要力量。第三，坚持以文塑旅、以旅彰文，持续打造老家河南、天下黄河、华夏古都、中国功夫等品牌，强化创新驱动、美学引领、艺术点亮、科技赋能，推动文创文旅融合发展，努力建设有品质的现代化新河南。

三、高质量建设现代化河南的推进路径探索

（一）坚持"质"与"量"并重，推动结构转型升级

唯物辩证主义认为，"质"与"量"是辩证统一的，事物的发展都有一个由量变到质变的过程。现代化建设也不例外，也存在"质"与"量"平衡的问题，高质量建设现代化必须处理好"质"与"量"的关系。河南无论是人均GDP、城镇化水平等数量指标，还是全要素生产率、科技创新水平等，在全国均处于劣势。要实现"两个确保"，必须坚持"质"与"量"并重，效率和速度的双提升，实现经济结构的根本性转型，从现在开始到21世纪中叶，全省经济增速必须高于全国平均水平1~2个百分点，尽快缩小与沿海发达省份的差距。为此，必须贯彻新发展理念，转变发展方式，推动质量变革、效率变革、动力变革，以科技创新促产业转型，推动河南产业向产业链、价值链高端提升。坚决反对单独追求"质"或"量"的两种倾向，避免出现过分执着于增长速度目标而忽视质量的问题，也要警惕经济转型力度过大可能造成经济下滑过快的风险，探索一条"质量并重""以质促量"的现代化之路。

（二）坚持"城"与"乡"统筹，推动城乡融合发展

城乡关系是事关国民经济和社会发展全局的重大问题，正确认识和处理城乡关系是高质量现代化建设中的一个重要课题。无论是中华人民共和国成立初期的"四个现代化"还是党的十六届六中全会确定的"富强、民主、文明、和谐"的现代化，都内含着城乡协调发展的要求。河南是一个农业大省，农村和农业现代化水平较低，是河南高质量建设现代化的短板，推动城乡协调发展任重道远。要实现"两个确保"，第一，努力提高城市现代化的质量，增强发展动力和动能，助力全省主要指标达到或超过全国平均水平；第二，努力提高全省农村和农业现代化的水平，拉长短板，为实现高水平现代化提供新的动能和增长点。基于此，必须坚持协调发展理念，统筹城乡协调发展，推进城市与乡村共生共荣；必须加快推进乡村振兴，提升农村和农业现代化，走城乡融合发展之路，形成城乡健康互动的和谐互补关系。

（三）坚持"点"与"面"结合，推动区域协调发展

实施区域协调发展战略是新时代国家重大战略之一，是贯彻新发展理念、建设现代化经济体系的重要组成部分。习近平总书记指出，新形势下促进区域协调发展，要发挥各地区比较优势，增强中心城市和城市群等经济发展优势区域的经济和人口承载能力，形成优势互补、高质量发展的区域经济布局。河南作为一个欠发达地区，区域发展差距依然较大，无序开发与恶性竞争仍然不同程度地存在，区域发展不平衡、不充分问题仍然突出。建设现代化河南，实现"两个确保"，必须解决区域发展不平衡问题，推动形成大中小城市及农村互动发展的新格局。第一，强化郑州的龙头地位，提升洛阳、南阳的副中心城市地位，提升城市等级和国际化水平，引领现代化河南建设。第二，大力支持黄淮四市、"三山一滩"、革命老区等相对薄弱板块的加快发展，大力推进乡村振兴，补齐河南现代化的短板，促进共同富裕。第三，推进豫西、豫北、豫东等板块依托区域中心城市开展合作，融合发展，减小差距，加快形成一体化的协调发展格局。

（四）坚持"传统"与"新兴"融合，推动优势再造

当前，全球科技创新进入空前密集活跃期，新一轮科技革命和产业变革正在重构全球创新版图，重塑全球经济结构。数字产业化与产业数字化加速推进，新产业、新业态、新模式层出不穷，大数据、互联网、人工智能、云生态等新经济展现出强大的潜力。与此同时，一些传统的产业和技术则面临分化，一部分产业和技术借助于数字化获得了新生，而另一些传统产业则走向了衰落。长期以来，河南资源型、劳动密集型等传统产业比重较大，新兴产业发展不足，经济结构偏重、层次偏低的问题相对突出。未来一个时期，河南推进现代化建设，必须认真处理传统与新兴的关系，既要高度重视传统优势资源，也要深入挖掘、培育新优势资源、优势产业。必须把产业项目建设、创新驱动与新增长领域培育紧密结合，大力推动传统优势资源和新优势资源、优势产业与不断涌现的新技术新业态新模式相融合，形成推动河南高质量现代化建设的重要力量。

（五）坚持"近期"与"远期"兼顾，推进长远利益结合

高质量现代化建设是一项长期的任务，需要长远考量，既要考虑长远利益，也要顾及近期利益，做到统筹兼顾。按照河南省第十一次党代会的部署，到21世纪中叶，实现"两个确保"，必须统筹兼顾近期利益和远期利益，处理好代际之间的利益关系，推动长期稳定可持续发展。在产业发展中，在侧重投资强度、税收、聚集度考核等短期效益的同时，应该支持科技成果转化等相对慢、周期长的项目，兼顾对产业的长远布局，培养经济可持续发展的后劲和动力。在生态环境中，要坚持"绿水青山就是金山银山"的理念，绝不以牺牲生态环境为代价

换取经济的一时发展,绝不要污染的"GDP"。

(六)坚持"国有"与"民营"共生,实现有为政府与有效市场统一

党的十九大强调,要使市场在资源配置中起决定性作用,更好地发挥政府作用。国有企业与民营企业是政府与市场关系的两个重要变量,正确把握二者之间的关系,实现二者的共生发展,是实现有为政府与有效市场均衡的重要因素。长期以来,河南国资国企改革相对滞后,民营经济发展活力不足,成为河南现代化建设的短板。未来一个时期,河南推动现代化建设,实现"两个确保",必须树立"国有"与"民营"共生理念不动摇。第一,进一步深化国资国企改革,推动国有资本向战略性新兴产业和优势产业集中,推进国有企业混合所有制改革,健全现代企业制度,建立穿透式国资监管制度机制,增强国有企业竞争力和抗风险能力;第二,毫不动摇鼓励、支持、引导民营经济发展,完善和落实支持民营企业改革发展的政策体系,构建亲而有度清而有为的政商关系,促进民营经济健康发展。

参考文献

[1] 习近平. 在世界经济论坛"达沃斯议程"对话会上的特别致辞 [EB/OL]. (2021-01-25) [2021-01-27]. https://baijiahao.baidu.com/s? id = 16899864461376345 20&wfr = spider&for = pc.

[2] 习近平. 在全国科技创新大会、两院院士大会、中国科协第九次全国代表大会上的讲话 [J]. 科技管理研究, 2016 (12): 1-4.

[3] 习近平. 努力成为世界主要科学中心和创新高地 [J]. 求是, 2021 (6): 1-3.

[4] 习近平. 论中国共产党历史 [M]. 北京: 中央文献出版社, 2021: 204.

[5] 徐光春. 一部河南史半部中国史 [M]. 郑州: 河南教育出版社, 2009: 1-5.

新时代河南全面开启现代化建设新征程的"五大关键"[*]

党的十九大报告指出，2020年到2035年我国要基本实现社会主义现代化；从2035年到本世纪中叶我国要建成富强民主文明和谐美丽的社会主义现代化强国。这一战略安排，完整勾画出我国社会主义现代化建设的时间表、路线图，提出了更加振奋人心的发展目标。新时代，河南锚定"两个确保"，全面开启现代化建设新征程需要注重"五个现代化"建设，挑好实现我国社会主义现代化建设的河南担子，力争在内陆地区，甚至全国率先实现现代化。

一、注重实现以人为本的现代化

河南现代化建设必须明确以人民为中心的定位，即必须坚持"以人民为中心"的发展思想；明确发展先进生产力、先进文化，推动社会全面进步的目的是实现最广大人民的根本利益。

（一）坚决筑牢基础教育

现阶段，河南基础教育与社会发展需求的脱节，致使年轻人普遍存在"一胎不好养""二胎不敢生""三孩不想要"的想法，这不利于国家政策的贯彻落实。因此，建议集聚社会资源做好幼儿普惠性基础教育工作，结合社会实际需求，全面将幼儿入学年龄提至3周岁，将义务教育入学年龄提至6周岁，真正做到教育从娃娃抓起，解决年轻人工作的后顾之忧，使其能全身心干好本职工作，提升青年人才的归属感和社会认同感。

（二）大力发展高等教育

这里所说的高等教育主要是指大学教育，一是将郑州大学、河南大学作为重点支持发展对象，对省内其他大学分梯队、分批次、分主次给予相关的政策扶持。二是探索建立以河南龙头高校为牵引的"中部地区高校战略联盟"或"内

---

[*] 作者：齐爽，河南省社会科学院区域经济研究中心助理研究员。

全面深化改革开放，高质量建设现代化河南

陆地区高校战略联盟"，集聚优势高校资源，互相学习、互相借鉴，共谋发展。三是探索建立与省外的双一流优质高校的联合办学机制，大力引进优质教育资源入省，建立各类高校的分校，或者大学部、研究生部的分校，并冠以"中部校区"或"河南校区"的称谓。

（三）务实打造人才高地

在培育人才的基础上，探索吸引人才、留住人才的体制机制。一是提高河南整体工资待遇水平。河南 GDP 连续多年位居全国前五位，且发展潜力巨大，但平均工资水平却在全国排名靠后，除环境诱导和价值观、责任感驱使外，工资待遇水平是留住人才的重中之重，应积极建立完善和创新薪资待遇标准，工资要合规、合理、合情。二是给予青年人才更多的机会。探索建立副高以上职称的帮扶机制，鼓励已经在自己领域探索出一番天地的副高以上人员，利用自己的优势资源培育新一代的年轻才俊，做到研究不断代、技术不断代，做到研究、工作后继有人。三是创新、完善人才聘任机制。适当提高各类资格认定和职称申报等的条件，做到条件标准高、申报要求严，但是一旦申报成功，岗位数量不设限，并及时兑现，真正做到选拔优秀人才，让其能力和创造的价值得到认可和尊重，有动力去积极主动创造更高的社会价值。

（四）注重全民素质教育

一是重视人的思想道德素质、能力培养、个性发展、身体健康和心理健康教育，特别应贯穿于幼儿教育、义务教育始终，重视对世界观和人生观的教育，树立正确的人生目的、人生态度和人生价值。二是重视社会公德教育。通过学校学习、社区宣传、单位强化等，在全社会形成文明礼貌、敬老爱幼、保护环境、讲究卫生、遵纪守法、勤恳敬业、助人为乐、见义勇为、诚实守信、正直向上的观念，提高人口的质量和素质，不断促进人的全面发展，向实现全省人民共同富裕迈进。

二、注重政府治理能力的现代化

推进政府治理能力现代化是一项复杂的系统工程，需要在治理环境、治理目标、治理格局、治理方式、治理工具、治理能力、治理评价等方面综合用力，多措并举，结合事物发展规律，全面深化改革，最终实现政府治理效能的提升。

（一）调整完善政府治理体制和治理模式

一是注重对政府治理现代化的评估。在突出民主权益和建立健全监督问责机制的前提下，通过对民主化、法治化、制度化、高效化四大评估标准的具体设定，实现政府权力和公民自由权利的有机统一，定期组织多学科、跨领域的专家队伍对治理体制和模式进行评估、分析和研判，保证科学性和实用性。二是探索新时代河南全面开启现代化建设新征程的"五大关键"

构建基层社会治理新格局。优化基层治理的纵向格局,有针对性地找出县、乡、村不同等级地方政府治理的特点和侧重点。例如,在村级或者社区一级,不断提高组织化程度;在县区一级,稳定政府事权,通过财税体制改革的深化,进一步优化事权和财权划分,实现地方政府、社会两手抓。

(二)培育构建多元化监督参与主体

一是引导社会组织实现健康发展。着重发挥城乡社区等各类社会组织的作用,推动形成党委领导、政府负责、民主协商、社会协同、公众参与、法治保障、科技支撑的社会治理体系,不断夯实地方政府的基层治理能力,实现政府治理与社会调节、居民自治良性互动。二是以科技为引领,探索"互联网+治理"新格局。以大数据和"互联网+"打通地方政府之间、不同部门之间、政府与民众之间的壁垒,以网络化管理为载体,以信息采集、事件处理和大数据研判等为手段,不断提升政府基层治理的智能化、科学化、精准化水平,探索实现地方政府的治理数字化转型。

(三)建立改革创新保护激励机制

一是探索制定《关于建立容错纠错机制激励干部改革创新担当作为的实施意见》。明确改革创新容错具体标准,宽容干部在推动工作、改革创新、干事创业中的失误,如经过规定的决策程序或特殊情况下事后及时履行报告程序,经过民主评议,而不是个人专断、一意孤行地容错,并规定容错认定的具体程序,对给予容错免责的干部予以同等的考核标准,弘扬作风正派、敢于担当、勇于负责的地方政府干部作为新风尚,增强干部干事创业的积极性。二是构建以精准考核激励科学实干、大胆创新的正向激励机制。探索设立改革创新、担当作为奖项,真正把政治过硬,敢作为、愿作为、能作为、善作为的干部选拔出来,提升干工作的精气神。

(四)完善绩效考评指标体系及考评机制

一是对不同类型部门采取各具特色的考核评价标准。坚持目标导向与结果导向相统一、平时考核与年度考核相结合,密切跟踪每一项指标进展情况,对完成进度滞后的指标及时预警,用数据说话,凭实绩论英雄,对考核成绩优秀的区县(功能区)地方政府相关部门,给予表彰奖励,切实把考核"指挥棒""风向标"的作用发挥到位。二是探索构建严管和厚爱相结合的公务员考核管理制度。注重年轻公务员队伍的锻炼,鼓励公务员充分发挥自己的特长,及时调整专业不对口的现象,完善待遇保障机制,建立健全与各级公务员人才专业化素质相匹配的奖金福利收入体系,设置不同奖励系数,探索将各类奖金分配与公务员的实际绩效挂钩,拉开奖励档次,强化按劳分配、按效分配,不断激发公务人才队伍动力,分期选派优秀年轻公务员到上级机关或发达地区学习。

三、注重经济体系构建的现代化

现代化经济体系的构建,涉及社会经济活动中各个环节、各个层面、各个领域的相互关系和内在联系,经济体系是一个有机整体,是一系列制度体系构建的基础保障,应秉持质量第一、效益优先,继续坚持以供给侧结构性改革为主线,不断提高全要素生产率。

(一)推动经济发展实现"三大变革"

一是深化发展方式转变,推动经济发展实现质量变革。实现质量变革的核心是从理念、目标到制度制定等各方面具体到工作细节,以提高产品和服务质量为主线,真正提高河南经济各领域、各层面的素质。在全省全面开展质量行动,向国际先进标准看齐,推动资源向优质企业和产品集中,推动创新要素的流动和集聚,最终实现全方位变革。二是实现经济结构的精准优化,推动经济发展实现效率变革。坚持并逐步深化供给侧结构性改革,真正找出、填平甚至抬高在以往高速增长阶段被掩盖的、不合理的、被忽视的各种效率洼地,深化行政性地域性垄断问题改革,全面降低能源、物流、通信、融资等成本过高对实体经济运营的压力,不断增强金融服务实体经济的能力,通过生产要素的合理流动和优化组合、企业的兼并重组、产业的转型升级等,全面提高投入产出效率。三是实现增长动力的高质量转换,推动经济发展实现动力变革。河南是一个兼容并蓄的省份,尤其是郑州承载了很多的外来人口,动力变革要抓好两个方面。一方面是注重劳动力素质的提升,实现从劳动力数量红利到劳动力质量红利的转化;另一方面要注重以科技驱动代替要素驱动,守住河南农产品的特殊地位,并把制造业高质量发展作为主攻方向,发展循环经济,注重向价值链高端的攀升,向质量强省、航空强省、网络强省、交通强省、数字强省、科技强省、智慧强省迈进。

(二)积极探索构建现代化产业体系

一是用新理念筑牢现代农业基础。继续把发展粮食生产放在现代农业建设的首位,加强以农田水利为重点的农业基础设施建设,推广节水灌溉,按照建设生态文明的要求,发展节约型农业、循环农业、生态农业,推进都市农业与乡村旅游有机结合,积极推进特色精品园区建设和现代农业功能区建设,探索成立农村资金互助社,健全农业产业体系,促进农业可持续发展。二是以智能制造为引领,努力打造国家先进制造业高地。瞄准未来发展方向,注重"数字化+网络化+智能化"的深度融合,探索产出智能化产品和智能化服务。在郑洛新国家自主创新示范区的基础上,探索打造郑洛新智能制造协同示范区,在示范区内部推进以5G技术为基础,以大数据、云计算、物联网、区块链、人工智能等新技术为引领和支撑的五大基础互联工程,为构建智能制造全产业链、供应链、价值链提供各类产业支撑平台。三是积极发展门类齐全、迅速发展的现代服务业。加快发展信息、金融、保险、咨询、法律服务、会计、科技服务等商务服务业和计算机、创意、会展服务业务。着力培育数据等新兴生产要素市场，加快智能计算、工业互联网、云计算等基础服务设施建设。大力发展"银发经济"，即老年人消费服务业，聚焦医疗、养老、健康、互利等方面，积极打造社会化、专业化的养老服务机构，在智慧医疗、智慧康养、智慧服务等领域加强研发和深度探索。

（三）加快形成河南全面对外开放新格局

一是加快构建开放型经济保障体系。不断深化改革，创新开放管理机制，努力打造最优营商环境，促进信息资源共享，加快推进制度型开放。注重科技与金融的有效结合，培育贸易新业态新模式，引进先进技术，创新对外投资方式，加快培育国际经济合作和竞争新优势，逐步形成面向全球的贸易、投融资、生产、服务网络。二是加快推动贸易投资的自由化、便利化。开辟多方融资渠道，放松投资管制，逐步开放投资领域，尤其是扩大服务业对外开放，加快教育、医疗、文化等领域开放进程，激发经济活力。在适用河南自由贸易试验区各项开放创新措施的基础上，探索建立以贸易投资自由化为核心的制度体系，并以分类监管、协同监管、智能监管为基础，建立全面风险管理制度。强化开放型经济集聚功能，探索打造更具国际市场影响力和竞争力的特殊经济功能区，聚焦强化经济功能，突出产业发展，集聚发展集成电路、生物医药、人工智能、航空航天等我国高质量发展急需产业的关键环节和技术。三是加快构筑高质量的区域性开放平台。以"一带一路"倡议为契机，不断促进河南自由贸易试验区、郑州航空港经济综合实验区、郑州跨境电子商务综合试验区的高质量、快速发展，加强和改进河南特色口岸建设工作，依托新郑机场和"一带一路"所产生的经济磁场效应，汲取国家政策支持，实现航空、公路、铁路和水路运输的连贯衔接。努力打造一批具有内陆特色和代表性的全球贸易中心和研发中心；积极探索和打造面向全球的创新合作、产能合作、服务合作、投融资合作网络；探索设立内陆地区首个无水自由贸易港——中国（郑州）自由贸易区，以获取更大的开放自主权，在更大范围、更高水平参与国际竞争合作。

四、注重坚持创新引领的现代化

创新是经济社会发展的强大动力和内在要求，是破解一系列瓶颈和解决深层次矛盾的关键，应贯穿于现代化建设的全过程。

（一）把创新放在核心位置，构建一流创新生态

一是充分发挥政府在创新发展中的引领和保障作用，积极作为、善于作为。政府要在体现国家意志的战略领域和公共领域积极作为，为创新提供源源不断的

制度、资金和人才保障,探索试行对重要、前瞻性项目的"容缺受理"机制,统筹规划产业链、创新链、资金链、政策链"四链融合",积极、主动在全国范围内最大限度地统筹整合优秀力量,促进跨学科、跨行业、观点融合、技术互补的攻关合作,达到真正意义上的协同创新。二是积极培育科技创新产业生态。打造科技、教育、产业、金融紧密融合的创新体系,保障关键核心技术的源头供给,保障产业共性技术供给,加速科技成果向现实生产的转化,积极打造"众创空间+孵化器+加速器+特色园区"的全链条创新主体培育体系,探索构建"投促中心+区属国企+创新创业中心+孵化器运营商"的大招商模式。

(二)将郑州努力打造成为国家创新高地

一是在郑州积极打造"大院、大所、大装置、大平台、大载体",争取更多的国家级和省级科技创新大平台、大载体、大装置、大科研院所落户郑州,为创新高地建设提供重要载体。支持郑州大学、河南大学等高等研究院打造国家战略科技力量,增强创新策源力,大力引导高校、科研院所加大科研投入,推广"企业出题、高校院所解题、政府助题"的新型产学研合作模式。二是学习与借鉴深圳"研发+创投+制造业"的创新发展模式、东莞"研发+总部经济+制造业"的转型升级模式、武汉光谷"产学研深度融合+光电技术+产业集群"的研发带动模式、杭州"互联网技术+市场应用+场景+产业集群"的龙头企业牵引模式,走"产学研深度融合+智能制造引领+链群发展+价值提升"的创新驱动道路,让创新真正成为驱动发展的引擎。

(三)坚持技术创新,坚持战略科技力量的引领

一是坚持完善科技创新体制机制。建立健全科技创新上下游协同机制,注重构建领军科技企业辐射带动上下游企业协同的体制机制,优化科技规划体系和运行机制,推动重点领域项目、基地、人才、资金一体化配置,改进科技项目组织管理方式。强化领跑思维,探索构建"原创特征明显、攻坚体系完备、跨学科多领域协同、平战转化顺畅"的科技创新发展体制机制。二是加强基础研究,明确战略需求导向,夯实科技基础,坚持数字化、网络化和智能化的武装与引领,坚持产业链与产业集群的区域协同发展,瞄准人工智能、量子信息、集成电路、生命健康、脑科学、生物育种、深地深海等前沿领域,实施一批具有前瞻性、战略性的国家重大科技项目,通过科技创新促进产业向价值链高端攀升。

五、注重生态文明建设的现代化

生态文明建设是关系人民福祉和民族未来的长远大计,现代化建设必须树立尊重自然、顺应自然、保护自然的生态文明理念,真正推动物质文明、政治文明、精神文明、社会文明、生态文明协调发展。

（一）全面务实推进绿色发展

一是建立健全绿色低碳循环发展的经济体系。在农业建设中，大力推广节约型高效农业，建立成熟完善的"植物生产—动物转化—微生物还原"循环农业系统，并及时量化投入生产实践。制定和完善河南生物质能发展的扶持措施，研究制定生物质能源建设发展的重大政策和方案，集中精力发展一批适合河南资源优势、科研平台条件和产业基础优势的生物质能源技术。二是构建清洁低碳、安全高效的能源体系。壮大节能环保产业、清洁生产产业、清洁能源产业，在省内探索建立分布式能源低碳网络系统，推进资源全面节约和循环利用，依靠节约行动和科技创新，降低能耗、物耗，实现生产系统和生活系统循环链接。

（二）守牢自然生态安全的边界

一是真正构建并利用好社会组织和公众共同参与的环境治理体系。积极开展创建节约型机关、绿色家庭、绿色学校、绿色社区等行动，注重对小门店、小作坊的卫生监督管理，加大问责监督力度，广泛接收并积极回应群众举报，一旦证实确有卫生安全隐患和实事，给予三次整改机会，如若还犯，视情节轻重给予罚款、停业等处罚。二是注重强化土壤污染管控和修复。河南是农业大省，对于农业用地，应加强农业面源污染防治，依托科技支撑，减少有机肥使用后重金属积累对土壤的污染。近五年来，河南各地的楼房，尤其是住宅建设数量增多，对于建设用地，要处理和利用好建筑垃圾，对于列入建设用地土壤污染风险管控和修复名录的地块，严禁其作为公共住宅和管理、服务用地，并实施进行监管，时刻掌握修复和更新情况。

（三）加大对生态系统的保护力度

一是进一步加强对民众的宣传引导。在全社会开展丰富多彩的环保活动和教育活动，在全社会提倡节约资源、培育和保护资源。"十四五"时期，河南应着力探索构建社会参与生态系统共建共享的渠道，建立健全生态保护的社会共建平台和社会共享平台。二是实施重要生态系统保护和修复重大工程。优化生态安全屏障体系，构建生态廊道和生物多样性保护网络，提升生态系统质量和稳定性。健全耕地森林河流湖泊的休养生息制度，强化对省内各类湿地的保护和恢复，加强对自然灾害和地质灾害的防治，建立完善市场化、多元化的生态补偿机制。三是建立高质量城市生态系统和安全系统。打造宜居城市、韧性城市、智能城市，尤其是注重海绵城市建设、湖泊水系生态系统建设和地下管廊建设，统筹自然降水、地表水和地下水的系统性，建立完善区域雨水排放管理制度。抓紧修订完善与海绵城市建设相关的标准规范，新老城区要统筹推进海绵城市建设，尤其是老城区要结合棚户区和城乡危房改造、老旧小区改造更新等，解决好一系列雨水、污水整治问题，实现雨水调蓄设施的科学合理布局。领导干部要居安思危，提高忧患意识，开辟多渠道对各项市政利民工程进行监督管理，确保工程质量，用长远眼光多做、善做"功在当代，利在千秋"的大事。

参考文献

[1] 田应奎. 全面建设社会主义现代化国家的理论基础与根本遵循[J]. 理论视野, 2022（10）.

[2] 张秋霞. 全面建设社会主义现代化国家的内涵、特征及价值意蕴[J]. 西部学刊, 2022（23）：5-8.

[3] 高培勇, 杜创, 刘霞辉, 等. 高质量发展背景下的现代化经济体系建设：一个逻辑框架[J]. 经济研究, 2019（4）：4-17.

河南全力抓好第一要务的重大意义与重大举措[*]

习近平总书记强调,"必须坚持以发展为第一要务,不断增强我国综合国力"。这为河南今后一段时间发展明确了总抓手。改革开放以来的经验更是充分证明,在改革开放进程中不断释放的发展能力,是中国制度优势的最好诠释。面对新的发展阶段,河南应全力抓好第一要务,以加快发展、科学发展、创新发展,推动河南在全面建设社会主义现代化的新征程上阔步前进。

一、河南全力抓好第一要务的重大意义

（一）全力抓好第一要务,是现代化河南建设的必然选择

改革开放以来,河南同全国一样始终坚持发展这个主题,坚持经济建设这个中心,大力发展社会生产力,综合实力有了大幅跃升,人民生活水平有了显著改善。党的十九大以来,河南开启了现代化建设新征程。新征程新阶段,河南在变与不变中寻求着现代化河南建设的新机遇与新挑战,"变"的是世界百年未有之大变局进入加速演变期,"不变"的是河南发展仍处于重要战略机遇期;"变"的是全球化进入分化期、风险挑战和不确定性显著上升,"不变"的是河南发展持续呈现向好的态势、保持平稳增长的基本态势和基本条件不会发生根本性改变;"变"的是河南正处于转变发展方式、优化经济结构、转换增长动力的攻关期,"不变"的是河南现代化建设的目标方向更加坚定。面对新的要求、新的机遇、新的挑战,河南必须把发展摆在更加突出的位置,始终牢记发展是第一要务,不断朝着现代化河南建设目标不断迈进。

（二）全力抓好第一要务,是适应区域经济竞争的客观需要

当前,世界正处于百年未有之大变局中,多边主义和自由贸易体制受到冲击,不稳定和不确定因素大幅增加,发展面临的外部挑战明显增多;就国内来

---

[*] 作者:高璇,河南省社会科学院经济研究所研究员。

全面深化改革开放，高质量建设现代化河南

看，新一轮区域竞争已经全面起势，全国经济重心进一步南移，河南处于南北交界之地，既有增长速度较快的南方特征，也有动力下降的北方特征，面临的竞争形势严峻。发展是改革开放取得成功的重要经验，发展程度是决定区域竞争力的"命门""要穴"。面对白热化的竞争态势，这就要求河南要全力抓好发展第一要务，增强发展的危机感、紧迫感、责任感和使命感，以加快发展、科学发展、创新发展为主攻方向，注重前瞻布局、超前发展，全面提升河南经济社会发展质效，在拉高标杆中争先进位，在加压奋进中开创新局，向着大而新、大而强、高又快、上台阶不断迈进。

（三）全力抓好第一要务，是应对风险挑战的内在要求

改革开放以来的经验充分证明，在改革开放进程中不断释放的发展能力，是中国制度优势的最好诠释。当前，在疫情和灾情的双重考验下，河南的经济社会发展遇到了前所未有的严峻挑战。应对风险和挑战，解决发展中遇到的现实难题，还是需要依靠发展。在新的征程上，河南发展不平衡（城乡差距、区域差距较大，产业结构偏重，供需不匹配等）、不充分（人均GDP、城乡居民收入与全国平均水平差距较大，创新能力不强，发展质效不高）问题比较突出，不协调（资源能源生态保护、发展安全有差距等）、不适应（体制机制障碍多、治理能力不强等）问题依然严重，金融等重大风险依然存在，这就要求河南牢牢把握第一要务不放松，始终坚持用发展应对风险挑战。

二、河南全力抓好第一要务需要把握好四大问题

一是要坚持系统观念。创新、协调、绿色、开放、共享五大发展理念内在贯通、有机统一，抓好第一要务必须完整、准确、全面贯彻，统筹兼顾推进，用联系的、发展的、全面的观念看待和解决问题，加强前瞻性思考、全局性谋划、战略性布局、整体性推进，在发展中寻求动态平衡，形成整体大于部分之和的系统效应。

二是要突出工作重点。没有重点就没有全局。要坚持两点论与重点论的统一，善于抓住主要矛盾和矛盾的主要方面，牵住"牛鼻子"，实行非均衡发展，以重点突破带动全局整体跃升。加快动能转换，大抓创新，推动传统产业改造升级、新兴产业重点培育、未来产业谋篇布局；坚持项目为王，从项目切入、以项目推动、用项目支撑，不断催生调整结构突破点、新动能生长点、稳增长关键点；努力壮大市场主体、创新主体，把工作聚焦到产业、企业、企业家、科学家。近年来，全国区域竞争不断加剧，一些地区特别是中西部地区能从激烈的竞争中脱颖而出，很大限度上得益于换道领跑战略的实施。持续释放发展潜力，不断激发发展活力。

三是要保持战略定力。要统筹当前和长远,锁定目标,既步步为营、久久为功,也应只争朝夕、倍道而进,以当前目标的完成为长远目标的实现创造条件;要切实敢打敢胜、临事而惧、好谋而成,在变压力为动力、化危机中勇攀新高。

四是要尊重客观规律。用好实事求是这个制胜法宝,以清醒的头脑、科学的态度、务实的精神,登高望远、洞幽察微,做到善作善成、事半功倍;要敏锐感知趋势,紧跟国际科技发展前沿,洞察产业变革走向,不断深化对高质量发展阶段特征、演进趋势、内在规律的科学认识,准确识变应变求变;要善于抢抓机遇,在构建新发展格局这一机遇性、竞争性、重塑性变革中确保入局;要认清竞争形势,紧盯发展提质提速,加快向创新型、开放型、数字型、生态型发展转变。

三、河南全力抓好第一要务的重大举措

(一) 扎实做好"六稳""六保"工作,稳住经济基本盘

在水灾和新冠肺炎疫情双重影响下,河南比以往任何时候都需要做好"六稳""六保"工作,以"六稳""六保"推进复工复产达产,以"六稳""六保"兜住民生底线,以"六稳""六保"恢复正常经济社会秩序。一是聚焦重点领域着力扩大内需。应继续加快"两新一重"建设稳投资,以建设全国一流新型基础设施为发展方向,推动大数据建设中心、充电桩等建设;以建设韧性城市为目标,加快城市基础设施建设;以国家重大战略为导向,推动黄河流域生态保护等项目建设;应继续激活市场潜力促消费,加大补贴力度,通过发放消费券、旅游优惠券等多种举措,直接刺激河南消费旅游市场;创新消费模式,鼓励支持河南发展网红消费、流量消费、夜消费等新型消费模式。二是聚焦重点人群着力保就业。多渠道促进高校毕业生就业,鼓励大学毕业生到基层就业,支持大学毕业生创新创业;切实抓好农民工和就业困难人员就业,鼓励农民工回乡创业、就业,对符合条件的就业困难人员进行政府托底安置。三是底线保民生。筑牢公共卫生服务体系,全面摸清全省公共卫生基础设施底数,加快构建省市县公共卫生三级防控救治体系,全面提升公共卫生防控救治能力;筑牢社会保障体系,让老有所养、幼有所教、病有所医、住有所居。四是聚焦企业困难保市场。要严格落实税费减免政策,切实减轻企业负担;要建立健全省市县三级联动风险补偿机制,积极推进普惠金融帮扶计划,切实解决企业融资难问题;要积极开展"万人助万企"活动,聚焦企业发展重点难点堵点痛点问题,帮助企业解决实际问题,提振企业发展信心。五是聚焦粮食能源保安全。要压紧压实粮食生产目标任务,全面提升粮食安全生产保障能力;要继续拓展清洁能源入豫通道,优化能源配置体系,确保能源运行整体平稳。六是聚焦关键环节保产业链供应链稳定。要积极主

全面深化改革开放，高质量建设现代化河南

动融入新发展格局，建立产业链供应链协同机制，健全"链长制"，打通链条堵点，连接链条断点，确保产业链供应链协同联动发展。七是聚焦收支管理保运转。要进一步强化政府过"紧日子"思想，盘活和使用好存量资金，配置好增量资金，扎实做好开源节流。

（二）牢固树立"项目为王"导向，跑出发展加速度

项目是发展的重要载体，项目是转型的推动力量，项目也是河南高质量发展的重要支撑。河南全力抓好第一要务，推动高质量发展，就是要牢固树立"项目为王"理念，把项目工作摆在突出位置。一是要强化项目谋划。河南应始终把项目谋划放在重要位置，围绕黄河流域生态保护和高质量发展、粮食安全、乡村振兴等国家战略需求谋划一批重大项目，立足创新研发、产业发展、基础设施、民生保障等河南发展需要关键领域谋划一批重点项目，聚焦未来发展方向谋划一批"双碳""专精特新"等项目，实现以重大项目拉动河南高效率投资，以项目推动河南经济社会高质量发展。二是要强化"三个一批"。"三个一批"就是要聚焦签约、开工、投产三大关键环节，强化项目全生命周期管理，构建由一把手负责的项目长效推进机制，推动"签约一批"项目尽早落地、"开工一批"项目加快建设、"投产一批"项目加快建成，确保项目"接力跑"、投资"不断档"。三是要强化项目管理。坚持跟踪服务，及时了解项目签约、开工、投产情况，协调解决存在的问题，确保每个项目顺利推进；坚持全链条服务，全面推行"承诺制+标准地"改革，持续探索混合产业用地供给，积极推行亩产论英雄评价标准，确保用地保障；积极拓宽融资渠道，创新融资方式，如发行专项债、政府发展基金等，简化授信审批程序，进一步破解融资难问题。

（三）持续优化营商环境，激发市场主体潜能活力

营商环境是区域经济软实力的重要体现，是提高国际竞争力的重要内容，也是高质量发展的关键一环。河南全力抓好第一要务，就是要努力打造一流营商环境，让企业更具获得感，让市场主体作用更凸显。一是要持续完善"三大机制"，努力形成组织合力。建立完善联席会议制度，加快建立河南优化营商环境领导小组，支持发改、财政、金融、工信、商务、土地、税务等部门建立联席会议制度，定期召开工作会议，共同研究制定新形势下优化营商环境的方向、目标、任务、重点等；建立完善政策协调机制，要注重完善政策的系统性、协调性，加快开展全省范围内优化营商环境相关措施的梳理汇总工作，摸清各部门、各领域、各条线的具体情况；建立正确的评价机制，在借鉴世界银行与国家发展和改革委员会营商环境评价18项基本指标基础上，结合河南改革探索实践，建立河南特色的"18+N"营商环境评价指标体系，形成量化评分标准，全面提升评估的科学性和针对性。二是持续深化"三项改革"，着力打造便利化的营商环

境。持续深化政务服务改革，围绕"一件事一次办"开展服务流程再造，全面优化服务流程；围绕"一趋势"继续深化一体化信息管理服务平台中的政务服务功能；围绕"一目标"提高服务标准水平，实现政务服务精准化、便捷化；围绕"一方向"提升企业获得感和满意度。持续深化"放管服"改革，进一步压缩企业开办时间，探索推行"容缺后补"机制；进一步减税降费，按照国家和河南省各项减税降费政策，积极做好宣传和辅导，确保河南纳税人能应享尽享。持续深化各项制度改革，进一步推动金融制度改革，围绕设立中小微企业融资担保基金、重点产业投资基金、企业纾困基金等多种基金，破解企业融资难问题；进一步推动政府招标制度改革，借鉴国际经验，持续完善政府采购信息公开机制，规范和优化招投标过程及标后管理、异议处理、合同履约等环节监督管理制度。三是持续打造"三个体系"，着力打造法治化的营商环境。持续打造公平竞争市场体系，全面实施以负面清单管理模式为核心的内外投资管理制度，严格落实"一张清单"管理模式和统一代码体系，并根据河南需求，不断调整指导目录，持续放宽市场准入，做到"一单尽列，单外无单"；持续打造完备健全法律法规体系，进一步完善法治保障，针对实践证明行之有效、市场主体支持的相关法律法规应加以强化，针对滞后于河南改革要求的、有悖于营商环境优化需求的相关法律法规应予以修改完善，做到应改尽改，应废尽废。持续打造服务型政府，依托"万人助万企"活动，树立"企业至上"理念，切实做到为企业服务，让企业依靠。四是持续强化"三大服务"，着力打造国际化的营商环境。强化跨境贸易服务，按照国际通行的投资贸易规则，加快制定具有河南特色的跨境贸易服务负面清单，进一步提升国际化水平。强化国际化人才服务，加快建立更有利于外籍人才来豫工作的政策体系，通过试行电子签证，进一步提升外籍人才出入境和停居留便利。加快营造有利于海内外优秀人才创新创业的环境，吸引更多海外留学生带项目、带资金、带团队来豫。强化国际化法律服务，加快建立国家商事纠纷仲裁组织，实现涉外商事纠纷"诉讼、调解、仲裁"一站式服务，全面提升河南涉外法律服务水平。

（四）全面实施换道领跑战略，重塑产业竞争新优势

近年来，全国区域竞争不断加剧，一些地区特别是中西部地区能从激烈的竞争中脱颖而出，很大程度上得益于换道领跑战略的实施。如安徽发力"芯屏器合"与新能源汽车，贵州致力于发展大数据产业等，都取得了明显成效。面对全球科技创新进入高度密集活跃期、加速迭代期、全面突破期，河南绝不能"守株待兔"，应集中优势资源、集聚各方力量，主动出击，抢占制高点。一是在未来产业上前瞻布局。我国"十四五"规划纲要明确提出要在类脑智能、量子信息、基因技术、未来网络、深海空天开发、氢能与储能等前沿科技和产业变革领域，

组织实施未来产业孵化与加速计划。河南应对上述产业做全图谱式分析研究，结合河南有条件、有基础、能突破的方向进行布局，构建河南的未来产业体系，为河南今后30年产业发展夯基垒台。二是在新兴产业上抢滩占先。战略性新兴产业是一个地区发展的基础和支撑。与东部沿海地区相比，河南战略性新兴产业仍较弱。这就要求河南加快推动战略性新兴产业发展，力争在竞争中抢滩占先。加快研究编制重点新兴产业供应链全景图，深入梳理各产业国内外领军企业、代表产品、核心技术、重点团队等，加大培育引进力度，发展壮大千亿级新兴产业集群。三是在传统产业上高位嫁接。河南是传统产业大省，2020年全省传统产业占规上工业增加值比重为46.2%，如何推动传统产业转型升级，实现高位嫁接是河南面临的最大难题。要深入推进高端化、智能化、绿色化、服务化改造，与前沿技术、跨界创新、颠覆模式对接链接，加快实现涅槃重生。要与国家产业发展目标相衔接，在"双碳"目标下推动传统产业转型升级，如传统煤炭产业在"双碳"目标指引下，可实现转型升级，通过变革煤炭开采方式向绿色智能时代迈进，通过创新煤炭利用方式，将煤转化为碳基新材料，重新焕发新的生机和活力。

（五）加快推动创新驱动发展，全力建设国家创新高地

习近平总书记指出，"科学技术从来没有像今天这样深刻影响着国家前途命运，从来没有像今天这样深刻影响着人民生活福祉"。作为创新能力相对不足的省份，河南更为迫切地需要创新、依赖创新，把创新摆在发展的逻辑起点、现代化建设的核心位置，全力建设国家创新高地。一是全面重构实验室体系。实验室是"国之重器"，承担着原始创新和关键核心技术攻关任务，是对接国家科技战略的重要载体。这就要求河南加快构建符合河南实际的实验室体系，以高水平实验室体系建设全面推动河南原始创新能力提升。完善河南省实验室梯度培育机制，加快构建由"国家实验室、国家重点实验室、省实验室、省级重点实验室"等组成的新型实验室体系，全面提升基础研究和应用基础研究能力。加快河南省重点实验室项目建设，围绕重大国家战略需求，聚焦国家粮食安全和乡村振兴两大任务，立足区域高质量发展、产业转型升级技术需求，支持构建黄河实验室、农业供给安全实验室、嵩山实验室。二是全面提升高校和科研院所创新源头供给能力。高校和科研院所是推动原始创新的动力源，是对接国家重大战略的主要载体。面对更加强调原始性、前瞻性、引领性创新的新发展阶段，河南应充分发挥高校、科研院所创新资源和创新人才聚集的优势，通过科学的顶层设计与资源配置，推动各类创新要素深入融合，使高校院所成为原始创新的策源地。增强高校创新能力，支持高水平研究型大学建设，鼓励高校强化同国家战略目标、战略任务的对接，优化学科布局和研发布局，加强基础前沿探索和关键技术突破，打造

基础研究的主力军和重大科技突破的生力军。提升科研院所发展水平，加快科研机构资源整合和治理模式转型，推进科研院所分类改革、分类管理、分类考核，引导院所建立健全现代科研院所制度。三是全面深化科技创新体制机制改革。发挥好郑洛新自创区试验田作用，加大先行先试力度；探索建立重大创新需求与财政投入保障衔接机制，持续加大财政科技投入，撬动全社会研发投入水平增加；实行"揭榜挂帅""赛马制"、PI制等新兴科研组织方式，落实以增加知识价值为导向的收入分配制度，为创新创业者提供最优质的竞技场。四是全面打造一流的创新生态。创新生态是以企业为主体，以政府为引导，大学、研发机构、金融、中介服务机构互相支撑、协同创新、共生演进的复杂网络系统，是创新活动赖以存续的"阳光""空气"和"水分"。应组织专业力量对河南省创新生态进行全面评估、全面架构、全面打造，加快形成一流的创新链条、创新平台、创新制度、创新文化，推动政、产、学、研、用主体贯通，人才、金融、土地、数据要素汇聚，让创新活力充分涌流、创业潜力有效激发，创造动力竞相迸发。

参考文献

［1］谷建全．全力抓好第一要务 奋力谱写中原更加出彩绚丽篇章［N］．河南日报，2021-08-18．

［2］中华人民共和国国民经济和社会发展第十四个五年规划和2035年远景目标纲要［EB/OL］．https：//m.thepaper.cn/baijiahao_11693278．

［3］林光彬．必须坚持以发展为第一要务［N］．人民日报，2019-01-29．

［4］思力．新时代为什么仍然强调"发展是第一要务"［EB/OL］．求是网，2020-01-21．

锚定"两个确保"推动河南高质量发展对策研究[*]

2021年9月,河南省委书记楼阳生在河南省委工作会议上的讲话中指出:当前河南发展站上了新的历史起点,到了可以大有作为的关键阶段。必须坚定不移地沿着习近平总书记指引的方向前进,以前瞻30年的眼光来想问题、作决策,在拉高标杆中争先进位,在加压奋进中开创新局,确保高质量建设现代化河南,确保高水平实现现代化河南。河南省第十一次党代会立足河南发展新的历史起点,以前瞻30年眼光,明确提出"两个确保"奋斗目标。自此,河南上下着重领会"两个确保"深刻内涵,以锚定"两个确保"为当前阶段的核心目标,着力推动河南实现高质量发展。河南从此开启了具有时代特征、凸显河南特点的现代化建设新征程。

一、河南提出"两个确保"的时代背景

"两个确保"是贯彻党的十九大关于第二个百年奋斗目标两个阶段战略安排的河南实践,是贯彻习近平总书记视察河南重要讲话重要指示的具体行动,是增强"四个意识"、坚定"四个自信"、做到"两个维护"的重要体现,是河南省第十一次党代会报告的灵魂所在。河南提出"两个确保"具有鲜明的时代背景特征。

(一)当前面临的国际大变局

当今世界正经历百年未有之大变局,新冠肺炎疫情虽然一定程度上得到控制,但依然在阻碍全球经济的流通,全球经济一体化在艰难中前行,国际力量对比深刻调整,国际环境越发复杂多变,俄乌战争的爆发更是将世界推向更加不确定的未来。世界发展环境日益复杂多变,迫使全球产业链加速调整,各国对产业安全重视程度明显提高,这些均对全球各个区域经济的发展有着不可估量的影

---

[*] 作者:赵中华,河南省社会科学院城市与环境研究所助理研究员。

响。同时，新一轮科技革命和产业变革深入发展也带来了新的机遇。这些新的国际局势不断通过国际产业链发展、经贸合作和人文交流等推进传导至国内，给河南企业国际化发展塑造新的机遇和挑战。从国际宏观环境来看，既具有不利因素，又包含有力支撑。此外，世界经济增长的中长期趋势也依然没变。尽管世界经济发展面临着多困难和挑战，但和平与发展仍然是时代主题，世界经济具备实现中长期增长的基础。

（二）中国发展进入新阶段

习近平总书记指出，国内外环境发生深刻复杂变化，在当前保护主义上升、世界经济低迷、全球市场萎缩的外部环境下，我们必须集中力量办好自己的事，充分发挥国内超大规模市场优势，逐步形成以国内大循环为主体、国内国际双循环相互促进的新发展格局。随着党中央确立了以打造"国内大循环为主体、国内国际双循环相互促进的新发展格局"，也提出了今后一个时期做好国内经济社会发展工作的重要遵循。通过国内国际双循环，推进开放战略升级，探索建立相互促进的新体制，推进贸易高质量发展，加快构建相适应贸易新格局，积极有效利用外资，充分发挥外资企业的重要作用，主动参与国际经贸治理，努力营造良好国际环境。未来，我国将加速推动制造业向数字化、网络化、智能化发展，逐渐迈向全球价值链的中高端，实现国民经济增长方式和路径的本质性转变。

（三）河南发展迎来新机遇

新时代中部地区实现加速崛起，《中共中央、国务院关于新时代推动中部地区高质量发展的意见》明确要求中部六省主动融入区域重大战略，推动省际协作和交界地区协同发展，为增强区域发展协同性、推动中部地区加快崛起指明了方向，实施新时代推动中部地区高质量发展战略，为河南实现高质量发展提供了难得的政策机遇。同时，我国实施黄河流域生态保护和高质量发展战略，这是党中央着眼全国发展大局作出的一项重大战略部署，也为河南实现高质量发展提供了难得的历史机遇。2019年9月，习近平总书记在河南考察黄河，将黄河流域生态保护和高质量发展正式上升为重大国家战略。河南在黄河流域中居于承东启西的战略枢纽位置，可以在黄河流域生态保护和高质量发展中发挥重要作用。

二、锚定"两个确保"科学设定发展目标

河南省第十一次党代会，是在中国共产党成立一百周年的重要节点、开启全面建设社会主义现代化河南新征程的重要时刻召开的一次重要的大会。大会高举中国特色社会主义伟大旗帜，深入贯彻习近平总书记视察河南重要讲话重要指示，做出了确保高质量建设现代化河南、确保高水平实现现代化河南的重大决策，为河南未来发展擘画了蓝图，明晰了短期、中期和长期发展目标。我们要在

全面深化改革开放，高质量建设现代化河南

明确目标设定背景和意义的基础上，找准目标实现路径，高标准推进目标贯彻落实，确保"两个确保"目标如期实现。

(一) 到2025年的目标

中国共产党河南省第十一次代表大会明确提出，到2025年，一流创新生态、主导产业生态体系、新型基础设施体系、城乡融合发展格局、支撑高质量发展的体制机制基本形成，对外开放能级、生态环境质量、文化发展质量、人民生活品质、管党治党水平显著提高的五年发展目标。经过河南上下不断努力，当前河南创新水平不断提升，加快制造业转型升级，强化新技术应用赋能，不断优化新型基础设施的建设布局，乡村振兴战略有力实施，深化改革取得关键突破，对外开放优势逐步彰显，不断擦亮高质量发展底色，公共文化服务体系日臻完善，推动民生事业不断发展，综合实力不断提升。可以说，河南省委立足河南当前实际，提出五年发展目标，既是时代需求、国家需要，也是河南自身发展的内在需求，是河南义不容辞的责任担当。河南完全有能力有信心实现这些目标。

(二) 到2035年的目标

中国共产党河南省第十一次代表大会提出，到2035年，综合实力、创新能力进入全国前列，人均生产总值、城镇化率、研发经费投入强度、全员劳动生产率、人均可支配收入达到或超过全国平均水平，治理体系和治理能力现代化基本实现，文化软实力显著增强，共同富裕取得更为明显的实质性进展，生态系统健康稳定，碳排放达峰后稳中有降，基本建成经济强省、文化强省、生态强省、开放强省和国家创新高地、幸福美好家园。未来，河南将按照中央要求和工作部署，坚定实施"十大战略"，不断强化发展的动能，扎实推进治理体系和治理能力优化提升，通过十几年的发展，到2035年，一定能够实现既定的中期目标。

(三) 到21世纪中叶的目标

党的十九大报告指出，从2035年到21世纪中叶，在基本实现现代化的基础上，再奋斗15年，把我国建成富强民主文明和谐美丽的社会主义现代化强国。结合河南实际条件和发展形势，中国共产党河南省第十一次代表大会提出，到21世纪中叶，河南要建成富强民主文明和谐美丽的社会主义现代化强省。从2035年到21世纪中叶，河南省物质文明、政治文明、精神文明、社会文明、生态文明将全面提升，全体人民共同富裕基本实现，人民平等参与、平等发展权利将得到充分保障，人民积极性、主动性、创造性将得到进一步发挥，河南省还将继续奋力前行，着力推动物质文明、政治文明、精神文明、社会文明、生态文明全面达到新高度，届时，河南省将同步达到甚至领先我国平均发展水平。这样的目标设置，既体现了党和人民勇于进取的雄心壮志，又反映了从实际出发、遵循客观规律的科学精神。

三、锚定"两个确保"推进高质量发展面临的难题

(一)产业转型升级仍需加快

产业转型升级是我国新发展阶段的典型特征和重要抓手,对河南而言,加快实施产业转型升级既落实中央对我国经济结构调整的重大战略部署,也是实现经济高质量发展的必由之路。然而,尽管三次产业结构比例在持续优化,但与发达地区相比,河南各产业内部结构发展水平依然存在大幅提升空间,高技术产品、高附加值产品依然不多。以工业结构为例,当前河南传统工业产业以及高耗能工业依然占比较高,以规模以上工业为例,传统产业工业增加值仍占据规模以上工业增加值的46.2%,而高耗能工业增加值则占35.8%。同时以节能环保、信息、生物、高端装备制造、新能源、新材料、新能源汽车等为代表的战略新兴产业、先进制造业和高技术产业占比虽有所提高,但总体占比依然较低,战略新兴产业和高技术制造业分别占22.4%和11.1%。

(二)居民消费动能不足

以习近平同志为代表的党中央在深刻把握世界格局发展变化的基础上,依据我国发展阶段、现实条件和发展的主要矛盾,极具战略性提出了构建"以国内大循环为主体,国内国际双循环相互促进"的新发展格局。新发展格局的典型特征之一就是通过更多挖掘和释放国内消费潜力,从而畅通国内循环。然而,从近几年居民的储蓄率和消费率来看,不论与人均GDP发展水平相当的省份比较,还是与GDP总量相近的省份比较,河南均处于落后态势。然而,河南居民储蓄率偏高并非只能视为发展的短板,还可以看作支撑未来经济增长的潜能。这意味着,尽管当前河南居民消费水平偏低,但河南居民内需的潜力巨大,空间巨大。

(三)资源综合利用水平不高

对所拥有资源的开发利用水平,体现着经济运行的效率和质量,资源的高水平开发利用既是经济社会高质量发展的动力,也是经济社会高质量发展的体现。然而对河南而言,当前资源开发利用水平还相对有限。例如,水资源利用效率偏低。作为用水的重要领域,农业和工业用水往往体现着一个地区节水的效率,然而当前河南不论是农业灌溉水有效利用系数,或是工业用水重复利用率均偏低,还是市政设施陈旧失修,相当一部分城市管网漏损率偏高。再如,河南的文化资源转化能力偏弱。众所周知,河南是文化资源大省,却不是文旅强省,一方面,文化资源未能被充分开发利用,导致文化产业总量不高,与河南丰厚的历史文化资源极不匹配;另一方面,在已开发文化资源中,缺乏知名文化品牌,市场占有率也不高,省外、国外游客收入占河南省文旅产业总收入的比例偏低。

（四）生态保护治理难度加大

尽管河南在生态环境保护治理方面取得了巨大成效，但从整体上看，河南生态环境改善尚未达到从量变到质变的拐点，污染防治攻坚工作还有很大的提升空间。黄河流域、沿黄地区地形复杂，生态脆弱，过去由于人类不合理的开发利用，导致流域植被破坏严重，森林覆盖率不高，且水沙调控的后续动力不足，黄河河南段地上悬河问题始终未能有效解决。尽管经过多年治理，黄河流域水质级别仍然未能达标，在41个省控断面中，多个支流呈现轻度污染，甚至还有个别支流是中度和重度污染。同时，从总体看，河南经济社会发展方式仍然不够环保，产业、能源、运输、用地等结构性污染问题依然突出。此外，在水生态方面，从河南省生态环境厅发布的2021年12月全省地表水环境质量情况来看，还有诸多县市部分水质不达标，甚至部分县市连续多月水质环比、同比均无明显改善。

四、锚定"两个确保"推动高质量发展的对策

（一）强化科技创新对发展的引领带动

坚持创新在现代化建设全局中的核心地位，深入实施创新驱动战略，加快推进科教兴省和人才强省建设，通过培育壮大创新主体、打造高端载体平台、提升原始创新供给能力、强化创新人才保障等措施增强科技创新实力，提升对河南省高质量发展能动转换的支撑力。不断增强创新主体的实力。围绕河南省优势主导产业在郑州都市圈等区域集聚形成一批创新实力强、市场潜力大、盈利能力高、具有较大影响力的头部企业，打造一大批"专精特新""瞪羚""雏鹰"等企业蓬勃发展的创新型企业集群。加大对企业研发的财政支持力度和研发活动的绩效奖励，鼓励更多社会力量参与科技创新，推进规模以上工业企业研发活动全覆盖。培育打造一批高端科创平台载体。高标准建设嵩山实验室、黄河实验室、种业实验室，持续优化省级重点实验室结构，打造一支进入国家战略科技力量体系的河南梯队，积极推动产学研深度融合。

（二）加快完善现代产业体系

坚持把发展经济的着力点放在实体经济上，以产业基础高级化、产业链现代化为导向，以制造业高质量发展为重点，推动产业链供应链优化升级，增强产业链供应链韧性和竞争力，促进产业基础优势向现代产业体系优势转变，加快建设制造强省。加快推动制造业高质量发展，以提升自主创新能力，推动河南制造业发展质量、效率、动力变革，提高供给体系对省内、国内需求的适配性，促进制造业迈向国内大循环和国际国内双循环的关键环、中高端。不断优化提升现代服务业，加快构建优质高效、结构优化、竞争力强的现代服务业体系，推动以现代

物流、科创服务、信息服务等为主导的生产性服务业向专业化、价值链高端延伸,通过制造业企业延伸服务链条,积极发展服务衍生制造,促进现代生产性服务业与先进制造业的深度融合。着力提高农业质量效益和竞争力,建成国家生物育种产业创新中心、国家农机装备创新中心等平台,持续增强种业自主创新能力,完善现代农业装备和服务支撑体系。

(三) 深度挖掘释放消费潜力

以提振消费信心、促进消费升级、优化消费环境等激发河南省的巨大消费市场活力,发挥消费体系在扩大内需、畅通国民经济循环中的巨大牵引作用。着力解决居民消费的后顾之忧,加大就业、教育、医疗卫生等公共服务消费支出,加快发展保障性租赁住房,多途径解决居民住房难问题。不断增强居民消费意愿和消费能力。围绕实现共同富裕的目标,构建初次分配、再次分配、三次分配协调配套的基础性制度。完善财产税制,合理调节过高收入,实施扩大中等收入群体行动计划,推动中等收入群体扩围增收。加快推进消费转型升级,推进重点领域消费提档升级,激发电子产品的消费活力,促进文旅体消费规模扩大和消费品质升级,培育豫菜文化、时尚文化等特色消费街区,保护和发展中华老字号、河南老字号,打造多元夜经济场景。

(四) 持续推进绿色生产生活

坚持践行绿水青山就是金山银山理念,以提升绿色生态优势、发展绿色能源体系、构建绿色生产方式、践行绿色生活方式、完善绿色发展制度为重点,推动河南省生态文明建设高质量发展,促进人与自然和谐共生。不断提升绿色生态优势,持续开展大规模国土绿化和森林河南建设,完善自然保护地体系,健全林长制工作机制。突出精准治污、科学治污、依法治污,深入打好污染防治攻坚战,持续推进水资源、水生态、水环境、水污染协同治理,加强江河湖库生态保护治理。强化水资源刚性约束,加强节水关键共性技术的攻关和应用,持续开展农业节水增效、工业节水减排、城乡节水降损三大行动。积极践行绿色生活方式,支持各地结合实际建设绿色、低碳、宜业、宜居的城市高质量发展示范区,开展绿色城市、绿色园区、绿色社区、绿色建筑等创建活动。

(五) 统筹新型城镇化与乡村振兴

大力实施以人为核心的新型城镇化,以中原城市群为主体推动大中小城市和小城镇协调发展,以城带乡推动乡村振兴,持续扩大城乡基础设施和公共服务设施、生产生活就业等需求潜力,为服务强大国内市场的培育、新发展格局的构建提供持久稳定的动力源。大力实施以人为核心的新型城镇化,推动城镇化规模和质量并重发展,优化国土空间布局,高水平开展城市规划和城市设计,加大老旧小区和社区改造力度,加强历史建筑和历史文化街区保护。高质量推进乡村振兴，建立防止返贫动态监测和帮扶机制，多途径拓展脱贫人口就业渠道，分层分类帮扶农村低收入人口，加强对乡村振兴重点帮扶县的支持，做好巩固拓展脱贫攻坚成果与乡村振兴的有机衔接。高水平建设国家城乡融合发展试验区，推进特色小镇规范健康发展，全面建设绿色宜居的美丽乡村。

（六）全面深化改革激发发展活力

用好国家重大战略机遇赋予的改革权、试验权、先行权，立足河南优势基础和特色，以破解制约高质量发展的突出瓶颈为重点，加快完善社会主义市场经济体系，推进关键领域大胆改革创新。加快完善现代市场体系建设，全面完善产权制度，构建形成统一开放、竞争有序的现代市场体系，高标准建设优势互补、协作配套的商品市场体系和现代服务市场体系。持续激发市场主体活力，分层分类推进国有企业混合所有制改革，引导民营企业加快建设现代企业制度，完善支持民营经济和工商个体户发展的政策体系。强化财税金融改革，坚持"项目为王"，做好"三个一批"工作，加大对制造业智能化、绿色化改造升级及战略性新兴产业、现代化产业链的投入。始终坚持"人民至上"的价值追求，加强普惠型、基础型、兜底型民生建设。

参考文献

［1］谷建全．补齐短板破除瓶颈 深入推动高质量发展［N］．河南日报，2021-04-29.

［2］耿明斋．推动河南经济高质量发展［N］．河南日报，2019-01-13.

［3］陈耀．新时代推动中部地区高质量发展的新思路［J］．区域经济评论，2021（3）：18-20.

［4］张燕．如何才能让居民能消费、愿消费？坚持扩大内需战略基点，增强经济发展内生动力［J］．中国经济周刊，2021（5）：52-53.

现代化河南建设中乡村治理的推进逻辑与基本思路[*]

"基层治"关乎"天下安"。一直以来，如何加强基层社会治理问题，始终是各级党委和政府的重点工作。在我国，广大的农村地区是基层社会的最大组成部分，做好乡村社会治理工作是保障基层社会治理成效的重中之重，从这个意义来说，乡村治则天下安。我国自古便是以农立国，乡村历来是国家的根基与命脉所在。由于农业的基础性地位，即使在城市化快速发展的今天，乡村也依然是国家长治久安的重要基石。长期以来，乡村治理都是基层社会治理的重点，也是难点和薄弱点。乡村治理水平的改善和提升，既制约着乡村全面振兴的实现状况，也影响着国家治理体系的完善和治理能力的提升程度。从国情和省情的实际情况来看，河南是人口大省，也是农业大省，有着广阔的农村地区和庞大的农村人口，切实加强乡村治理基础工作的意义重大性尤为突出与明显。

乡村建设是党和人民的重要事业，乡村治理是国家治理的重要内容和关键领域，也是维护社会健康有序良性运行的坚实基础。历史地看，在中国社会形态变化的不同历史时期和社会阶段跃升的不同历史进程，"乡村治理"始终是一个绕不开的重要历史议题，这一议题的动态性推进伴随着乡村治理制度体系的创新与完善、乡村治理实践的丰富与发展，社会治理方式的革新与统合。当前，新形势下的社会主义现代化河南建设已经开启，《河南省国民经济和社会发展第十四个五年规划和二〇三五年远景目标纲要》里明确"现代化河南建设"的一个重要目标就是建成"一个家园"，即不断满足河南人民对美好生活的向往，建设河南人民幸福美好家园。可以说，"幸福美好家园"标定了现代化河南社会建设的价值追求和目的导向，是人民群众获得感、幸福感与安全感的集中体现。然而，幸福美好家园不会凭空出现或轻易形成，它涉及社会大系统内的各个方面，其中社会治理的成效如何是一个关键因素，因为幸福美好家园的建成和运行必定是植根

---

[*] 作者：李三辉，河南省社会科学院社会发展研究所助理研究员。

于良好的治理基础之上的。得益于社会治理的有效运转,才能政令通畅、民生增进、社会稳定、和谐有序,这些都是幸福美好家园的基本元素,也是促成幸福美好家园实现的有益因子。换言之,加强和创新社会治理既是建设幸福美好家园的基础,也是内在要求。着眼于加快推进幸福美好家园建设,河南在加强和改进社会治理,尤其是推进现代化河南建设征程中的社会治理现代化方面,必须持续加强和改进乡村治理工作,走好新征程中的乡村治理之路,不断夯实现代化河南建设的基层治理基础,确保人民安居乐业与社会安定有序。

一、现代化河南建设中推进乡村治理的现实逻辑

(一) 加强和改进新形势下乡村治理的时代背景

中国共产党领导的中国农村建设、乡村治理工作已进行百年,无论是从党中央设置工作议题的位次摆布,还是专有"一号文件"的形成发展,都能直观地看出农村工作、乡村治理在治国大计中的地位,其对于夯实党长期执政的基层基础、确保人民安居乐业、维持国家长治久安所显示出的重要意义。党的十八大以来,加强和改进乡村治理更是被党和国家提到了新高度,乡村振兴、城乡融合、治理现代化等一系列变革性、前瞻性思路投向乡村社会,旨在下好农村这盘大棋,统一于国家发展大局。一段时间以来,国家针对乡村发展已实施了几个重大战略部署,如乡村振兴、乡村治理现代化。不仅如此,为了更好地促进各个战略实施与接续推进,国家层级的乡村振兴战略的实施意见、乡村治理指导文件陆续出台,中央一号文件更是持续聚焦输出,这些指导性文件都从不同维度强调加快推进乡村振兴发展、乡村治理,党的十九届四中全会又明确指出要"构建基层社会治理新格局"。随后,党中央和国家又制定了推进未来基层治理现代化发展的框架性文件,即"关于加强基层治理体系和治理能力现代化建设的意见"。不难理解,城乡全面融合、乡村振兴、国家治理体系和治理能力现代化总目标等重大战略皆对乡村治理提出了新标准和高要求,乡村治理亟须在新形势下不断提升现代化水平,以协同于新发展阶段和新发展格局的实现进程。正视现代化推进中乡村发展给乡村治理带来的新变化、新要求与新挑战,加强和改进乡村治理要对标适用主要矛盾转化、乡村振兴、民生发展的现实逻辑。当前,推动乡村治理现代化转型已成为政府与社会的共识,但乡村治理现代化水平滞后于农村社会发展进程也是不争的事实,城乡发展间的不均衡不充分问题是当下中国的突出问题。加强和改进乡村治理是时代任务,必须不断提升乡村治理现代化水平,没有适应新形势的治理理念、治理制度、治理技术的运用、支持和保障,就不能真正实现乡村治理现代化,而没有乡村治理基础的夯实也不可能真正推动乡村振兴,助推乡村现代化实现。

现代化河南建设中乡村治理的推进逻辑与基本思路

（二）不断推进乡村治理现代化的目标逻辑

回顾历史任何一个时期的乡村治理总是与乡村发展的阶段性目标紧密相连的，乡村治理既是乡村发展的基础，也是促进乡村发展的手段。站在"两个一百年"奋斗目标的历史交汇点上，走好新时代乡村治理之路，更要目标明确、靶向坚定，把新形势下的乡村治理同乡村振兴的整体发展战略与全面建设社会主义现代化国家有机结合起来。不管是近年来出台的乡村振兴系列指导意见，还是中央一号文件，都在总体目标上锚定乡村全面振兴的总战略，在乡村治理上追求治理有效与治理现代化推进。党的十九届五中全会审议通过的未来规划和中期目标，更是吹响了迈向新征程的号角，时代的巨轮正在驶过"全面小康"奔赴"社会主义现代化强国"。治国理政，重点在基层，最突出的矛盾和难点问题在基层，最有希望的创新实践也在基层，而乡村又是基层社会的最大基础。置身于全面建设社会主义现代化国家的时代进阶，加快新形势下乡村治理现代化的必要性和重要性则不言而喻，必须把加强和改进基层治理作为固本之计。换言之，乡村治则国家安，乡村强则国家强。新征程上，不断提高乡村基层治理现代化水平、呈现乡村治理效果效能将与实现现代化国家远景目标的历程紧紧相随，与国内国际两个变局紧密相连，它关系到社会活力与安定有序、人民生活品质改善、国家战略推进与国际影响力，唯有基层稳固强大，国家才能集中精力阔步跃进。不难理解，着眼于现代化国家建设进程，乡村现代化无疑是中国未来农村发展的建设指向，这一目标要求新时代的乡村治理实现现代化，同时乡村治理现代化也为乡村现代化提供社会秩序稳定的发展保障，助推农业发展、乡村建设、农民生活现代化水平提升，统一于国家治理现代化和社会主义现代化国家建设的目标导引。

（三）日益呈现乡村治理有效的幸福生活画卷

一百年来，中国共产党始终紧抓农村社会发展问题，在革命、建设、改革等不同时期始终把做好乡村社会治理当作中心工作，摆在突出位置，扎实有力地为人民谋解放、兴生产、富生活、提品质，为人民服务的宗旨意识从未削弱和改变。纵观历史，中国共产党领导下的乡村治理在全国各地都积累了较多的成功经验，不同历史时期形成了不同的治理模式，如乡政村治、三治结合。然而，无论时代环境如何变动发展，无论乡村治理结构和治理方式模式如何调整优化，中国共产党领导下的乡村治理体系都在各自时期为实现乡村治理有效发挥了重要作用，在历史条件下理顺了乡村治理机制体系、优化了乡村治理结构、稳固了乡村社会秩序、调节了乡村社会关系、改善了乡村气质风貌、增强了民众生活幸福感体验，使乡村社会发展稳步向前，农村群众生活品质日益跃升。当前的中国农村大地已全面建成小康社会，无论是民众生活富足水平、乡村基础设施建设水平、乡风文明生态环境程度都达到了前所未有的高度，一幅幅乡村治理有效的生动实践画卷在中国大地广泛铺开。新条件下接续奋斗的乡村治理进程，面对的是社会主要矛盾变化、治理现代化指向的新要求，然而不管时代局势或外部环境如何改变，治理有效的背后都是党和国家对民生建设的重视和追求，人民满意度、认可度始终是衡量治国理政的最根本标尺。人心是最大的政治，做好新时代的乡村治理，唯有日益呈现乡村治理有效的幸福生活画卷，才能真正增进广大民众乡村基层治理的认同感，也才是真正凸显了中国共产党"人民性"的鲜明特质，践行了中国共产党的初心与使命，而治国理政也找到了最终归宿。

二、现代化河南建设中乡村治理的推进思路

从实践来看，围绕现代化河南建设大局，河南在加强和创新社会治理上未曾停止过实践探索，也涌现出了一些乡村治理创新模式和有益经验案例，但在治理理念跟进时代发展的革新上，在治理制度体系构建完善上，在多元共治格局拓展上，在治理方式方法创新上，都与幸福美好家园和治理现代化的目标要求还有一段距离。新形势下，河南加强和创新乡村治理，今后仍需从意识理念、机制体系、多元协同、方式方法等层面进行系统性提升，不断推进乡村治理体系和治理能力现代化，夯实社会主义现代化河南建设的基础保障。

（一）充分把握乡村治理的时代变迁与价值情境

现今的河南乡村发展，其治理的时代底色、社会基础、治理形势等都发生了重大变化，推进新形势下的乡村治理不断走向深入、稳步前行、呈现成效，我们需要考虑以下四个重要因素：一是我们正处在一个新时代。乡村社会治理的基础、社会结构、社会秩序等都已急剧动迁，新时代农村的生产力与生产关系、社会基本矛盾等都发生了重大变化。二是新时代乡村社会是一个由多元主体合作治理的社会。三是乡村振兴战略为当前和未来一个时期内的农村发展和乡村治理谋划了中长期前景，新时代设想规划与现实发展的差距需要填补，新征程中的新问题和新状况需要解决，未来发展路径和具体模式道路需要探索。四是乡村治理模式创新要植根于农村发展实际的多样性、差别化、阶梯性，不同的农村在区位、交通、资源、功能定位等方面也存在差异，其治理策略、发展路径和进度必然无法同步或一致。为此，我们要进一步厘清几个重要价值情境问题。一是辩证地理解古今中外的关系问题。开启于西方的现代化提供给我们的是模式借鉴，解决中国问题、河南问题需结合具体实际，克服拿西方标准进行简单衡量的思维做法。乡村治理现代化并不是对过去的简单抛弃、与传统的完全相斥，而是传统与现代有益因素的统合互促，其要对立的是落后的思维方式和行为方式。新时代的河南乡村治理，应在古今中外的融通中进行创造性发展，现代信息技术的应用有助于

提升乡村治理效率，但其并不能作为根本衡量，立足于本土实践的乡村治理现代化，需要优秀传统文化的价值维系，提升乡村治理质量。二是把握乡村治理问题的普遍性与特殊性。问题与发展相伴共生，乡村治理指向解决乡村发展进程中的现实问题，如何逐步完善治理体系、充实治理内容、创新治理手段、改善公共服务、提升秩序安全等，都是所需破解的难题。做好新时代的河南乡村治理，必须关注省内广阔农村内的差异性、特殊性，不同地域、不同类型、不同区位的乡村其治理基础、治理方式和治理策略也难以一致，乡村治理从来不存在普适的放之四海皆准的运行模式，但符合各地乡村具体实践和实际形势的乡村治理途径，都会在坚持治理的普遍性规律和特殊性操作中寻得。

（二）紧紧抓住乡村社会治理有效的基础要件

1. 主体元素："一核多元"治理主体共治

不管是考察国外农村社会治理模式，还是分析国内乡村治理实践，都很容易发现，多元化的主体参与是其农村社会治理实践中的关键举措和推进保障。可以说，多元化治理主体是农村治理现代化的重要特性，农村治理实践目标同样依赖多主体共治来实现。结合治理实践的主体参与来看，现代化背景下的农村社会治理应是包括党委政府、市场与社会组织在内的不同层级治理主体的多元参与共治，如基层党委政府、"村两委"、村民、其他社会组织等。从乡村治理的主体参与看，党的领导是推动新时代乡村治理的最有力保证，村党组织要担当农村社会治理的领导核心角色。政府的政策引导与资金投入是重要推动力，但有限的政府权力边界要清晰明确。村民作为农村治理的最重要主体，地位角色必须充分体现，并通过激发内生动力来拓展村民自治实践。各类合作社、协会以及其他社会组织应获得积极培育，并充分发挥社会力量参与农村社会治理的协调作用。

2. 保障机制：制度化建设与健全农村治理体系

考察和分析中国共产党乡村治理的百年实践与经验借鉴，可以发现，制度建设、法治规则是我国乡村社会治理成功实践的重要法宝，是稳定推进农村社会治理、有序社会治理行动的坚实保障。从农村社会治理现代化的取向要求看，制度化是其内在特质，制度为行动者提供稳定性环境和合法性方式。加强和改进新时代农村社会治理，从治理体制上需要由国家"自上而下"地构建一套科学的制度运行体系，从而在顶层设计上展开治国理政，保障农村社会治理的稳定性、规则性、有效性。从农村社会治理的实践运转看，需要不断完善农村社会治理体系以持续推进农村治理效果呈现。一方面，要在治理方式上深化"三治融合"，从乡村治理力量的基础维度上讲，基层自治无疑是核心方式，这也是我国长期以来乡村治理实践发展得出的重要有效经验，只有基层居民内生动力强劲、能力充

全面深化改革开放，高质量建设现代化河南

足、精气凝聚，治理实践才会推进迅速且高效恒久，最终趋同自主治理本质。从乡村发展保障力量的秩序层面来讲，法治化建设无疑是最强有力的规约行动，将乡村事务"轨道化"运转，也最能从根本上塑造稳定、有序、平顺的环境。在治理价值自觉上厚植德治，将德治原则融通于治理操作设计，扎实提高乡村治理成效，增强善治的思想文化支撑。另一方面，要在治理手段上不断增进信息科技治理支撑，持续提升农村智治能力。在治理技术整合上，要紧跟网络化时代发展和现代信息技术革新，强化信息化治理，提升农村科技治理的精准化和效度。

3. 绩效评价：善治化乡村图景

乡村振兴战略已成为标定当前和今后一个长时期内农村社会治理的宏图画卷，而实现"乡村治理有效"不仅是画卷能够展开的现实要求，也是衡量这一愿景质量程度的标尺。从根本上讲，善治是一切治理实践的最终追求，它能够最大程度地实现人民幸福，不断提升民众获得感、幸福感、安全感，致力美丽与良序的价值追求。具体而言，善治化乡村图景，在社会秩序上一定是和谐稳定的，能有效保证农村发展环境稳固，这体现在治理操作中就是规则，以治理体制和基层政治制度增强农村的政治建设力；在公共事务治理上一定是多元主体参与的，这体现在治理理念上就是共治共建，以多层次的基层民主协商、多主体互动参与增加农村社会建设力；在治理质效上一定是低成本运行的，矛盾纠纷公正公平的法治疏解、乡风文明的德治认同，以刚性规则解民困、软性文化聚民心，不断提升农村社会文明程度和文化建设水平；在社会治理趋势上一定是稳固向前与可持续发展的，这体现在治理格局上是和谐共生，以绿色发展、生态保护的行动策略提升治理承载质量，实现宜居宜业的良好农村生态。

（三）不断推进新时代乡村治理现代化

1. 乡村治理现代化的本质：因应时代变化而实现治理

正确辨析乡村治理现代化的基本理论问题，不仅是全面理解"乡村治理现代化"的第一步，也是能够从深层次分析和把握乡村治理现代化下一步方向的意识核心问题，更是确保能针对性地做好乡村治理现代化提升工作的基础。观察发现，历史和现实原因，使乡村治理现代化面临发展难题，其本质理论问题还处于模糊化状态。有些乡村治理现代化研究步入了"现代"的片面套用思维误区；有些乡村治理发展模式同质化严重而沦为脱离地方实际的"空洞"；有些乡村治理现代化实践陷入过度的"技术"偏好。这表明，乡村治理现代化的内在特质、价值向度等问题需要厘清。乡村治理现代化，意指在现代的环境条件下展开治理实践，它不是同过去对立或与传统割裂，不是现代套路照搬或模式复制，而是与僵化落后、不与时俱进相对立，在当下情境中"随时变易以从道"，因时因地地动态调适，以展现治理的"善治"本质。现代化是动态性空间结构的优化，而非时间序列的演进，不能陷入"现代就是好的"思维逻辑之中。乡村治理现代化不存在确切的定式，不应成为"套路"，是植根于现代发展环境下适时统合改善，且需要优秀传统支持和文化价值维系以提升治理效度，在治理理念、治理结构、治理方式等层面不断现代化，实现乡村治理有效有序。

2. 不断深化乡村治理体系和治理方式改革

提升乡村治理现代化，无论是从本质指向还是操作实践上，都不是一个简单的概念变化或元素叠加，而是一个多系统互促、重机制优化的工程，其旨在现代条件下达成乡村善治，无论是治理实践的理念先导与价值思维，还是制度设计与运行体系，或是治理结构与方式方法，都应当与时俱进地进行现代化转向。一是要以更新治理理念为先导，转变乡村治理意识，提升乡村治理科学化。二是要着重从制度建设层面来理清理顺乡村治理的机制和体系设置，提升乡村治理的民主度与协同化。三是要以建构"一核多元"共治格局为关键，不断优化乡村治理主体体系，将党的政治优势转化为治理能力，以强化制度权威为核心增强基层党组织凝聚力，以精准政府权力边界推动乡政现代化转型，以深化自治实践打造多层次基层协商格局，以人民福祉为导向提升农民主体地位和治理能力，以政府、社会、市场的关系理顺集聚社会共治力量，拓展乡村治理主体多元化，增强乡村治理能力。四是要侧重乡村治理的过程管理与效果，治理过程从生发到实施再到反馈是治理全域的核心程序，无论是治理理念、治理技术，还是治理方式创新、治理绩效达成，都彰显或体现于治理过程的每个环节，也依赖于治理过程的顺利进行。为优化治理过程并寻求治理效果，这就需要将自治、法治、德治等各种治理方式协调融合于治理实践以求取得最大治理效果，吸纳各种治理力量、监督保障力量而搭建治理方式创新融通的共治平台。五是要以统合乡村治理方式为手段，拓展乡村治理效能，运用"互联网+应用"等手段增强乡村治理科技支撑，提升乡村治理精细化。六是以规范公共事务运行为抓手，保障乡村治理秩序，提升乡村治理法治化。

参考文献

[1] 习近平. 决胜全面建成小康社会 夺取新时代中国特色社会主义伟大胜利——在中国共产党第十九次全国代表大会上的报告[N]. 人民日报，2017-10-18.

[2] 桂华. 面对社会重组的乡村治理现代化[J]. 政治学研究，2018（5）：2-5.

[3] 邓大才. 走向善治之路：自治、法治与德治的选择与组合——以乡村治理体系为研究对象[J]. 社会科学研究，2018（4）：32-38.

[4] 吕德文.乡村治理70年：国家治理现代化的视角［J］.南京农业大学学报（社会科学版），2019（4）：11-19.

[5] 李三辉.乡村治理现代化：基本内涵、发展困境与推进路径［J］.中州学科，2021（3）：75-81.

[6] 李三辉.将党的建设贯穿乡村治理全过程［N］.学习时报，2021-09-10.

以中华优秀传统文化助推现代化河南建设研究[*]

党的十九届六中全会决议明确提出了"习近平新时代中国特色社会主义思想是当代中国马克思主义、二十一世纪马克思主义，是中华文化和中国精神的时代精华，实现了马克思主义中国化新的飞跃"的重大论断，为提升国家文化软实力、实现民族复兴伟大梦想提供了切实可行的理论举措和实践指南。奋力开创现代化河南建设的新辉煌，应以推动中华优秀传统文化创造性转化、创新性发展为切入点，深刻领悟习近平新时代中国特色社会主义思想的中华文化特质和中国精神气质，加快推进文化强省建设，为实现"两个确保"提供文化软实力，把党的十九届六中全会精神擘画的美好蓝图转化为中原大地的生动实践，开启"十四五"时期河南"兴文化"建设的新征程。

一、在数字化进程中乘风破浪，推动公共文化服务提档升级

党的十八大以来，习近平总书记多次强调，要"从实际出发，集中力量做好普惠性、基础性、兜底性民生建设，不断提高公共文化服务共建能力和共享水平"，"促进基本公共文化服务标准化、均等化"，为切实保障人民群众基本文化权益，提升人民群众的文化获得感、幸福感提供了根本遵循。河南是文化大省、人口大省、消费大省，近年来虽然在公共文化资金投入、公共文化基础设施建设、公共文化服务网络全覆盖等方面有了较大程度的提升，但整体而言高水平文化服务分布不够均衡，亟须在数字化进程中乘风破浪，全面提升公共文化服务效能，以满足人民群众对高品质文化生活的多样化差异化需求。

（一）坚持创新驱动，做到服务主体"四个转变"，破解基层公共文化服务供给机制难题

在社会发展转型和数字化飞速发展的进程中，如何从供给机制方面解决基层

---

[*] 作者：杨波，河南省社会科学院文学研究所副研究员。

公共文化服务中存在的问题，仍是当前我国公共文化服务体系建设中的核心问题。一是推动文化行政部门尽快实现从"办文化"向"管文化"转变，积极探索公共文化产品多元供给模式，为公众提供包括文化资源、文化设施、文化平台、文化资金、文化政策等在内的全方位数字化服务。二是鼓励社会力量共同参与公共文化服务建设，主动整合政府部门、社会企业、社区组织、志愿组织、新乡贤人物等不同领域的数字文化资源，推动文化服务方式从"送文化"向"种文化""创文化"转变。三是找准河南公共文化建设工作的阻力点，组建更多像安阳市内黄县李石村李翠利创办的"微光书苑"类型的基层志愿服务组织，推动基层群众从"要我参加"向"我要参加"转变。四是为相关企业和志愿组织在税收方面提供减免和优惠，推动文化治理格局从"单一模式"向"共建共享"转变，用数字化手段和社会治理的思维模式提升基层公共文化服务效能。

（二）搭建服务平台，做到服务类型"箭无虚发"，推动向高质量公共文化服务转型

公共文化服务聚焦不够精准，是长期以来影响各地市公共文化服务效能有效提升的制约因素之一。满足人民群众对公共文化服务差异化、多样化、高层次的需求，打造不同类型的公共文化服务平台，是时代赋予相关部门的责任与使命。各级政府应以实现公共文化服务的"精准供给"为目标，积极探索数字化背景下基层公共文化服务供给的不同形式，把广大人民群众的现实需求作为衡量相关部门或个人绩效评估的主要标准，通过打造一些分级分类、互联互通、高质高效的"文化+""互联网+"等公共文化服务平台和数字文化服务平台，推动传统"服务人员"向适应时代需求的"技能人才"转型，帮助那些有文化需求的特殊人群，让群众都能享受到科技带来的便利性，品尝到与数字时代接轨的幸福感，让公共文化服务真正成为一个地方最温暖、最贴心、最亮丽的文化名片。

（三）强化政策保障，做到服务内容"因地制宜"，优化基层公共文化服务发展环境

习近平总书记在庆祝中国共产党成立100周年大会上的讲话中指出："人民是历史的创造者，是真正的英雄。"人才资源是公共文化服务体系建设的重要支撑力量，也是影响公共文化服务组织变迁的根本因素之一。各级政府应抓住人才这个根本要素，不断加大对文化领域创意人才的引进力度，把为优秀人才和优秀创新创业团队开通"绿色通道"作为一项持久工作和重要任务来抓，在住房、入学、就业、就医等方面加大政策服务保障力度，完善就业环境和提升配套服务，最大限度地激发释放文化创意人才的价值，从供给主体方面切实解决基层公共文化服务人才最关心的现实问题，最终实现社会效益和经济效益的双丰收。

二、创新特色文化产业发展模式，寻找破解河南文化发展难题的"金钥匙"

大力保护传承弘扬以黄河文化和中原文化为核心的优秀传统文化，积极探索特色文化产业的创新发展模式，是实施文旅文创融合战略的重要内容，也是切实发挥文化的影响力、带动力和生长力，高质量推进河南文化强省建设的有效手段。

（一）更新发展理念，引领文化产业高质量发展

为解决当前社会文化建设过程中出现的主要矛盾，要不断更新发展理念是引领新时代发展的"灯塔"，是推动河南省文化产业高质量发展的"源代码"，也必须要持之以恒地遵循和践行。一要突出差异化发展优势，认真研究本地区的资源优势和产业发展基础，找准发展定位和努力方向，培育具有本地比较优势的特色文化产业。二要突出特色化发展模式，亮出文化企业的特色文化产品和特色文化服务，做好本地特色文化资源的合理配置与深度开发。三要突出文化创意水平，引导园区持续提升自主研发水平和文化创意能力，突出园区在内容、产品、模式、业态、机制等方面的发展特色。四要突出特色文化产业园区的联动协同效应，通过园区特色主导产业与其他多业态地深度融合，充分发挥骨干文化企业在资本、技术、管理、人才等方面的溢出效应。

（二）培育创新主体，推进文化产业升级换代

习近平总书记指出，"科学技术从来没有像今天这样深刻影响着国家命运前途，从来没有像今天这样深刻影响着人民生活福祉"。目前，河南文化产业仍然存在着定位不够准确、特色不够鲜明、内容同质化严重、缺乏拳头产品等问题，有些文化企业步履维艰，能够在数字浪潮中乘风破浪的文化企业更是凤毛麟角。归根结底，仍在于缺乏高端人才这一核心竞争力。提升河南文化产业竞争力，一要重点培育有企业家精神、勇担社会责任的经营人才，发挥其强大的市场主体作用，引领经济社会高质量发展；二要重点用好文化创意设计者、科技工作者等人才，让企业通过拥有自主知识产权和具有核心竞争力的原创产品来巩固、开拓市场，开发出适应市场需求的延伸产品、潜在产品等；三要重点做好人才供求信息平台的完善、人才使用过程中的渠道畅通以及相关的考核对接等，实现要素所在单位与企业的无缝对接，确保专才专用，进而实现效益最大化。

（三）优化营商环境，打造文化对外贸易基地

近年来，河南坚持把服务贸易作为对外贸易稳定发展的新引擎，培育了一批具有国际竞争力的外向型文化企业，取得了一些可喜成绩。但从最新公布的2021~2022年国家文化出口重点企业的数量与领域来看，与北京32项、天津10项、上海30项、江苏35项、浙江16项、安徽23项、福建14项、江西4项、山

全面深化改革开放，高质量建设现代化河南

东19项、湖北8项、湖南11项、广东29项、四川21项、贵州1项、云南6项、陕西2项等涵盖不同领域的重点文化企业相比，与高科技含量较高的三大国家对外文化贸易基地（上海、北京、深圳）蒸蒸日上的发展态势相比，河南只有河南省山河柳编文化产业集团有限公司、河南约克动漫影视股份有限公司、河南昊韵乐器有限公司、中原出版传媒投资控股集团有限公司4家为国家文化出口重点企业，以及由河南少林无形资产管理有限公司、河南省杂技集团有限公司、河南约克动漫影视股份有限公司3家文化企业分别推出的"少林文化走出去""北美训演基地布兰森大剧院""动画作品《发明家创想乐园奇遇记》"3个重点项目，比较有影响的对外文化贸易企业数量不够多，规模不够大，主要集中在传统文化制造业领域，对外文化贸易还有很大的发展空间，亟须在环境准入、资金投入、科技融入等方面加快发展步伐。应多措并举，用好《加快发展服务贸易的实施意见》《促进服务外包产业加快发展的意见》《加快发展对外文化贸易的实施意见》等文化政策，发挥好郑州的国家服务外包示范城市、河南自贸区开封片区的国家文化出口基地等的带动作用，继续孵化像洛阳省级服务外包示范城市和郑州国家863软件园、洛阳国家大学科技园等13个省级服务外包示范园区之类的文化园区，继续培育约克动漫、八六三软件等一批龙头企业，推动服务贸易创新发展和服务外包转型升级。

（四）深化文化体制改革，加大文化产业发展保障力度

一是进一步发挥市场在文化资源配置中的积极作用，持续深化供给侧结构性改革，加大培育骨干文化企业力度，鼓励和引导社会资本进入文化产业等方面深耕细作，深化以公有制为主体、多种所有制共同发展的文化产业格局。二是从经济政策、法制保障、人才培养、市场秩序等方面加强制度保障，认真落实9个省直单位联合下发的《关于促进消费市场扩容提质的若干意见》等文件，进一步激发文化消费潜力、提升扩容消费市场。三是加快整合河南博物院、洛阳博物院、二里头博物馆、郑州博物馆等文博业的优势资源，加强各地市和文博界的区域联动，加强区域文化旅游品牌和服务整合，推动文化市场价值链的深度重组，进一步增强河南文化产业的传播力和影响力。

三、实施文旅文创融合战略，开启"十四五"河南文化建设新征程

习近平总书记指出，"中华民族在几千年历史中创造和延续的中华优秀传统文化，是中华民族的根和魂"。推动中华优秀传统文化的创造性转化、创新性发展，是实现中华民族伟大复兴、创造中华文化新辉煌的必要条件。而实施文旅文创融合战略，正是河南省委、省政府在国际国内双循环大背景下审慎选择的结果，是践行

习近平"两创"方针的河南探索,是破解河南文化资源转化难题的有效举措。

(一)明确发展定位,塑造全域旅游主题形象,开创文旅文创融合新境界

近年来,河南在文化建设和旅游发展方面虽然取得不少成绩,但与发达省份、中部地区一些兄弟省份相比,还存在着区域文化发展不平衡、文化与科技融合程度不深、规模以上文化产业盈利能力不强等问题,在红色游、考古游、生态游、主题游等方面仍有很大的发展空间。河南应以实施文旅文创融合战略为契机,举办主题鲜明、形式多样、区域联动、差异发展的文化旅游节活动,如郑州、洛阳、开封、安阳联合举办"古都文化游"活动,洛阳、开封、商丘、许昌、南阳等地市联合举办"中原文化深度游"活动,兰考、林州、新县、确山、卢氏等市县联合举办"红色文化游"活动,着力塑造"行走河南·读懂中国"全域旅游主题形象,持续推动创新创造、破题破冰、出圈出彩,进一步开创文旅文创融合新境界,为推进文化强省建设腾挪出更加广阔的发展空间。

(二)搭建发展框架,完善现代文化产业体系,丰富文旅文创产业新业态

近年来,受自然灾害等不确定因素的影响,河南文化产业发展遭遇了罕见的"冰火两重天":传统文化产业在寒冬酷暑中艰难前行,而互联网新兴文创产业却逆势突起,成为"宅经济"的一大消费热点。河南应以河南文旅投资集团的组建为契机,围绕建设"中华文化传承创新中心、世界文化旅游胜地"两大目标,着重解决文化市场主体不强、层次不高、体质不优等问题,不断完善现代文化产业体系,深入挖掘河南传统的农耕文化、历史文化、姓氏文化、古都文化和红色文化等资源优势,扶持一批国内一流的、有市场带动作用的重点文旅产业项目,发挥文化创意和文化旅游在经济社会发展过程中的强大"造血"功能和综合带动作用,进一步丰富文旅文创产业新业态,为实现"到2025年底,河南省旅游业综合贡献占GDP比重将超过12%,文化产业增加值占GDP比重将超过5%"的发展目标,建立起稳定的发展通道。

(三)做好接力"孵化",推动优势文化资源活化利用,激发产业升级发展新动力

在文旅融合时代,深入挖掘各地的文化资源,将这些文化资源转化为文化创意产品,以便更好地满足社会日益增长的文化需求,目前已经成为社会各界的共识。实施文旅文创融合战略,基础在"文",核心在"创",关键在"用",目的在"效"。"十四五"时期,河南应坚持用改革思维破解发展中遇到的难题,或多方联动,或整体推进,或化整为零,以"传统文化+现代科技+有效传播"的手法,把传统文化元素变成看得见、摸得着、可体验、易传播的"新国潮"融媒产品,尽可能有效地利用好大众传媒的力量,做好后续服务的接力"孵化",推动更多优势文化资源活化利用。

（四）强化市场导向，拉长文旅文创产业链条，推动智慧文化旅游新体验

推动文旅文创融合发展，既包括文旅和文创之间的融合，也包括文化和旅游之间的融合，其中文化是灵魂，旅游是载体，创新是动力，融合是手段，产业是关键。一是充分体现国际化、专业化、市场化的导向，积极发挥中原国际文化旅游产业博览会等文化平台的作用，以沉浸式、场景化的布展形式引领国内旅游业发展新潮流，争取在综合交易额和重大文旅项目签约方面实现新突破。二是以举办黄河非遗国际创意周为手段，将黄河流域非物质文化遗产"一展打尽"，争取用文化创意抢占文旅融合的"新风口"。三是在文化底蕴深厚的洛阳、郑州、开封等城市A级文化景区推出深度体验系列活动，以影视IP开发赋能河南文旅产业深度发展，在清明上河园、云台山、重渡沟、鸡公山等多个景区开启"宠粉"夜游模式，争取在国内热门旅游目的地、文化旅游打卡地等方面实现新突破，进一步激发出文旅市场的消费潜力，培育出更多拉长文旅文创产业链条、推动智慧文化旅游新体验的典范景区。

以习近平新时代中国特色社会主义思想为指引，用文化"软"实力和旅游"硬"支撑共同推动河南文化强省建设，既是应时合势之举，又是活跃全局之策。相关部门应把习近平新时代中国特色社会主义思想作为指导做好一切工作的"定盘星""指南针""压舱石"，用心领悟蕴含其中的科学指向、战略重点、实践路径、工作要求，找到破解河南发展难题的"金钥匙"，为把党的十九届六中全会精神擘画的美好蓝图切实转化为中原大地推动经济社会发展的生动实践，最终实现"两个确保"，提供强大的文化软实力。

参考文献

［1］习近平．习近平谈治国理政（第二卷）［M］．北京：外文出版社，2017．

［2］习近平．习近平谈治国理政（第三卷）［M］．北京：外文出版社，2020．

［3］习近平．在庆祝中国共产党成立100周年大会上的讲话［EB/OL］．新华网，http://www.xinhuanet.com/politics/qzjd100ydh/index.htm.

［4］中国共产党第十九届中央委员会第六次全体会议公报［EB/OL］．新华网，http://www.news.cn/politics/2021-11/11/c_1128055386.htm.

［5］楼阳生．高举伟大旗帜牢记领袖嘱托，为确保高质量建设现代化河南、确保高水平实现现代化河南而努力奋斗——在中国共产党河南省第十一次代表大会上的报告［N］．河南日报，2021-11-01．

［6］中共河南省委宣传部．河南宣传（2021年合订本）［Z］．内部资料．

［7］河南大力实施文旅文创融合战略，五大举措将推动实现旅游业综合收入超万亿［EB/OL］．河南省文化和旅游厅网站，https://hct.henan.gov.cn/2021/12-25/2371796.html.

"十四五"时期河南省推进创新驱动发展的思路与对策[*]

2014年5月,习近平总书记视察河南时提出希望河南围绕加快转变经济发展方式和提高经济整体素质及竞争力,着力打好"四张牌",其中一张牌就是以构建自主创新体系为主导推进创新驱动发展。2021年10月河南省第十一次党代会把创新驱动战略摆在锚定"两个确保"目标的"十大战略"之首。"十四五"时期是河南省从动能再造到动能提升的战略机遇期,产业发展进入全面数字化的攻坚期、深度绿色化的攻关期和产业智能化的奠基期,必须聚焦前沿技术,牵紧现代化产业体系这一"牛鼻子",以一流的创新生态重构区域创新版图,增强科技创新引领带动能力,以更大力度推进创新驱动发展,为现代化河南建设积蓄新动能。

一、提升研发投入强度,增强自主创新能力

近年来河南省研发投入经费虽然持续增加,但研发投入强度一直落后于全国平均水平。根据《中国科技统计年鉴2021》数据计算,2020年河南科学研究与试验发展(R&D)经费901.30亿元,位列全国第9名;R&D经费投入强度为1.64%,远低于同期的全国平均水平(2.4%),仅排在全国第18名。与我国经济大省广东、江苏、浙江、山东相比,河南不仅在研发投入绝对量上差距甚远,而且在研发投入强度上也落差甚大,与经济总量低于河南的湖北、四川相比,河南无论是研发投入绝对量还是研发投入强度均有所不及。

中央在推动中部地区高质量发展的意见中明确要求,中部地区"十四五"末研发投入强度要达到全国平均水平。2021年我国全社会R&D经费投入达27864亿元,R&D经费与国内生产总值(GDP)之比达到2.44%。2021年河南专利授权量中,发明、实用新型、外观设计占比分别为8.57%、80.03%、

---

[*] 作者:吴旭晓,河南省社会科学院统计与管理学科研究所研究员。

11.41%，创新质量整体不高。① 《河南省 2022 年国民经济和社会发展计划》明确，研发经费投入强度 1.96%以上。面对当前"标兵渐远，追兵日近"的局面，河南在"十四五"期间必须与经济总量增长相匹配，持续增加研发经费投入，持续提升研发投入强度，系统优化研发投入结构，尤其需要大幅度提升基础研究投入占比，提升源头技术供给水平，增强自主创新能力，确保以核心技术的"多点突破"创新助推产业链全面升级，进而实现河南经济跨越式发展。

二、优化创新战略布局，打造新型创新网络

针对河南省当前面临的高层次创新平台、重大科技基础设施较少、科技成果转化和产业化水平不高、全社会推动科技创新的合力尚未完全形成等困境，"十四五"期间河南省要坚持战略前瞻，在城市内部优化布局创意空间、孵化器、加速器、专业园区、产业集聚区，提升研发和转化功能型平台、众创空间、孵化器等科研平台的功能，打造完整的产业孵化链，全面打通由创意到产业转化的创新链条关节。

推进"1+8"创新型郑州都市圈建设，围绕城市链培育产业链，依托产业链布局创新链，整合科技资源共享平台和产业互联网平台，围绕创新链配置人才链、资金链、政策链、数据链和服务链，深入推进线上线下融通创新，以科技创新政策矩阵为引领，推动科技与信息、金融、服务深度融合，培育集成电路、高端制造等千亿级创新产业集群，打造人工智能、健康医药、前沿材料等亿万级先导产业"航母群"，推动河南省产业向中高端跃升。

"十四五"期间河南省要深度融入"一带一路"倡议和国内国外双循环新发展格局，鼓励河南企业到国外的东京、柏林、巴黎、伦敦，以及国内的深圳、广州、武汉、长沙、西安、成都、北京、天津、上海、南京等创新人才集中的城市建立研发中心或创新孵化中心，突破地域限制，推动省外国外的创新飞地与河南省内的中试基地、实体产业基地无缝对接，提升河南省产业集群的发展能级。在开放发展中，既要吸附国内外各类创新资源，积极引进国内外先进科研仪器设备，构建推动国内外创新要素以"双循环"形式为河南经济服务，同时也要积极构建"研发在外、生产在豫"的新型跨境协同创新网络，推动补短板和锻长板互促共进，实现优势产业直道冲刺、新兴产业弯道超车、传统产业换道领跑。

---

① 全国的数据来自国家统计局发布的《中华人民共和国 2021 年国民经济和社会发展统计公报》；河南省的数据根据河南省知识产权局发布的《2021 年河南省专利授权情况》相关数据计算得到。

三、培育与引进并重，建设高质量科研队伍

为了化解目前河南省创新主体实力不强、高端创新人才团队匮乏、关键核心技术攻关能力不强等难题，必须坚持培育与引进并重，建设高质量科研队伍，补齐河南省创新驱动发展的突出短板。

采用矩阵式人才培养模式。适应以人工智能为代表的时代发展潮流，人才培养也要与时俱进实现多维度融合。以"互联网+"为纽带，实现河南省创新人才培养过程中的课程平台、实验平台、研发平台多方联动，促进学科知识的交叉融合，打破传统的学科知识边界和专业设置中的隐性藩篱。对于河南省内"双一流"建设的大学，从本科开始就实行企业导师和学校导师的双导师模式，提升人才培养的"标配"水准，让创新人才从本科开始就参与到项目研发中去，使理论知识与实际研发工作紧密结合，培育研发思维、学术道德、批判性思维等基本科研素养，既发挥企业老专家的"传帮带"作用，又避免"近亲繁殖"、人身依附的弊端；同时在学业导师的指导和引领下，培养出适应新经济、新业态的复合型创新创业人才，为河南省经济发展动能转换提供取之不尽、用之不竭的创新精英。

针对河南省当前国际一流大学匮乏的现状，在"十四五"期间，可以考虑在河南省免费提供土地，按照国际一流标准建设基础设施，配备一流的研发仪器和设备，以此为条件，引进国内双一流大学在河南省设立研究院，引进国外优质大学在河南省建设研发机构，鼓励和支持国内外优质高校或科研机构与河南省高等院校合作办学或者合建研发中心，争取"十四五"期间建成一批前沿科技研究基地和培育出一批前沿学科专业，为创新人才高质量成长夯实平台基础，打造出中部地区创新人才培育新高地，为河南省经济跨越式发展培养出源源不断的理论知识深厚、创新精神突出、创造能力卓越、能够引领产业发展浪潮的新时代高端创新人才。

"十四五"期间，河南省在产业链深度调整和融合发展的基础上，以"不求所有、但求所用"的方式共享省外科学家智慧，构建跨境创新网络，拓宽省外、国际高端人才和创新团队引进的绿色通道。全面落实河南省委省政府出台的《关于深化人才发展体制机制改革加快人才强省建设的实施意见》，整合安阳"洹泉涌流"和"智汇郑州"等省内各地市人才引进计划，避免内耗。此外，要建立政府、企业、学校、社会融合的科技人才流动"旋转门"机制，打造一流的科研人才队伍。

全面深化改革开放，高质量建设现代化河南

四、改革技术评价体系，全面激发创新活力

健全创新评价制度。目前创新评价制度具有很强的 SCI 论文取向倾向，并成为研发人员考核的主要指标，许多创新人才把主要精力花费在迎合国外期刊选题方向、容易出成果，所谓研究热点、形式主义的论文上，而真正对河南省经济社会发展急需的研究领域却鲜有人涉足或者尝浅辄止。因此，需要完善创新评价制度，淡化急功近利的价值取向，聚焦培育学术精神，强调创新成果"质的飞跃"而不是论文"量的膨胀"，让创新评价回归技术本位，并成为创新人才成长的加速器，全面激发创新活力。

坚持不看"帽子"看实绩的创新考核总基调，以创新质量、产业贡献、社会效益为导向，让市场成为评价科研成果的"试金石"，建立相对公平合理的价值评价体系，使创新人才的收入与其劳动付出动态匹配，完善基于创新贡献的收入分配机制。可以试水"创新成果利息制"，像银行定期存款可以收获利息一样，创新人才可以在一定时间段内每年从创新成果的市场销售收入中获得一定比例的收入，实现"技术资本化、资本人格化"，既充分体现创新劳动的市场价值，又鼓励创新人才面向市场进行技术创新，并从创新成果转化中获得相对满意的待遇。

五、优化人文环境，提升城市的人才吸引力

营造公共服务优质、宜居宜业的人文环境，提升城市人才吸引力指数，让城市成为各类人才发展创业的沃土，占据"引才入豫"战略制高点，争取赢得新一轮创新驱动发展的比较优势。

优化社会生活环境。不断优化城市内部的医院、中小学学校、体育馆、博物馆、图书馆等公共服务基础设施的空间布局，为人民提供优质的医疗、教育和健康等公共服务。提升城市互联网网速，完善城市交通网络，提高人们的信息和交通的便利程度。适度推进影剧院、咖啡厅、特色购物中心、音乐厅、主题餐厅、专业展馆等文化休闲消费场所建设，让人们在工作之余，能够放松身心、消除压力，提升生活品质。建设公园城市，改善生态宜居指数，提升城市舒适度。

参考文献

[1] 武汉大学横琴粤澳深度合作区研究课题组. 横琴粤澳深度合作区创新驱动发展研究[J]. 中国软科学, 2021 (10): 1-8.

[2] 赵春艳, 杨书怀. 地方官员激励、制度环境与创新驱动发展[J]. 统计与决策, 2021, 37 (18): 64-67.

[3] 贾康, 刘薇, 张晶晶. 创新引领城市高质量发展：创新原理、思路与要领的探讨 [J]. 当代经济科学, 2021, 43 (3)：83-93.

[4] 王昌森, 董文静. 创新驱动发展运行机制及能力提升路径——以"多元主体协同互动"为视角 [J]. 企业经济, 2021, 40 (3)：151-160.

[5] 师博, 樊思聪. 创新驱动经济高质量发展的空间效应与机制研究 [J]. 广西大学学报（哲学社会科学版）, 2021, 43 (2)：78-84.

[6] 吴旭晓. 质量变革视角下河南省创新驱动发展绩效研究 [J]. 重庆三峡学院学报, 2021, 37 (1)：51-61.

[7] 孙文浩. 高铁网络抑制城市创新驱动发展——来自FDI的"逆城市化"解释 [J]. 工业技术经济, 2021, 40 (1)：85-94.

[8] 吴旭晓. 新时代河南创新驱动发展绩效测评及政策调适 [J]. 区域经济评论, 2020 (6)：136-145.

[9] 李旭辉, 陈莹, 程刚. 长江经济带创新驱动发展动态评价及空间关联格局研究 [J]. 科学管理研究, 2020, 38 (5)：109-115.

[10] 沈婕, 钟书华, 柳婷. 智慧专业化视角下区域资源集聚与区域创新驱动发展 [J]. 科技进步与对策, 2020, 37 (8)：34-43.

[11] 叶蜀君, 徐超, 李展. 科技投入推动创新驱动发展的对策研究 [J]. 中州学刊, 2019 (6)：24-29.

[12] 吴旭晓. 2020年河南促进创新人才成长研究 [A] //王承哲, 王建国, 王新涛, 李建华. 河南蓝皮书：河南城市发展报告（2021）[M]. 北京：社会科学文献出版社, 2020.

河南完善知识产权运营服务体系的对策研究[*]

科技革新为知识产权发展带来了新机遇，国家越来越重视知识产权的运营与服务环节，积极促进科技成果落地转化。2021年，中共中央、国务院印发《知识产权强国建设纲要（2021—2035年）》释放了向知识产权强国建设的强烈信号，知识产权逐渐成为打造当代强省强市的重要参考。而河南作为中部大省，近年来在产业发展和文化品牌打造上成果颇丰，省内知识产权服务业体系初步建立，知识产权市场化运营初见成效，出现了一批新兴市场化运营机构。但相对于其他知识产权强省来看，河南知识产权服务业起步晚、底子薄，目前知识产权运营服务体系建设中还存在一定风险与挑战。必须进一步深化知识产权服务体系改革，结合省域品牌特色，逐步培养高质量省域知识产权运营服务体系，推动知识产权高质量发展，推动知识要素在河南更快更广流通，为河南省跻身知识产权强省做足准备。

一、知识产权运营服务体系建设现状

（一）行业规模不断扩大，创造效益稳步提升

持续优化营商环境，进一步推进"放管服"改革纵深发展，其中一个重要方面就是维护知识产权安全，引导知识产权市场、创收益，这离不开专业化知识产权运营服务机构的畅通运作。

从全国视野观测，据《2020年全国知识产权服务业调查报告》，截至2019年底，全国已经形成6.6万家知识产权服务型机构，与上一年同期相比增长8.2%。以专利为例，截至2019年底，除去高校和科研单位购买知识产权服务占比，已经有超过30%的企业购买了知识产权服务，如表1和表2所示，高新技术企业购买过知识产权服务的比例达51.3%，知识产权服务业收益效益稳步提升。

《2020年全国知识产权服务业调查报告》数据测算，2019年全国从事知识产

---

[*] 作者：曾心怡，河南省社会科学院法学研究所研究实习员。

权服务的机构共创造营业收入超过2100亿元,同比增长13.2%,平均营业收入318.2万元,同比增长4.0%。其中,专利代理机构总营业收入为405.2亿元,同比增长18.8%。

表1 不同规模的企业购买知识产权服务情况 单位:%

	大型企业	中型企业	小型企业	微型企业	总体
已购买	64.6	49.9	39.4	37.4	41.2
未购买	35.4	50.1	60.6	62.6	58.8
合计	100.0	100.0	100.0	100.0	100.0

表2 国家高新技术企业购买知识产权服务情况 单位:%

	国家高新技术企业	非国家高新技术企业	总体
已购买	51.3	36.4	41.2
未购买	48.7	63.6	58.8
合计	100.0	100.0	100.0

在地方建设中,知识产权体系建设欣欣向荣。以河南为例,河南作为中部大省,2020年在优化营商环境、加强知识产权服务体系建设方面持续发力,特别是2022年河南在十大发展战略中明确提出创新发展战略为知识产权体系建设提供了战略支持。自郑州后,洛阳同样被财政部、国家知识产权局确定为国家知识产权运营服务体系建设重点城市,围绕打造"一平台、一集聚、二基金、五工程、八中心"重点深化知识产权服务体系建设。2020年全省先后分三次开展河南省高校知识产权运营管理中心试点建设,确定河南师范大学、河南大学、中原工学院、河南科技大学、洛阳理工学院、郑州航空工业管理学院、商丘师范学院、信阳师范学院共8所高校进行试点建设。据河南知识产权公共服务平台统计,2020年全省授予有效发明专利43547件,较上年同期提升16.71%;有效商标注册1121088件,同比增长近两成;地理标志数量278个,占全国总数的3.30%,居中部地区排名第二位。省会城市郑州涌现出一批拥有国内外领先技术和核心竞争力的企业,主导行业标准发明专利技术达1000余件,知识产权贡献率超过40%,专利技术产值年均增长约20%。

(二)新模式新业态飞速发展,司法保护力度不断加强

随着科技创新向纵深方向发展,人工智能、大数据等技术广泛应用于专利预警、分析咨询、文献翻译、知识产权维权证据收集等场景。知识产权服务分工日益细化、链条不断拉长。特定领域专利侵权咨询、海外诉讼等细分环节,从律师事务所、司法鉴定机构从事的知识产权法律服务中剥离独立出来,由专业机构提

供，实现了更高的服务质量和服务效率。知识产权服务标准化、精准化，降低了知识产权司法业务的成本、提升了司法裁判的效率。"互联网+"知识产权服务模式快速发展带来了新的服务模式，一些电商巨头开始开展知识产权服务业务，凭借平台流量优势迅速改变了行业竞争态势，知识产权服务经营模式和市场拓展方式受到较大影响。新技术的革新也带来了大量新情况、新案件，对知识产权司法保护工作提出了更大挑战。据统计，2020年全国最高人民法院共新收案件3176件，审结2787件，结案率76%（含2019年旧存512件），与上年同期相比，收案数量增加1231件，同比增长63%，结案数量增长1354件，同比增长95%，意味着知识产权案件在审理难度和审理级别上提升明显。

在河南，随着自贸区和高新区的建设，产业迭代和新技术落户要求河南实施更加严格的知识产权保护措施，为新知识、新技术的孕育创造温床。截至2020年底，河南已经拥有了专业的知识产权服务中心和多家知识产权服务机构，囊括了包括咨询、代理、鉴定等多方服务，为河南营造了良好的技术发展环境。据统计，截至2020年底，河南先后分两批认定了共336家省级高新技术企业，增加了省域范围内新技术企业的数量。与此同时，新技术的迅猛发展，也不可避免地产生了更多的维权纠纷。据《2020年知识产权司法保护白皮书》统计，2020年河南全省共受理各类知识产权案件13676件（新收12353件，旧存1343件）。其中，一审12511件，占比为91.4%；二审1185件，占比为8.6%。受理案件总数比2019年的12831件增加了865件，增幅为6.7%。其中省法院受理883件，中级人民法院受理9434件，基层法院受理3379件，所占比例分别为6.4%、68.9%、24.7%。三级法院共审结各类知识产权案件13593件，结案率99.24%，较2019年增长19.1%，表明河南知识产权司法保护能力和水平不断攀升，但是，如图1所示，中级人民法院占案件审结的绝大多数，表明近年来河南知识产权案件在审理难度和审理级别要求上实现增长。

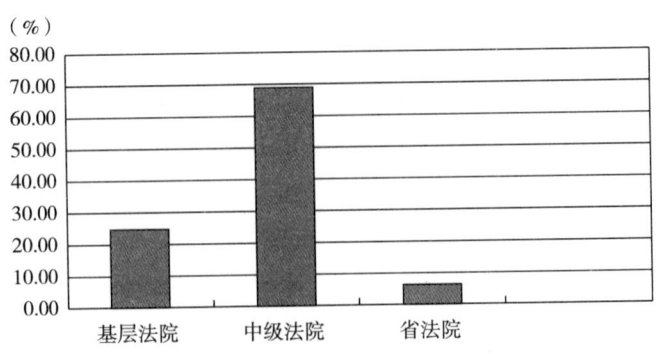

图1 2020年河南全省知识产权案件受理对比图

（三）服务支撑作用凸显，吸纳就业作用加强

目前，全国有近6.6万家知识产权服务机构正在运营中，包括2691家专利代理机构、45910家商标代理机构、365家集成电路布图设计申请代理机构、近300家地理标志申请代理机构、7000多家知识产权法律事务机构等。特别是涌现出一批知识产权信息服务机构和平台，成为高新技术企业发展新技术、布局技术产业发展的有力支撑。以专利为例，第二十一届中国专利奖获奖专利中，有90.7%的委托专利代理机构代理。除此之外，目前已经有超过6000家知识产权信息服务机构在我国蓬勃发展，这对企业及时了解相关政策和制度提供了更加效率、便捷的渠道。据测算，截至2019年底，我国知识产权服务业从业人员约82万，较2018年底增长2.6%，吸纳就业作用明显。知识产权服务业从业人员中大学本科及以上学历占75.5%，从业人员能力素质层次较高，知识产权服务行业逐渐成为新型热门从业行业，正在聚集更多高学历、高层次人才从事此行业。在河南国家级知识产权园区示范效应不断强化的推动下，知识产权服务业发展势头迅猛。在国家、河南知识产权局及相关司法部门的引导和支持下，知识产权快速维权中心、国家专利审查协作中心、国家知识产权创意产业试点园区、国家知识产权示范园区等"两个中心、四个园区"国家级平台相继在郑州萌芽，为河南知识产权行业飞跃发展提供了更加多元的资源保障；同时，近年来多个知识产权法庭逐步在河南挂牌成立，为知识产权细分审理提供更加专业的裁判。据不完全统计，目前仅郑州市各类知识产权专业服务机构已经超过了400家，较十年前增长超过100%。各类知识产权协作平台中心人才溢出效应凸显，仅2017年，就有超过1200名优秀审查人才从业并落户郑州。随着知识产权保护力度加大，为了应对知识产权案件审理难度加大的挑战，河南三级人民法院，每年在人员招聘上，对于知识产权技术法官、知识产权专业鉴定人才的需求量也在不断加大。据统计，仅郑州知识产权法庭在2019~2020年，选聘技术调查官就达到48人，逐渐高于同期其他选聘，对知识产权人才的就业吸纳作用越发明显。

二、强省建设背景下知识产权服务体系中的问题障碍

（一）知识产权运营经验不足，知识产权金融化能力弱

知识产权金融化是知识产权运营的重要途径。金融化能够最快限度将知识产权转化为现金流，补充企业经营所需，备受企业青睐和各地政府支持。2021年开始各地政府全面取消对知识产权申请阶段的奖励支持，为知识产权实现产业化收益提供了更加便利的条件。在前文中提到，河南紧跟全国步伐充分发挥知识产权服务业行业优势形成支撑作用，但是其知识产权运营起步缓、底子薄，运营经验不足，在知识产权金融化发面助推能力不足。如图2和图3所示，在34个省

份中,河南省知识产权金融化水平排名并不高,且全省知识产权金融化指数与GDP存在显著差异。GDP总量居全国第五位的河南,其知识产权金融化指数水平仅为全国第十一位。知识产权金融化水平代表着一个地区通过知识创造财富的能力,河南的这种数据背离可能意味着河南省的GDP更依赖低端制造,而不是知识创新驱动,其知识产权运营金融化能力较弱。

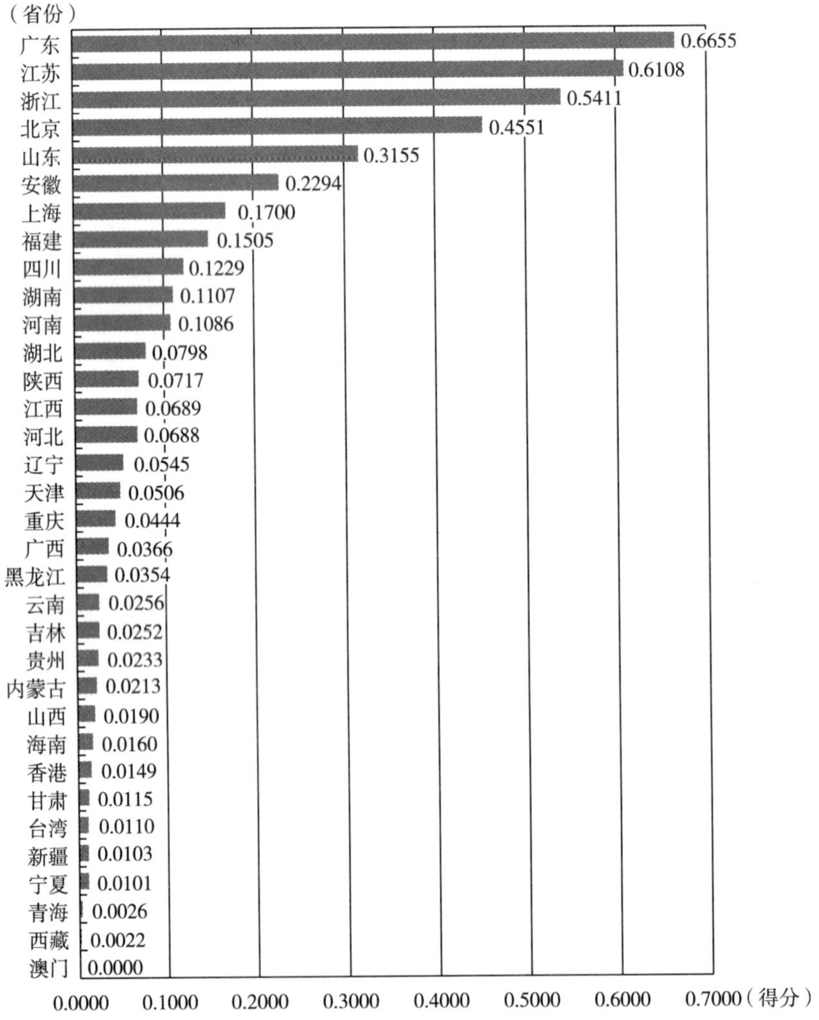

图2 2020年我国34个省份的知识产权金融化指数得分情况

资料来源:广州知识产权交易中心.2020年中国知识产权金融化指数报告［R］.2021.

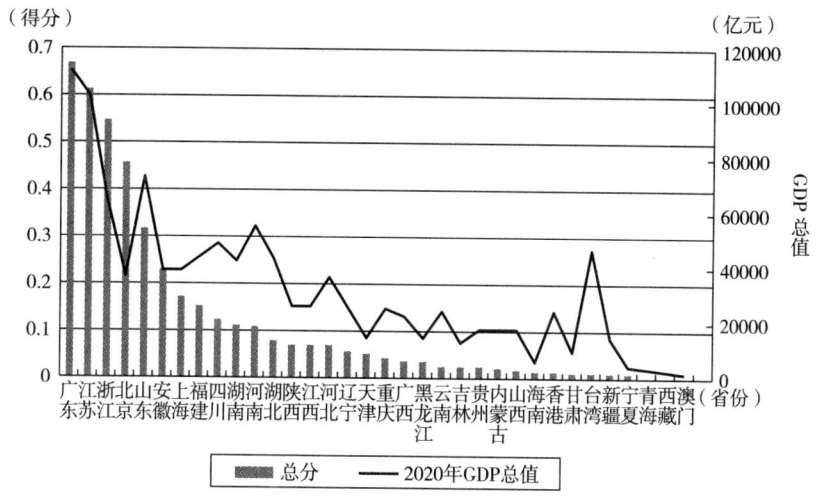

图3 2020年知识产权金融化指数排名与当年GDP发展水平对比分析

资料来源：广州知识产权交易中心.2020年中国知识产权金融化指数报告[R].2021.

（二）知识产权服务缺乏高端人才，R&D经费投入有限

虽然河南知识产权服务机构队伍正在迅速壮大，但是目前超过一半的知识产权服务机构集中在广东等5个省份，知识产权服务业集约化发展势头显著，如图4所示。这使河南省知识产权聚集高端人才的能力不足，机构服务模式较为单一，服务种类受到限制，缺乏技术领军人物，缺乏多学科交叉人才，缺乏懂得国际条约和规则的高端机构和人才，较难适应全省向着更高的国际化目标迈进。同时应注意到，我国各省的知识产权金融化指数排名与R&D经费投入总体保持正相关，R&D经费投入越多的省份，其知识产权金融化指数排名越高。如图5所示，河南知识产权金融化指数明显落后于其他知识产权强省，在R&D经费投入上河南也落后于湖北，在完善知识产权服务体系经费保障上还存在不足。

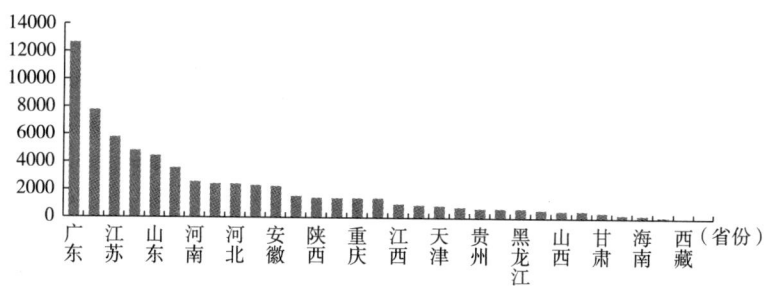

图4 知识产权服务机构省域分布

资料来源：国家知识产权局网站。

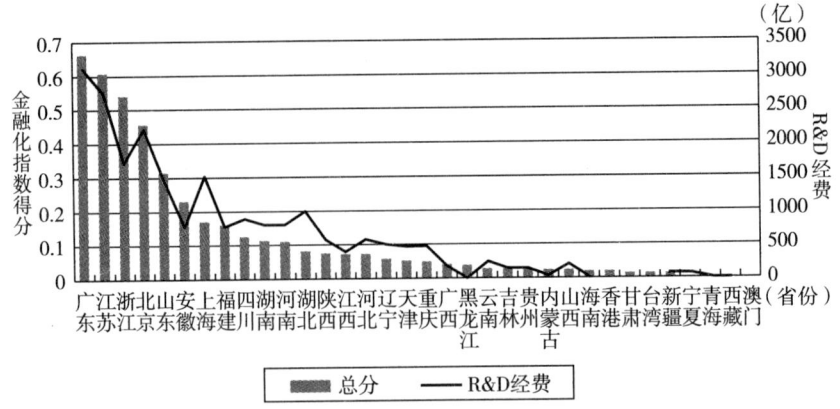

图 5　2020 年知识产权金融化指数得分与 2020 年 R&D 经费对比分析

资料来源：广州知识产权交易中心.2020 年中国知识产权金融化指数报告［R］.2021.

（三）知识产权服务行业准入模糊，知识产权信息便民化较弱

依托政策红利成立的知识产权运营服务机构通常被给予较为宽松的运营环境，但对于知识产权服务中诸如知识产权价值评估、知识产权鉴定认定等技术难度系数大的领域，缺少必要的标准规则规制是很难被市场和司法机构采纳的。价值评估是知识进入市场交易的前提基础，也是知识产权服务行业的工作难点。长久以来，河南市场上也并没有一套公正权威的价值评估体系，政策对于引导知识产权运营服务缺乏操作性、针对性。因此，对于知识产权运营服务机构来说，这方面的服务业务开展还存在着不稳定、不标准的隐患。服务机构在源头激发创造活力的势能还较弱，对于服务领域的范围也局限在本单位内部或者较为单一的代理业务等。此外，在已经成立的运营中心或者运营机构来看，知识产权信息便民化程度较弱。除了申请信息查询，机构在政策整合、数据公示方向等方面还很粗浅，不能依靠单一检索便利获得；同时联动方面相关机构还存在信息阻塞，服务链条化效应较弱的困境，不能与上下游机构形成有效跳转链接。

三、强省建设北京下探索完善知识产权服务体系的对策建议

（一）借鉴知识产权强省经验，加强金融化和制度体系架构

在欣喜河南逐步重视知识产权强省建设的同时，也需正视河南目前与其他知识产权强省还有很大差距。据统计，在 2020 年技术交易市场上，河南专利买入和卖出的数量值均未排在 34 个省份的前十位，专利质押融资额也未进入第一梯队。但进一步发展完善知识产权服务体系并不是无经验可参照。一要学习先进强省的示范案例。例如，此前习近平总书记在中国国际服务贸易交易会上宣布：

河南完善知识产权运营服务体系的对策研究

"为更好发挥北京在中国服务业开放中的引领作用，支持北京打造国家服务业扩大开放综合示范区，加大先行先试力度，探索更多可复制可推广经验。"此后国务院批准发布了《深化北京市新一轮服务业扩大开放综合试点建设国家服务业扩大开放综合示范区工作方案》（国函〔2020〕123号），随后商务部印发《北京市服务企业扩大开放综合示范区建设最佳实践案例》，并在2021年8月31日进一步扩大推广。从北京推广的示范案例中可以借鉴，对于示范区服务体系建设，是全链条式建设。体系建设围绕科技服务、文旅服务、金融服务、公共服务、区域合作模式优化五个方面多管齐下。在知识产权服务体系中可以以"五项结合"为知识产权上保险，探索构建由"政府引导、市场主导"到"创新、融合、协作"的知识产权保护闭环体系；推进知识产权保险与金融的融合发展，推动知识产权质押融资企业积极购买保险以及购买保险的企业更加便利地获得融资，创造知识产权金融化示范效应，这对于河南知识产权金融化较弱具有较好的借鉴价值。二要积极研讨先进强省的政策构架。例如，深圳市首创《深圳市经济特区知识产权保护条例》，促进知识产权制度落地。通过搭建集合工作机制、公共服务、行政执法、自我管理、信用监督全方位的实施规范，对准知识产权服务难点问题，针对施策，值得河南在下一步建设过程中针对河南省知识产权难问题构架政策借鉴。

（二）完善知识产权司法保护，加强细分领域标准化建设

近年来，为优化营商环境，河南在知识产权司法保护领域重拳出击，三级人民多措并举，积极探索"三合一"审判模式，不断创新知识产权审判机制。在2018~2020年向社会公布知识产权司法保护状况报告，并发布保护知识产权10起典型案例。但应注意到，近年来随着知识产权发展热潮的到来，知识产权纠纷更加复杂化、对矛盾纠纷的化解机制要求更加高效、灵活，对省域内特色技术产业，需要倾斜更多的司法保护。因此，应进一步完善知识产权司法保护，探索多元纠纷化解机制和惩治机制，加强细分领域服务标准化建设。一要充分发挥市知识产权中心的综合职能。协助司法机构做好侵犯知识产权企业机构信息备案。二要健全调解机制，加强维权援助。探索建立仲裁院和维权服务中心，使案件繁简分流，多元化化解。三要构建信用体系。将重点打假对象纳入失信黑名单并向社会公布，提高创新型企业警惕性。四要构架细分领域标准。对于知识产权中价值评估、技术鉴定等重点难点领域，需要积极制定规则引导。此外，统计发现①，除去国家标准，知识产权标准在地域分布上并不均衡，大部分集中在上海、北

---

① 资料来源：《标准滞后缺乏核心专利、知识产权等问题突出》，人民网，http://ip.people.com.cn/n1/2018/1204/c179663-30441245.html，最后访问时间2021年3月。

京、江苏、浙江等知识产权强省。此类地区对知识产权法律服务、知识产权从业人员培训服务和知识产权第三方代理机构的标准规范仍存在空白，这也是河南目前需要进一步重点调整的地方①。

（三）加大知识产权学科建设，重视人才引进与培育力度

2020年，河南高校知识产权工作不断突破，全省有效发明专利拥有量超100件的高校达到25所。2020年以来，河南高校知识产权运营体系不断完善，省级高校运营管理中心累计达到13家，8家高校运营管理中心试点单位建设期内成果显著，河南大学、河南科技大学、洛阳理工学院3所大学成功获批国家知识产权试点高校，商丘师范学院成为全省首家通过《高等学校知识产权管理规范》贯标认证的高校。高校知识产权服务支撑能力不断加强，河南省目前已经在郑州大学、河南大学、中原工学院、河南财经政法大学、河南师范大学、河南科技大学建成6所知识产权学院，同时在高校布局10个国家和省级知识产权培训基地。河南大学成功获批高校国家知识产权信息服务中心，成为继郑州大学之后河南省第二家入选高校，高校知识产权信息服务能力不断加强，知识产权学科建设日渐收获重视。从现阶段看虽然河南在知识产权学科和人才的培养上不断发力，但从目前知识产权从业人员状况来看，知识产权人员高学历人数并不多，知识产权交叉学科人才并不突出，并且高职知识产权人才流动量较大。下一步，一要在打造"双航母"战略中，大力支持知识产权交叉学科和人才培养，注重培养知识产权实践和市场化服务能力。二要在市场、单位开展知识产权培训班，鼓励在职运营人员积极学习，适应技术发展和市场变化。三要进一步优化人才引进和激励机制，不仅着力引导激励本省科研人员参与转移转化，更要创优人才引进政策，吸引强身优秀人才向河南流动，实施激励稳定人才落户，扩大本省知识产权人才比例，优化人才结构。

（四）增强服务机构公共性，促进知识产权信息便民化

2020年11月，习近平总书记在主持中央政治局第二十五次集体学习时明确要求，要形成便民利民的知识产权公共服务体系，让创新成果更好地惠及人民。这是当前知识产权公共服务工作开展的根本遵循与目标。近两年河南紧随党中央步伐，积极整合拓展知识产权相关公共服务工作，对市场监管部门、知识产权局、知识产权运营机构同步要求数字化建设，更是出台了《推动知识产权高质量发展年度工作指引（2020）》，强调完善知识产权信息公共服务体系建设，不断完善知识产权运营服务体系。目前，河南知识产权信息服务中，还存在检索不

---

① 资料来源：标准滞后 缺乏核心专利、知识产权等问题突出［EB/OL］．人民网，http://ip.people.com.cn/n1/2018/1204/c179663-30441245.html，2021-03．

出、不全的问题。为优化知识产权信息公共服务体系建设，更好引导增强公民知识产权意识，应进一步提高知识产权信息化服务能力。一要提高信息机构的公共性和开放性。进一步加快信息化公共性服务机构的建设，建设河南省专利文献服务网点和高校知识产权信息服务检索中心；强化政府在基本公共服务中的主体责任，提高数据开放性和公共性。二要强化知识产权信息化程度。进一步推进数字化信息建设，加强知识产权大数据建设，搭建集合科技、金融、政策为一体的知识产权信息检索平台，加强人工智能、区块链等新兴技术的运用，不断提高知识产权信息化程度。三要提高知识产权信息化供给能力。需进一步明确各机构在知识产权信息服务中的角色定位，聚合机构，完善服务链条，开展供需对接服务，有序推进河南知识产权服务业聚集发展示范区建设，提升信息化供给能力。四要加强监管，完善信息服务保障。要逐渐完善知识产权服务公共财政供给，盘活信息资源，形成可持续化的知识产权公共信息服务投入，同时应当加强公示义务机关监管，畅通信息公示渠道和举报渠道，对于无正当理由不公开的单位进行批评检举，促进知识产权信息便民化。

参考文献

[1] 肖可以，李成林，秦佳佳．服务创新视野下高校图书馆知识产权研究可视化分析［J］．情报探索，2021（5）：121-127.

[2] 高翔．发挥知识产权支撑保障作用助力科技创新驱动高质量发展［J］．经营与管理，2021（4）：82-85.

[3] 周迪，李鹏云，宋登汉．知识产权信息服务中心的实践与发展［J］．中国高校科技，2020（S1）：47-50.

[4] 陈庆雷．知识产权服务平台的设计与实现［J］．产业科技创新，2020，2（35）：57-58.

[5] 牛鲁玉，宁鹏，孙琳．基于"双一流"背景下知识产权管理研究［J］．河北企业，2020（12）：36-37.

[6] 何燕．区块链技术支持下知识产权认证系统的优化研究［J］．辽宁经济，2020（9）：37-39.

[7] 孙健，王朝政，荆子蕴．知识产权密集型产业中不同技术发展阶段企业的知识产权服务——以河南省动力锂电池产业为例［J］．河南科技，2020，39（27）：21-23.

[8] 张群，惠澜，谢东，江惜春．高校知识产权信息服务现状及发展对策研究——基于高校国家知识产权信息服务中心的调研［J］．大学图书馆学报，2020，38（4）：53-58.

[9] 曹丽荣．知识产权实务人才培养模式的思考——以目前知识产权服务内容为视角［J］．教育现代化，2020，7（49）：24-26.

发展高水平民办职业教育推动高质量技能河南建设[*]

人才是创新的第一要素,也是产业技能的具体实践者。2021年10月,河南省第十一次党代会强调,推进"人人持证、技能河南"建设,深化职普融通、产教融合、校企合作,加强高水平职业院校和高水平专业建设。职业教育是培养技术技能人才的摇篮,民办职业教育是职业教育的重要组成部分。因此,要以大力发展职业教育,壮大民办职业教育力量为抓手推动高质量技能河南建设。

一、河南民办职业教育的发展现状

2009年、2014年、2017年,河南省人民政府与人力资源和社会保障部连续签订《共同推进河南全民技能振兴工程备忘录》《共同深入推进河南全民技能振兴工程备忘录》《共同推进河南全民技能振兴工程大规模开展职业技能培训备忘录》,以省部共建形式着力提升河南全民技能水平。作为技能河南建设的主力军之一,民办职业教育院校发挥着为产业发展培养、输送、继续教育技术型人才的重要作用。

近年来,河南先后出台一系列政策措施鼓励发展职业教育,支持做大做强民办职业教育。2018年8月,河南省人民政府办公厅印发《关于深化产教融合的实施意见》,提出开展职业院校股份制、混合所有制、"公办民助""民办公助"等改革试点。2019年12月,河南省人民政府印发《河南省职业教育改革实施方案》,提出支持社会力量举办非营利性民办职业院校。2020年12月,省教育厅、发展改革委、财政厅印发《河南省职业教育产教融合发展行动计划》,提出开展省级产教融合试点城市建设、产教融合型标杆行业建设、产教融合型企业建设培育等八项重点任务。此外,从国家层面,河南与教育部共建国家职业教育改革试验区,与人社部共建全国技工院校改革试验区,也为河南民办职业教育发展按下

---

[*] 作者:李婧瑷,河南省社会科学院工业经济研究所助理研究员。

了加速键。

在有利政策的积极引导下,河南职业教育发展取得明显成效,正在由"铺摊子、打基础、上规模"向"上质量、上水平、上台阶"转变。总体来看,河南职业教育总体规模和校均规模均居全国首位。截至2020年底,全省共有职业院校511所,其中民办院校172所,约占33.65%;全省职业院校在校生250.20万人,其中民办院校在校生58.43万人,约占23.35%。民办职业教育已经成为河南省职业教育的重要组成部分,为河南省高素质产业工人培养贡献了重要力量。

二、以发展民办职业教育推动技能河南建设的基本思路

(一)以服务重大战略机遇为根本遵循

按照习近平总书记对河南谱写新时代中原更加出彩绚丽篇章的发展定位,深度对接制造强国、乡村振兴等国家战略,积极服务中部地区崛起、黄河流域生态保护和高质量发展、国家粮食安全等河南机遇。夯实民办职业院校基础能力,加快特色专业体系建设,提升技能人才培养质量,切实增强职业教育的服务能力。

(二)以满足产业发展需求为基础定位

出台优化职业院校专业布局的意见,培育新时代专业化、高端化、年轻化产业技术工人,为建设制造强省、推动经济高质量发展提供充分的人才支撑。围绕数字经济、先进制造、万亿产业、战略性新兴产业、传统优势产业、未来产业等重点领域,参考教育行政部门和行业主管部门在人才供需、专业布局等方面提供的咨询建议,定向培养专业化人才。主动对接产业行业发展新趋势,动态调整专业设置,根据产业人才需求设置新专业和专业群,淘汰不符合产业发展需要、重复率较高、培养质量不高的专业。

(三)以提升产教融合水平为主要路径

开展产教融合试点,不断提升职业教育与经济社会发展的匹配度。鼓励区域、行业龙头企业和骨干企业参与职业教育,健全完善产教协同育人机制,把学校建在开发区里、把专业建在产业链上、把课堂搬到生产线上,推动形成产教共生共荣发展格局。重点建设一批省级示范性职业教育集团、产教融合专业联盟和应用技术协同创新中心,遴选、认定一批省级示范性校企合作项目,提升校企"双元"育人水平。推广企业和职业院校工学结合、校企合作的"双主体"技术技能人才培养模式,全面推行现代学徒制等校企"双元"育人模式。

三、以发展民办职业教育推动技能河南建设的对策建议

(一)瞄准区域特色开办应用型专业

发挥民办职业院校办学灵活的优势,开设机械制造、大数据工业互联网、现

代物流、家政服务等社会经济发展急需的应用型专业。深挖地区产业资源优势（许昌的世界假发制作、漯河的食品加工、驻马店确山的世界级小提琴加工等），在每个地区打造一所优势产业资源特色院校。充分利用农业大省资源优势，将民办职业院校向县以下的农村地区倾斜，开设优势涉农专业（根据地域资源优势广泛开设小麦育种专业、蔬菜种植等）、现代农业深加工专业（省内农产品的加工率仅有55%，远低于发达国家80%的水平，"果品类深加工""面制品深加工""肉制品深加工"是河南省资源优势所在）、新媒体运营专业（打造农民工网红，以网络直播带货等形式将享誉国内外的优势农产品推向海内外市场），满足农民工接受再学习，实现家门口就业、创业、增收的需要。

（二）分类分批建设实习实训基地

充分调动各方资源，建设不同类型、不同功能、开放共享的实训基地。推进职业院校校内实训基地建设，更好满足原理应用、技能训练等基本教学要求。支持行业企业建设实训基地，围绕标志性产业链，每条产业链遴选认定先进制造业实训基地，及时将新技术、新工艺、新规范同步纳入实训内容。支持规模以上企业按职工总数的一定比例安排专业对口岗位接纳学生实习。打造一批由政府、行业、企业、职业院校、社会培训机构等独建或合建的公共实训基地，探索市场化运营，面向全社会开展学生实习实训、社会培训、职业技能鉴定等公共服务。

（三）积极探索对外开放合作模式

开展对标提升行动。深入省内外优秀民办职业院校开展调研，树立看得见、学得着的标杆，科学拟定学习内容和达标标准，推动河南民办职业院校学先进、找差距、抓改进。支持有条件的民办职业院校开展中外合作办学，鼓励民办职业院校联合企业"走出去"办学，举办境外办学机构和项目，积极开展对外合作和中外人文交流。与"一带一路"沿线国家共享优质教育资源，构建教师互动、学生互派、学历互认的"双向交流"机制。

（四）优化技能人才职业发展生态圈

在全社会营造技能立身的积极氛围，优化健全职业院校毕业生工作生活政策制度，打破身份壁垒，打通发展通道。清理对技术技能人才的歧视政策，克服唯论文、唯帽子、唯职称、唯学历、唯奖项的"五唯"顽瘴痼疾。建议职业院校毕业生与普通高校毕业生在公务员招考、事业单位和国有企业招聘时同等对待。落实职业院校毕业生在职称评聘和职务职级晋升方面与普通高校毕业生同等对待。

参考文献

[1] 蔡兴. 民办高校产教融合的政企校育人机制研究[J]. 职教论坛，2021，37（3）：

139-143.

　　［2］李婷，徐乐乐．职业教育产教融合质量评价体系构建研究［J］．教育与职业，2022（4）：21-27．

　　［3］梅乐堂．"人人持证、技能河南"建设的人才培养路径［J］．人才资源开发，2022（7）：11-12．

　　［4］孙进，郭荣梅．双向贯通　交叉结合　趋同融合——德国职业教育与学术教育融通的三种模式［J］．中国高教研究，2022（2）：76-82．

　　［5］杨丽．河南：省部共建促全民技能振兴［J］．中国人才，2019（12）：13-14．

河南推进战略性新兴产业集群高质量发展[*]

河南是工业大省，但工业发展一直以来存在"偏下游、偏传统、偏低端、偏重化"的"四偏"问题。近年来河南大力发展节能、环保、高效、高附加值的战略性新兴产业，但由于基础薄弱，实施效果和发展水平一般，与沿海发达地区差距明显，对全省经济发展的推动作用不明显。2022年4月11日，河南省人民政府公布省内首批15个战略性新兴产业集群，涉及13个地市，这一名单的公布标志着河南省地方政府开始加速发展战略性新兴产业，凸显其在中长期经济发展规划中的重要性。

一、河南战略性新兴产业集群特点

（一）集群分布均匀，地区均衡发展

综观首批15个战略性新兴产业集群，分布在全省13个地市，涵盖东西南北中各个区域，分布均匀，发展均衡。郑州是国家中心城市、河南省省会，是全省政治、经济、文化和科教中心，是中原城市群中心城市，在战略性新兴产业发展方面具有得天独厚的优势，此次入围两个战略性新兴产业集群，数量位居各市之首，洛阳、许昌、新乡等省内传统工业强市均有战略性新兴产业集群入围。2021年初的河南省政府工作报告首次提出将支持南阳建设副中心城市，自此河南明确了以郑州为中心，洛阳和南阳为副中心的"一主两副"的发展格局，南阳此次入围两个战略性新兴产业集群，与郑州并列入围战略性新兴产业集群最多的城市。河南各地市的战略性新兴产业集群已经形成共同繁荣发展的良好态势。

（二）发挥各自优势，地方特色明显

首批15个战略性新兴产业集群涉及新材料、生物医药、装备制造、电子信息和新能源汽车等产业。战略性新兴产业集群主要是以本地区特色优势产业为入

---

[*] 作者：袁博，河南省社会科学院工业经济研究所助理研究员。

选标准，以郑州为例：郑州经济技术开发区新能源及智能网联汽车产业集群拥有13家国家级研发中心，上汽、海马、东风日产、宇通4家整车车厂，6家专用车厂以及近300家配套零件企业，是省内乃至国内重要的新能源汽车产业集群；郑州经济技术开发区高端装备产业集群拥有科技型企业2000余家，其中，郑州煤矿机械集团股份有限公司和中铁工程装备集团有限公司稳居行业世界第一，全国最先进的海尔智能化生产基地同样坐落于此。此外洛阳市智能制造装备产业集群、新乡市生物医药产业集群、南阳市光电信息产业集群、焦作市锂离子电池新材料产业集群等产业集群同样优势明显，地区特色突出。

二、河南战略性新兴产业集群存在问题

（一）整体发展水平不高

河南战略性新兴产业近年来发展快速，但不论是产业规模还是发展水平都不高，与沿海发达地区相比更是差距巨大，2021年河南战略性新兴产业增加值不足5000亿元，远低于广东、江苏、山东等省份，战略性新兴产业增加值占工业增加值的比重仅为24%，同样低于上述省份超过30%的比重。此外，"十三五"期间河南战略性新兴产业产值增加值年均增长率仅为10.4%，低于沿海发达省份甚至部分内陆省份，河南战略性新兴产业的发展现状与其经济大省的地位严重不符。

（二）内部结构失衡

河南省首批战略性新兴产业集群入围15个，数量可观，但内部的产业分布不均衡，结构不合理，其中仅新材料产业集群就占据6席，占全部产业集群的将近半数，高端装备制造和生物医药产业集群各3个，仅这3个产业的集群数量就多达12个，占全部产业集群的80%，近年来快速发展的新能源汽车产业集群仅入围1个，作为七大战略性新兴产业重要组成部分的新能源和节能环保没有任何产业集群入围，河南省首批战略性新兴产业集群一方面过于集中和依赖部分产业，另一方面其他产业发展相对滞后甚至是空白，影响战略性新兴产业整体发展。

（三）产业链不完整

供应链和价值链共同构成了产业链体系，完整的产业链在产业发展的过程中起到重要的保障作用，反之产业链的缺失会阻碍产业的发展，河南战略性新兴产业整体发展水平一般，更为严重的缺陷是各个产业都没有形成完备的产业链，甚至部分产业缺乏核心技术，还处于组装生产的初级阶段，"卡脖子"现象时有发生。作为省内战略性新兴产业发展的引领者，首批战略性新兴产业集群发展水平相对较高，但大部分产业集群仍然存在产业链缺失的问题，仅有郑州、洛阳、新

乡等地市的少数产业集群拥有相对完备的产业链，河南战略性新兴产业目前产业链不完整的问题突出。

（四）个别地区发展落后

河南省首批战略性新兴产业集群虽然广泛分布在13个地市，但仍有信阳、安阳、漯河、开封、驻马店5个地市尚无战略性新兴产业集群，发展已经明显落后于其他地区，上述地市经济无论是发展规模还是发展质量本就处于全省中下游水平，战略性新兴产业集群的缺失将会进一步影响其未来的产业发展，进而持续落后于其他地市，成为全省经济发展的地区短板，照此发展趋势省内经济会进一步形成地区发展的"马太效应"，将不利于河南整体经济的发展。

三、河南推动战略性新兴产业集群高质量发展

针对目前存在的问题，政府部门和相关企业要尽快找到解决方案和应对策略，河南不仅要积极建设战略性新兴产业集群，更要推进其高质量发展，最终促进整体经济健康持续发展。

（一）建立"链式"集群发展体系

构建完整的产业链是当务之急，河南战略性新兴产业集群要尽快建立"链式"集群发展体系，形成完备的产业链，有效抵御外部风险，最终促进整体可持续发展。

1. 建立"全产业链式"集群

以往的战略性新兴产业集群以横向整合同类企业为主，通过抱团发展和良性竞争实现集群整体发展，近年来这一发展模式的弊端开始凸显，由于企业基本同处产业链的某一环节，几乎没有互补性，供应链的缺失一方面导致其基础薄弱，带来的仅是产业规模的扩大，而技术水平提升缓慢；另一方面产品同质化严重，导致内部恶性竞争时有发生，产业一旦发生重大变革，发展会受到极大影响。战略性新兴产业关乎整体经济的未来发展，集群不仅要横向整合同类企业，更要纵向整合产业链的上中下游，各环节企业形成"链式"效应，建立"全产业链式"集群，集群内的同类企业形成规模效应，横向和纵向的结合使战略性新兴产业集群形成发展闭环，极大地增强抵御外部风险的能力，促进产业集群的可持续发展。

2. 鼓励企业进行垂直整合

企业是产业集群的重要组成部分，龙头企业甚至可以起到带动整个产业集群发展的作用，河南省首批战略性新兴产业集群中相当部分产业集群是依靠龙头企业带动发展，但产业集群内的大部分企业缺乏完整的供应链，今后要鼓励企业特别是龙头企业在供应链端上中下游的垂直整合，持续增强单个企业抵御外部风险

的能力，巩固其在产业集群中的领导地位，带领产业集群整体发展。

（二）加强产业集群间的协同发展

由于具有节能、环保、高效、高附加值等共同特点，战略性新兴产业在诞生之日起就具备比传统产业更高的协同发展特性和潜力，产业间协同发展水平更高，往往会产生几何倍增效应，快速提升产业规模和层次，近年来战略性新兴产业集群的协同发展趋势愈加明显。河南铁路公路基础设施完善，交通快捷便利，加之中原城市群的快速建设和发展，省内经济往来愈加紧密，虽然首批战略性新兴产业集群分布在13个地市，但不同地市间在战略性新兴产业方面的协同发展早已展开，如郑州和洛阳在高端装备制造业、洛阳和许昌在高端装备制造业、新乡和南阳在生物医药产业、濮阳和济源在新材料产业等。随着省内首批战略性新兴产业集群的建立，不同地市在产业间的协同发展将进一步加强，届时将会加速全省战略性新兴产业的整体发展。

（三）积极融入中部地区发展

河南多年以来是中部地区GDP最高的省份，作为中部经济总量第一大省却一直存在经济发展质量不高的问题，加速战略性新兴产业的发展是河南赶超中部其他省份的有效路径，但同时要看清与其他省份的差距，以相邻的安徽省为例，"十三五"期间安徽战略性新兴产业增加值年均增长17.3%，而同期河南战略性新兴产业增加值年均增速仅为10.4%，2021年战略性新兴产业增加值占安徽全省工业增加值的比重为35.5%，远超河南的24%，河南在战略性新兴产业发展方面明显落后于安徽，安徽战略性新兴产业的快速发展极大地带动了整体经济发展，2021年安徽GDP增长率达到8.3%，高于全国平均水平，超过河南的6.3%。河南在加快自身战略性新兴产业发展的同时要积极融入中部地区，特别是学习发展水平更高的相邻省份的先进理念和经验，当好中部地区的经济领头羊，引领地区整体经济的发展。

（四）对接国家战略，打造龙头产业集群

2010年9月8日召开的国务院常务会议审议并原则通过《国务院关于加快培育和发展战略性新兴产业的决定》，把节能环保、信息、生物、高端装备制造、新能源、新材料、新能源汽车七大产业确定为重点发展的战略性新兴产业。为响应中央号召，加快河南省战略性新兴产业发展，河南省人民政府先后于2012年和2017年印发《河南省"十二五"战略性新兴产业发展规划》和《河南省"十三五"战略性新兴产业发展规划》，经过数年的发展初见成效，2019年国家发改委公布第一批66个国家级战略性新兴产业集群名单，郑州市信息技术服务产业集群、郑州市下一代信息网络产业集群、平顶山市新型功能材料产业集群和许昌市节能环保产业集群4个产业集群入选，2021年河南战略性新兴产业增加值占全省工业增加值的比重为24%，比2015年提高12.2个百分点。2021年12月河南省人民政府印发《河南省"十四五"战略性新兴产业和未来产业发展规划》，目前全省首批战略性新兴产业集群整体发展态势良好，其中郑州、洛阳、南阳、新乡、许昌等地市的产业集群发展规模和水平均处于省内领先位置，即使放眼全国仍然占有一席之地。接下来河南要持续对接国家战略，集中优势打造数个国内战略性新兴产业龙头集群，以带动全省战略性新兴产业整体发展。

参考文献

[1] 余东华，吕逸楠. 政府不当干预与战略性新兴产业产能过剩——以中国光伏产业为例 [J]. 中国工业经济，2015（11）：53-68.

[2] 陆国庆，王舟，张春宇. 中国战略性新兴产业政府创新补贴的绩效研究 [J]. 经济研究，2014（7）：44-55.

[3] 袁博. 新兴产业产能过剩对市场供求关系的影响及对策 [J]. 管理工程师，2019（2）：15-23.

向"数"而行：河南省数字化转型分析*

一、河南数字化转型发展概况

河南省人口众多，消费潜力大，农业基底良好，工业体系较完整，拥有丰富的市场需求、数据资源和应用场景，有利于数字化转型战略的推进。2016年10月，全国八个大数据综合试验区之一的河南国家大数据综合试验区获批，河南省以此为契机加快数字化转型，布局新型数字基础设施，统筹推进产业数字化、数字产业化。河南省第十一次党代会上正式提出数字化转型战略这一重大决策后，陆续推出了《河南省"十四五"数字经济和信息化发展规划》《2022年河南省数字经济发展工作方案》《河南省数字经济促进条例》等一系列方案举措为全省数字化发展保驾护航，全方位立体打造"数字河南"。

"十三五"期间，河南省数字经济发展活力显著增强，数字经济年均增速超过14%，对GDP增长的年均贡献率超过50%。2020年，河南省数字经济总量接近1.6万亿元，占GDP的近30%，同比增长8.1%，排名全国第10位。同时，启动智慧矿山、智慧城市等应用场景项目151个。[①] 截至2021年，河南省新认定融合应用新模式项目100个、大数据产业发展试点示范项目45个；初步建立"1+37"工业互联网平台体系，新增上云企业5万家；新认定省级智能车间工厂163个，数字化转型揭榜挂帅项目21个；[②] 5G网络投资达到132.1亿元，新增5G应用场景示范项目71个，5G基站累计达到9.71万个，居全国第5位。全省5G终端用户总数达到3184万户，居全国第3位；全省建成大型数据中心3个、中小型数据中心84个。[③] 但2020年河南仅有郑州上榜全国数字二线城市，洛阳、

---

* 作者：尚思宁，河南省社会科学院工业经济研究所研究实习员。
① 数据来源：《河南省数字经济发展报告（2022）》。
② 数据来源：依河南工业和信息化厅发布数据和相关新闻报道整理而来。
③ 数据来源：《2021河南省互联网发展报告》。

南阳、新乡等6市仅排数字城市四线。整体来看，河南主要在数字产业化、产业数字化以及数字化治理等方面进行实践，成果颇丰但尚处在初期探索阶段，数字经济的核心竞争优势不突出。并且存在发展不平衡的问题，郑州市与其他城市，城乡之间明显存在"数字鸿沟"。

二、河南重点领域数字化转型进展

（一）数字产业化与产业数字化加速演进

河南省坚持以"数字产业化、产业数字化"为主线，2020年两化融合指数达到53.2，位居全国第13位。数字产业快速发展，2020年河南省数字产业化规模突破2500亿元，同比增长15.6%，占GDP比重约为4.7%。数字产业化指数居全国第7位，为中部六省首位。搭建了60个省级及以上大数据创新平台和12个大数据双创基地，初步形成以中原龙子湖"智慧岛"为核心区、18个大数据产业园区为主要节点的"1+18"发展格局。华为、阿里巴巴、海康威视、科大讯飞、寒武纪等一批龙头企业纷纷"入驻中原"。洛阳大数据产业园入选国家大数据新型工业化示范基地，中国（郑州）智能传感谷等一批"数字豫军"迅速崛起。同时产业数字化转型持续推进。2020年河南省产业数字化增加值接近1.3万亿元，同比增长6.7%，全国排名第9位，数字经济比重由2016年的81.2%提升至2020年的83.0%。从三次产业渗透率来看，2020年，全省一产、二产、三产数字经济渗透率分别为5.3%、17%和33.4%。为深入推进产业数字化转型，河南省在2022年聚焦智能制造、智慧能源、智慧物流、智慧文旅、数字农业、智慧城市、数字治理、智慧交通、智慧生态、智慧园区10个领域，建设100个以上示范应用场景，赋能经济社会转型发展。

（二）城乡数字化有序展开

新型智慧城市、智慧县城、智慧社区建设提速。2022年，河南省组织开展郑州等8个新型智慧城市试点，启动"城市大脑"项目打造5个全国一流新型智慧城市。全面推进城市信息模型（CIM）基础平台建设，提升城市治理智能化和人文水平。同样，数字化为河南乡村插上"智能双翼"。2020年河南省实现5G网络县乡镇和农村热点区域全覆盖，4.6万个行政村实现了4G网络覆盖。建成39个"三农"专题数据库，汇集各类涉农数据6亿条，形成"三农"服务"一张网"。推进农田水利智慧化设施、防汛预报预警体系、电子商务等智慧农业项目。电商实现农村产品上行收入669亿元，其中农产品上行收入316.6亿元，农村网店平均年利润在18万元左右，切实促进了农民增收。同时培育了一批数字乡村特色小镇。如鹤壁市入选全国首批农业农村信息化示范基地，淇滨区、灵宝市、西峡县、临颍县入选首批国家数字乡村试点地区。

（三）治理数字化水平提升

河南省人民政府办公厅印发《河南省数字政府建设总体规划（2020—2022年）实施方案》，其中提出系列目标：建设全省"1+18"数字政府云（1个省级政务云平台和18个市级政务云平台）；建设统一电子证照系统，推进电子证照应制尽制；推广电子社会保障卡；优化升级"健康码"应用等举措。目前，河南省建成了覆盖省市县乡村五级的河南政务服务网、全省一体化在线政务服务平台和"互联网+监管"平台。河南政务服务移动端"豫事办"App上线运行，全省零跑动、不见面审批事项占比达到90%以上。

三、河南数字化转型面临的问题挑战

一是信息基础设施支撑能力不足。2020年前三季度河南固定宽带家庭普及率、移动宽带用户普及率分别为100.4部/百户、89部/百人，虽有较大提升但仅居全国第13位、第22位。数字化发展需要新一代数字基础设施来支撑，如千兆固定宽带、窄带物联网、IPv6（互联网协议第六版）和数据中心等。目前，河南在这些方面尚有欠缺。

二是数字人才梯队建设不足，数字平台发展相对滞后。中国数字人才分布"南强北弱"，河南省存在较大的人才缺口，且有效培训初级技能数字人才的渠道少。全省创新能力相对较弱，进而导致关键数字技术创新匮乏。河南省"十三五"期间共申请专利108万件，授权61万件，每万人口仅拥有发明专利量约4.5件，远低于全国平均水平。

三是优势亮眼产业较少，企业欠缺市场影响力。缺乏带动能力强、影响力大的新兴产业，譬如软件芯片、物联网、智能终端、AI机器人等。缺乏具有全国影响力的信息技术龙头企业，多数企业规模较小，产业链高端环节价值再造能力不足，仍停留在传统制造业模式中，新模式新业态如平台经济、新零售、个性化制造、网络化协同等推进不足，且数字经济发展不均衡的问题较为突出。

四是居民的数字素养有待提高，数字化治理面临诸多难题。2018年，河南65岁以上人口占常住人口的比例为10.61%，老年人难以熟练使用数字化产品和服务。政府云端互联网汇聚海量且庞杂的用户信息，维护网络安全对政府治理提出了新的挑战。

四、河南数字化转型建议

一是完善新型数字基础设施。加快布局系统完备、高效实用、智能绿色、安全可靠的新型基础设施体系。优化升级网络，进一步普及5G使用率，推进"千兆城市"建设，探索如"天地一体化"、6G等下一代互联网部署。推进国家超级计算郑州中心建设,面向行业需求部署边缘数据中心,并拓宽如交通物流、能源设施、环境保护等综合应用场景。

二是壮大数字核心产业。全力建设"中原智谷",争创国家新一代 AI 创新发展试验区。支持区块链发展,制造业"556"产业链加快"星火链网"骨干节点建设,培育引进一批区块链创新企业,分产业链开展智能化技术改造专项行动。发展软件服务业,加强 AI 相关技术研发,拓宽"智能+X"应用场景。坚持"项目为王",对数字产业共性技术问题"揭榜挂帅",联合攻克一批"卡脖子"节点技术。

三是推进传统产业数字化改造。分行业科学制定转型路线图,深化工业制造业智能化升级,建设工业互联网,打造数控产业链、智能工厂等,培育一批智能生产企业标兵。用数字化赋能农业生产建设农业大数据平台,发展精准种植和养殖。构建智能动态监测系统,农业物联网,农产品网上展示购销平台等农业创新应用。用数据提升服务业效率,推进智慧文旅,深化智慧金融,建设智慧物流,普及电子商务。遴选培育一批"专精特新"和"单项冠军"企业,大力支持"数据引流+多元化消费"的新模式,打造地区特色品牌。

四是加强数字领域人才队伍建设。厚植创新主体,深入实施"中原英才计划"。重视本土人才培养与留存,保障科研院所和高校在数字发展领域的创新源泉供给。发挥"中国·河南招才引智创新发展大会"等新媒体平台作用,立足河南省情大力引进数字高层次人才,完善一站式人才服务,落实各项优惠政策和奖项荣誉,激发人才创新活力。

五是提升数治能力。建设新型"智慧城市"和"数字乡村"。全面推进数字政府和政务云项目,整合公共信息资源,加强网络数据安全保障。推进"豫事办"等本地特色政务 App 应用,加快实现"一证通办""全省通办""无感智办"等,深度融合线上线下政务服务,切实为人民办实事。

参考文献

[1] 楼阳生. 在中国共产党河南省第十一次代表大会上的报告 [R]. 2021-10-26.

[2] 河南日报智库. "两个确保"与"十大战略"怎么看怎么干 [M]. 郑州:河南大学出版社,2021.

[3] 杜庆昊. 关于建设数字经济强国的思考 [J]. 行政管理改革,2019(5):51-56.

[4] 白小明. 加快推进河南数字经济发展研究 [J]. 中共郑州市委党校学报,2020(1):73-77.

[5] 陶冶. 以数字化转型助推河南现代化建设 [N]. 河南日报,2021-09-15.

[6] 高亚宾. 全方位建设数字河南 [N]. 河南日报,2021-11-03.

加快河南农业数字化转型[*]

当下我国正处于百年未有之大变局,全球数字经济蓬勃发展,产业数字化、数字产业化已经成为经济发展的新特征。我国乡村振兴战略深入推进,社会主义现代化建设新征程已经全面开启。河南审时度势,大力推动乡村振兴和农业的数字化转型。2021年9月7日召开的河南省委工作会议,提出了锚定"两个确保"实施"十大战略",就包括实施乡村振兴战略和数字化转型战略。河南是我国的农业大省、全国重要的粮食主产区,资源禀赋优势明显,农产品品牌众多,推动农业数字化转型具有较好的基础。近年来,河南省在农业的数字化转型方面积极探索实践,取得了较好成效,也形成了相应的发展模式。但是从总体上来说,河南省的农业数字化转型仍然处于起步阶段,未来推动河南省的农业数字化转型要从顶层规划设计、基础设施建设、数据采集与整合应用、专业人才队伍建设等几个方面发力。

一、河南省农业数字化转型的进展

(一)顶层设计逐渐明晰

自2012年河南省获得国家批准建设国家农村信息化示范省开始,农业农村信息化发展进入快车道。随后河南紧跟国际大数据发展浪潮,于2016年10月获批建设国家大数据综合试验区,其中就包括计划建成国家农业粮食大数据创新应用先行区。为深入贯彻落实国家有关政策,加快推进农业信息化和数字乡村建设,2020年4月,河南省出台了《河南省人民政府办公厅关于加快推进农业信息化和数字乡村建设的实施意见》(豫政办〔2020〕10号),为全省的农业数字化转型提供了明确的方向和政策支持。《2020年河南省数字经济发展工作方案》对农业的数字化转型也提出了明确要求。2020年9月28日,河南省政府在鹤壁市召开了全省数字乡村暨农产品质量安全追溯体系建设推进会,明确了数字乡村

---

[*] 作者:安晓明,河南省社会科学院农村发展研究所副研究员。

发展的目标，提出了具体工作要求。第十八届中国国际农产品交易会期间，"数字乡村建设的'河南实践'"的主旨发言，为全国数字乡村建设提出了河南方案。2021年12月28日，《河南省数字经济促进条例》审议通过，这是全国第三部省级数字经济方面的综合性法规，其中对农业的数字化转型提出了明确要求。

(二) 数字农业发展初具雏形

一是实现了农村基础通信网络基本覆盖。近年来，河南省积极推动数字乡村建设，农村信息基础设施建设稳步推进，信息进村入户工程、蓝天卫士等一批重要工程相继建成运营。当前，全省移动网络、基础通信网络已实现全部下乡，农村宽带和无线网络接入能力及速率得到显著提升，通向"三农"的信息高速公路初步打通，初步形成了省、市、县三级健全的农村农业信息网络，这些为数字农业的发展奠定了较为坚实的基础。

二是农业领域信息技术应用进展迅速。信息化技术不断应用于农业生产和管理，农业科学决策水平和农业生产设施装备的自动化、智能化不断提高。从2017年开始，河南省利用遥感技术实现了"按图承保、按图理赔和按图监管"，解决了长期困扰农业保险估产难、定损难的问题。2020年7月21日，河南省农业农村厅与阿里巴巴集团合作签约，将围绕河南农业产业数字化、数字产业化、数字生态、乡村数字化治理、电子商务等领域，为加快数字乡村建设和促进农业高质量提供全方位、多维度的解决方案与产品服务，并计划在未来5年创建60个以上数字乡村建设示范县，培育20家以上的数字乡村建设领军企业，建设一批省级数字乡村建设创新中心。此外，省农业农村厅还与华为集团、拼多多、猪八戒网等互联网头部企业签订战略合作协议。截至目前，已有武陟县等8个县（区）与阿里巴巴商讨数字乡村建设有关领域合作内容；全省境内在拼多多平台上开设店铺逾15万家，涉及品类逾2万类，农产品交易额逾300亿元。

三是开展了数字农业建设试点。自2017年开始，农业农村部开始实施数字农业建设试点，重点扶持大田种植、设施园艺、畜禽养殖、水产养殖等数字农业建设四类试点项目。2017年，河南新郑市的河南木本良创意农业有限公司设施园艺数字农业建设试点项目入选全国首批设施园艺数字农业建设试点。2018年，临颍县、温县小麦玉米轮作项目入选第二批大田种植数字农业建设试点。另外，河南还实施了精准施肥、智能灌溉、农情监测、病虫草监测与防治等一批农业信息化示范项目，为数字农业发展创造了良好氛围。此外，在2020年，河南省还选定鹤壁市等10个市、县作为试点，开展省级数字乡村示范县创建，其中，鹤壁市淇滨区、三门峡市灵宝市、南阳市西峡县、漯河市临颍县又被认定为首批国家级数字乡村试点地区。柘城县、淅川县作为全国第一批"互联网+"农产品出村进城工程试点县，加强与试点参与企业的合作，建立了标准化生产和可追溯体系，培育塑强销售品牌，推动产品线上线下销售，拓宽农民就业增收渠道。2020年柘城县还围绕辣椒品种申报了2021年数字农业应用推广基地建设项目。

四是持续抓好益农信息社运营，越来越多的农副产品"触电上网"。河南持续抓好益农信息社运营，完善省级综合信息服务平台，拓宽农产品上行渠道，推动公益、便民、电商、培训体验等服务进到村、入到户。全省先后建成益农信息社38725个，基本实现所有行政村全覆盖，益农信息社为农民提供了全方位的电子商务培训和多种便民服务。截至2020年11月底，在线上共开展政务审批、市场行情发布、专家远程支持等公益服务6076.8万次。在线上开展生活缴费、小额贷款、农业保险、就业务工等服务18354.2万次；在全省范围内组织开展线下推广服务活动3.1万多场，带动村民就业务工38.7万人次，在线交易的农产品、生活百货和农资等产品达到20357种；组织开展信息技术推广、智能手机应用、服务资源对接等各种培训活动约6893场，培训1876.3万人次。全省乡镇快递网点覆盖率达100%，累计建成村级以上电商服务站点超2.5万个，打通了河南农副产品线上销售渠道，让更多物美价廉的农副产品"触电上网"，实现与终端市场更快对接。

（三）各地农业数字化改造精彩纷呈

鹤壁市着力构建农业智能、农村电商、农业监管、农村创业四大体系，农业农村信息化水平得到全面提升。2019年4月，鹤壁市的浚县、淇县及开封市的通许县入选2018年"数字农业"全国百强县（即100个2018年度全国县域数字农业农村发展水平评价先进县）。

浚县以优质花生现代产业园为载体，打造了一片8000亩的"数字农田"。这块"数字农田"从建设初期就引入专家团队，打造农业数字化云平台。利用数字技术，所有农业信息汇总到云平台，从种到收全靠"数字云"，实现了从育种到整地、播种、农田管理、收获、运输及仓储、加工的农业全流程数字化管理。

温县建立了"智慧地理"系统，对全县耕地的所有权人、承包人、土地流转、土壤性质、怀药种植信息进行数据采集和入库，绘制农业地理信息电子地图，为全县种植规划和布局提供更加直观准确的决策依据，推广应用物联网、大数据、卫星遥感、自动导航、水肥一体化等新技术。

二、加快河南农业数字化转型的几点建议

（一）做好顶层设计和长远规划

要把农业数字化转型和正在推进的乡村振兴战略结合起来，把数字农业作为推动乡村振兴的产业支撑和动力来源。要按照产业数字化、数字产业化的发展方向，遵循经济发展规律，提前布局谋划，近期以5年、10年为节点，中期以15年为节点，远期以30年为节点，勾画河南农业数字化转型的发展蓝图。中期和

远期的节点也正好与2035年和2050年这两个重要的时间节点相对应。在规划设计中要注重发挥政府的引导和市场的主导作用,要充分利用河南省农产品品牌多的优势,积极培育一批在全国有影响力的数字农业龙头企业,打造一批具有示范带动效应的农业数字化转型先进县市,争取河南省的农业数字转型走在全国前列。

(二) 完善农业的数字基础设施建设

要不断加大投入和支持力度,完善农业的相关数字基础设施建设,为农业的数字化转型夯实物质基础。首先,要加快新一代信息基础设施建设。扩大移动通信信号覆盖范围,推进"全光网河南"全面升级,提高农村高速光纤覆盖面,在确保4G移动网络全覆盖的基础上向5G技术应用发力,加快实现5G技术在重点农产品加工企业、重要农产品生产基地和重点农业园区的推广应用并逐渐延伸扩展到整个农业生产地区。在原有农业遥感技术应用的基础上,大力推进北斗卫星导航系统在数字农业中的应用,实现农业遥感技术应用全覆盖,同时要加强信息基础设施保护。其次,要积极推进新型数字资源基础设施建设。加快构建"天空地"一体化数据采集和监测预警系统,推动空间信息、农田管理、环境监测等数据上图入库,加快实现农业的可视化管理。再次,要积极推进河南省农业农村大数据中心建设,加快完善河南省农业农村信息化服务平台,实现与省政府网上政务服务平台实时对接,简化优化农业农村政务服务,全面提升农村信息服务能力。最后,要加强城乡数字融合发展,缩小城乡"数字鸿沟"。要统筹数字乡村与智慧城市建设,加快城乡数字化融合,推动城乡信息基础设施和技术应用一体化。推动建设"三农"数据资源库,为数字乡村发展提供数据支撑。整合"三农"服务网络,形成面较广的"三农"服务"一张网"。

(三) 加快农业数据的整合应用

推动河南农业数字化转型,实现农业更智慧、管理更高效、服务更便利,必然要求整合农业数字资源,实现信息化与农业农村的深度融合。首先,要加强农业相关数据的采集管理,建立健全原始数据采集体系。要在巩固和提升现有监测统计渠道的同时拓展物联网、互联网数据采集渠道,并积极提升利用地面观测、传感器、遥感和地理信息技术、智能终端等实时采集农业相关数据的能力,支撑农业精准化生产和销售。其次,要加强数据资源整合,打通"数字孤岛"。要在加强农业生产管理、农产品流通、行业监管等大数据平台建设,推动平台融通、数据互通、信息沟通,实现大数据平台综合集成和共建共享。建立农业大数据标准体系。构建农业大数据开发利用的标准体系,要涵盖涉农产品、农业技术、农业资源要素、农产品交易和农村政务等重点领域。再次,要加快现代信息技术与产业发展融合。推进乡村产业数字化。加快大数据、物联网、人工智能、区块链等现代信息技术在农业中的应用,积极推动农业生产经营各环节数字化改造,建设"数字农田""数字牧业"等。依托国家现代农业示范区,加快推广大田"四情"监测、设施农业智能控制、水肥药一体化智能灌溉等应用,建设小麦、玉米、水稻、花生等大田作物物联网技术应用示范基地,推进临颍和温县大田种植、渑池县畜禽养殖等数字农业试点项目建设,扩大试点项目的示范效应。推进乡村数字产业化。着重培育本土企业,强化技术创新。依托高等院校和科研院所,建立一批"河南省数字乡村创新中心",推进产学研用一体化发展。深化与阿里巴巴集团、华为集团、拼多多等合作,带动涉农数字化企业快速发展。最后,要持续提升益农信息社持续运营能力,增强农民群众的数字获得感。各地要按照"宜建则建、服务覆盖、调整更换、提档升级"原则,提升益农信息社运营能力,为数字农业发展提供平台、信息、技术、服务等支撑。创新运营模式,推动与农业农村产业的融合发展,依托益农信息社推动农产品上行。

(四)加强专业人才队伍建设

鉴于目前农业数字领域的专业人才非常紧缺,各地要创新体制机制,进一步加强农业数字化转型所需的专业人才吸引和培养力度,建立农业数字化转型培训基地,有针对性地开展创业指导、技能培训,全面提升技能和素质,培养造就一批数字农业农村领域科技领军人才、工程师和高水平管理团队,为农业数字化转型夯实人才资本。首先,要加强农业信息技术的复合型人才培养。要高度重视农村科技人才特别是数字技术人才的培养,提高服务农业数字化转型的专业技能。将农村干部培训纳入干部教育培训总体规划,针对其开展数字农业相关培训,提升农业数字化转型的基层服务水平。积极加强农民职业技能培训,提升其数字技术应用能力。针对新型农业经营主体、农村致富带头人、现代农业园区负责人、返乡创业青年等重点人群,要组织进行专门的数字技术培训,提升其数字技术应用能力和管理水平。在大中专院校中增设数字技术专业,与地方政府、企业进行定向培养,培养一批"订单式"农业数字化转型的专业人才。其次,要加大专业化数字人才的引进力度。结合省里的招才引智政策,着力引进一批在农业物联网、互联网、大数据等领域的专业化数字人才,建设农业数字化转型的带头人才队伍。结合返乡创业,科技特派员下乡等工程,鼓励大中专毕业生、科技人员投身现代农业、投资创办农业数字化服务组织、农产品电商企业,扩大农业信息化技术推广队伍。再次,要破解引人用人的体制机制障碍。健全农业农村科研立项、成果评价与转化机制,完善科技人员兼职兼薪、分享股权期权、领办创办企业、成果权益分配等激励办法。坚持"把论文写在祖国大地上",完善农业农村领域高级职称评审申报条件,深化农技人员职称制度改革,完善科技特派员工作机制,对于农业数字化转型领域人才给予优先考虑。

参考文献

[1] 姜长云. 发展数字经济引领带动农业转型和农村产业融合[J]. 经济纵横, 2022 (8): 41-49.

[2] 谢康, 易法敏, 古飞婷. 大数据驱动的农业数字化转型与创新[J]. 农业经济问题, 2022 (5): 37-48.

[3] 农业农村部新闻办公室. 擘画数字农业农村发展新蓝图——农业农村部负责人解读《数字农业农村发展规划（2019-2025 年）》[J]. 农业工程技术, 2020 (6): 21-22.

[4] 李国英. 农业全产业链数字化转型的底层逻辑及推进策略[J]. 区域经济评论, 2022 (5): 86-93.

[5] 樊祥胜. 乡村大数据发展大有可为——关于政府大数据管理部门服务"三农"工作的几点思考[J]. 行政科学论坛, 2019 (9): 16-19.

[6] 安晓明. 河南省数字农业高质量发展的现实问题与对策建议[J]. 河南工业大学学报（社会科学版）, 2021 (5): 1-8.

[7] 农业农村部信息中心课题组. 数字农业的发展趋势与推进路径[N]. 经济日报, 2020-04-02.

[8] 胡青. 乡村振兴背景下"数字农业"发展趋势与实践策略[J]. 中共杭州市委党校学报, 2019 (5): 69-75.

河南省实现数字乡村治理的思考与建议[*]

2021年9月召开的河南省委工作会议明确指出,要向着"两个确保"奋勇前进,全面实施"十大战略",在新征程上奋勇争先、更加出彩。"十大战略"集中体现了"十四五"时期乃至更长时间河南的发展思路与发展方向,是推动河南实现高质量、高水平发展的新路径。其中,乡村振兴战略是在精准把握乡村社会发展现实、明确乡村未来发展方向的基础上提出的解决好"三农"问题的重要抓手,准确理解和落实到位非常关键。而乡村"治理有效"是实现乡村振兴的重要内容。没有有效的治理,乡村振兴将会失去和谐稳定的根基。正所谓乡村治理关系乡村的社会生活、政治参与、文化传承、秩序维护等诸多方面,影响社会大局稳定,是国家治理的基石。为此,必须对基层村社的治理问题给予重视。

近些年来,数字技术的飞速发展不仅重塑了生产生活方式,而且推动了乡村治理纵深向前。2019年,中共中央办公厅、国务院办公厅印发的《数字乡村发展战略纲要》将数字乡村确立为全面实施乡村振兴的战略方向,并指出要着力发挥信息化在推进乡村治理体系和治理能力现代化中的基础支撑作用,构建乡村数字治理新体系。为此,河南省构建数字乡村治理体系,实现乡村"治理有效"就成为一个值得关注的问题。

一、数字化技术赋能乡村治理有效的实现路径

(一)有助于解决"人地分离"的乡村治理难题

改革开放以来,工业化的发展、城市化的推进与交通网络的密布对乡村人口向城市流动产生了极强的吸引力。河南作为人口大省和农业大省,总体上出现了一股不断持续且规模庞大的乡村人口流动大潮。这种大潮在促成"人地分离"景象、加剧乡村人口结构失衡的同时,也破坏了传统的乡村治理结构,给乡村治理带来了挑战,主要体现为自上而下的政策落实和自下而上的民情上传两条链路

---

[*] 作者:邓欢,河南省社会科学院科研处研究实习员。

在尾端断裂。而数字技术的运行则为解决因人口流动而造成的乡村治理困境提供了机会。数字平台为组织与"失联"的乡村居民、乡村居民与乡村居民之间创造了共同在场的机会，使他们能够在云端共同处理各种事务。从基层政权的视角看，乡村两级党和政府组织能够及时通过网络传达党和政府的大政方针与把握村民的思想动态。从公共政策落实的视角看，国家政策落实的承载方，也就是村两委能在云端处理政务服务、民生服务等各方面的村务。从村情民意反馈的视角看，"失联"的村民能够将对乡村发展的意见或建议通过数字平台进行上传，也可以解决公共问题。也就是说，乡村治理数字化可以将断裂的治理结构接续起来，实现乡村治理的多元主体共同在场，即使人不在村也可参与村内村务、党务、事务、商务等。这无疑解决了因"人地分离"而造成的乡村治理困境，化解了因人口结构失衡而导致的乡村治理结构损坏这一难题。

（二）有助于提升乡村治理的能力与水平

依托于数字技术的使用，乡村治理主体能获取大量的大数据资源，这种资源的嵌入将支撑乡村治理实现转型。第一，大数据提升乡村治理内容的精准性。在数据收集阶段，数字化平台可收集到海量反映村民对乡村治理内容的需求信息；在数据处理与数据应用阶段，乡镇政府部门能准确掌握村民情况，能在乡村治理方面以村民真实需求、社会问题为导向，在精准识别的基础上进行精准治理。这无疑为提升乡村治理内容的精准提供了保障。第二，大数据促使决策模式实现转型。在传统的乡村管理决策模式中，乡镇政府习惯于分析事物之间的因果关系，然后依靠工作经验进行决策。大数据的应用将通过分析总体数据、挖掘事物间的内在关系来助推决策模式向数据决策转型。第三，大数据实现乡村治理的前瞻化。"预测"是大数据的功能之一，乡镇政府能够利用数据进行研判和预测，制定防范化解重大风险的方案，进而提升乡村的应急管理能力，促使乡村治理由"事后治理"转向"源头治理"。

（三）有助于强化村民的集体身份认同

外出务工人员增多，农村空心化、老龄化的现状减弱了村民对村庄原有的认同感与归属感，而数字空间在延伸乡村公共社会空间、消除村民之间疏离感、构建集体身份认同方面颇具重要价值。其一，村民长期外出务工会降低其对村庄的认同感，但同时又不能完全融入城市，导致其形成"回不来，融不进"的身份认同困境。而通过使用数字平台进行交流互动，可以增强其集体身份认同意识，强化其对于村庄的认同。其二，村庄集体记忆是村民共有的情感记忆和文化基础，具有情感性，是激发村民对乡村认同的重要纽带。村民在查看数字空间中有关视频、图片等形式后，会唤醒儿时对集体以及乡村的记忆。这些记忆将激发村民对村庄的情感，再造村民对村庄的认同。其三，身处异地的村民可以通过数字空间连接起来,并依托乡土情感,增进其相互之间的公共交往以及资源信息的交换,扩充与整合村庄治理的外在资源。

二、河南省数字乡村治理面临的挑战

(一)数字乡村治理对治理主体的操作技能提出更高要求

构建数字乡村治理体系对基层政府以及当地村民提出了更高的要求。数字治理要求基层政府能够运用数字化平台服务乡村社会,能够利用数字技术进行数据的收集与处理工作。例如,通过使用政务平台,提升做好民生工作的能力;通过基层党建工作平台,提升乡村党建的数字化水平;通过政务公开、财务公开,打通密切联系群众的"最后一公里"。同时,数字治理需要村民经常性使用数字平台,青年群体完全可以适应数字化的新型乡村治理方式,但对于不擅长数字产品的老龄群体而言,这无疑是严峻的考验。

(二)数字乡村治理对数字化基础设施提出更高标准

数字乡村治理的关键在于数字化,故而需要完备的数字化基础设施来支撑。一是数字化硬件设施,即数字化基础设施网络。良好的数字化基础设施网络是实现乡村治理数字化的前提,提升乡村互联网的接入能力,解决乡村网络信号问题是应有之义。二是乡村数字治理平台,即乡村政务服务平台。乡村政务服务平台是实现数字乡村治理的网络空间,建立覆盖各级政府、涵盖民生、党建、政务等内容的高质量数字化平台是提升乡村数字化治理能力的重要法宝,而平台的建设也为乡镇基层政府提出了挑战。

(三)数字乡村治理对做好信息安全防范工作提出严峻考验

数字乡村治理促进了乡村信息资源的共享,同时也带来了信息安全问题,存在信息泄露的风险。信息资源的共享依赖于数据的收集、传输与存储,而在这些环节中,一旦网络安全技术受限、数据管理行为不足,信息资源便容易受到不法分子的网络攻击或政府信息、个人隐私、商业机密的泄露与盗用。如果不严加防范,基层政府及村民的生命财产安全等将受到损害。为此,数字乡村治理的发展,既要基层政府各层级、各部门,政府与村民之间共享信息资源,也要关注信息资源的安全问题。

三、河南省实现数字乡村治理的优化策略

(一)重视人才引进与培养工作,培养数字乡村治理人才队伍

建设专业化人才队伍,是激发数字乡村治理内生动力的关键。一要重视人才引进。按照国家和省级政府推进数字乡村治理的要求,完善人才激励机制,通过政策倾斜、资金扶持、产业发展涵养专业人才等方式吸引优秀的信息化人才来农

村基层发展。二要加强人员培训。对于乡镇政府的工作人员来讲,一方面,要通过舆论宣传、工作引导、加大阐释力度等方式使其转变工作理念,树立数字治理、开放共享、协同工作的意识。另一方面,要加强与高等院校的合作,向基层工作人员传授专业技能,并给予一定的实践指导,提升其运用数字技术的能力。三要普及网络知识。对于普通的村民来讲,不仅要引导村民树立乡村治理的数字意识与素养,还要加强数字化平台使用方法的宣传,保障村民拥有参与数字治理的技能,激发村民参与乡村治理的主动性与积极性。尤其需要关注数字技能较差的乡村老年群体,要注意网络知识的普及,通过开展培训课程、日常指导、子女帮助等方式提升其参与数字乡村治理的能力与水平。

(二)夯实信息基础设施与平台建设,强化治理技术支撑

信息基础设施的建设是推进数字乡村治理的重要先决条件。一是加大财政的倾斜力度,加大对数字乡村治理的资金投入比重,建立健全资金投入机制,引导资金在数字乡村治理中合理配置与流动,为乡村信息基础设施的建设提供保障。同时,对落后的农村地区给予特殊关照,各种资金、技术等可以适度向数字化薄弱的乡村倾斜。二是加快乡村网络技术的建设,实现乡村光纤和5G网络的全覆盖,提升网络速度,降低上网费用,构建数字化治理的硬件基础。同时,引入人工智能、智能化农机设备、冷链等数字技术,推动传统设备的数字化升级与转型。三是开发与完善乡村治理数字化的省级综合平台,打造集民生保障、党建、政务公开、农村救助保障、健康服务、数据采集等村级公共服务内容于一体的网站或应用软件,将县级政府、乡镇政府、村支两委以及普通村民容纳进来,以更好地共享信息资源、保障民生、便捷村民日常生活。

(三)构建乡村治理整体协作机制,实现多元主体共治

数字乡村治理是多元主体依托于数字技术而形成的新的治理格局,构建数字乡村治理体系需要打造整体协作机制。一是促进多元主体参与治理。保障村民、社会组织积极参与到乡村治理中,需要基层政府充分发挥社交网络的作用,通过舆论引导村民主动参与,保障村民通过网络参与公共事务、享受公共服务的权利,对村民在参与过程中提出的意见及诉求作出快速反应。二是吸引外部资源。要制定开放的乡村战略,加强与外部的合作交流,吸引外部的社会组织、企业、资源流入乡村,带动乡村经济、文化、社会的发展。三是加强部门间合作。打破部门之间的壁垒,建立部门协同治理的合作机制。以阶段、事务等内容划分数字治理范畴,推进村级公共服务的线上运行。构建数据共享与开放的标准,促进部门之间数据资源的交流。四是加强区域间协作。要充分发挥互联网和大数据的功用,加强村庄之间、乡镇之间、县城之间的联合,整合各地的优势资源,减少短板,促进各区域间经济、文化等方面的共同发展。

（四）建立数据使用机制与管理机制，消弭信息安全风险

加强对数字乡村治理中流动信息资源的监管控制，将数据使用的风险降到最低。一要构建数据使用、分享、流动的法规机制，明确数据的产权归属，明确数据在存储、使用、收集等过程中相关主体的责任。制定数据安全预防与突发事件应对办法，应对各种突发问题与情况。二要规范数字化平台建设。根据数据的保密级别，设立分级保护办法，按照办法来对信息资源采取相应的处理措施。为保密数据增加密钥，从源头杜绝机密数据的流失。三要建立数据监控管理机制，加强对数据存储、使用、收集等过程的监制，预防数据泄露、非法传播等事项的产生，或者在危及信息安全的事件发生后及时采取挽救措施。四要对数字化平台进行定期检测，查明平台中存在的信息安全漏洞，并及时采取相应的措施。

参考文献

［1］丁波．数字治理：数字乡村下村庄治理新模式［J］．西北农林科技大学学报（社会科学版），2022，22（2）：9-15.

［2］李晓夏，赵秀凤，张天然．数字乡村治理：实践基础、关键问题与优化策略［J］．农业经济，2022（2）：42-44.

［3］黄博．数字赋能：大数据赋能乡村治理现代化的三维审视［J］．河海大学学报（哲学社会科学版），2021，23（6）：28-36.

［4］佟林杰，张文雅．乡村数字治理能力及其提升策略［J］．学术交流，2021（12）：118-125.

［5］姜英．5G时代数字技术对乡村社会治理的支持与应用［J］．农业经济，2021（10）：48-50.

［6］江维国，胡敏，李立清．数字化技术促进乡村治理体系现代化建设研究［J］．电子政务，2021（7）：72-79.

［7］沈费伟，陈晓玲．保持乡村性：实现数字乡村治理特色的理论阐述［J］．电子政务，2021（3）：39-48.

［8］沈费伟，袁欢．大数据时代的数字乡村治理：实践逻辑与优化策略［J］．农业经济问题，2020（10）：80-88.

［9］赵早．乡村治理模式转型与数字乡村治理体系构建［J］．领导科学，2020（14）：45-48.

［10］冯献，李瑾，崔凯．乡村治理数字化：现状、需求与对策研究［J］．电子政务，2020（6）：73-85.

［11］刘俊祥，曾森．中国乡村数字治理的智理属性、顶层设计与探索实践［J］．兰州大学学报（社会科学版），2020，48（1）：64-71.

"互联网+"模式下基层治理数字化转型的困境及突破路径*

随着互联网技术的发展以及数字时代、智能时代的来临,信息通信技术、人工智能等各类数字技术被广泛应用于社会领域和国家治理的方方面面,极大地提升了各类事务的处理效率。基层治理是国家治理的基石,统筹推进乡镇(街道)和城乡社区治理,是实现国家治理体系和治理能力现代化的基础工程。做好乡镇(街道)、村(社区)的信息化建设规划,整合基层社会的数据资源,推动政务服务平台向乡镇(街道)等基层延伸,提高基层治理数字化智能化水平,对推动国家治理体系和治理能力现代化意义重大。2021年7月,中共中央、国务院印发《关于加强基层治理体系和治理能力现代化建设的意见》,其指出,力争用五年左右时间,构建网格化管理、精细化服务、信息化支撑、开放共享的基层管理服务平台,加强基层智慧治理能力建设,提高基层治理智能化水平。然而,在实践层面,还需看到人工智能等数字技术在社会治理应用中可能出现的算法伦理入侵、权利结构悖论、权利实现困境、数据价值歧视等问题,本文在归纳总结数字技术嵌入基层治理中面临的各种现实困境的基础上,提出有针对性的,具有可操作性的建议,以期为基层治理走出数字信息技术应用的困局提供思路。

一、基层社会治理数字化转型的应然逻辑

基层治理水平直接关系政法、综治、平安、维稳等工作的效能,高质量的基层治理是全面建成小康社会的重要基石。当前,提高基层治理水平的方式方法有很多,其中数字技术创新已成为重要的方式之一,数字化转型对于提高基层治理水平具有重要的推动作用。

(一)数字赋能有利于促进社会治理主体间的互动和协同

政府、企业、社会组织、社区、民众等多元治理主体之间的共建共治共享是

---

* 作者:郑琼,河南省社会科学院《中州学刊》杂志社助理研究员。

"互联网+"模式下基层治理数字化转型的困境及突破路径

实现高质量社会治理的基础性条件。随着单位制的式微、住房的商品化改革、劳动力市场的逐渐形成,基层社会成员日益呈现原子化的倾向,人们在城市内部、城市之间以及城乡之间的流动日趋频繁,对公共利益的需求也越来越多元化。数字化技术,尤其是广泛运用于人们日常生活的智媒技术,能够为基层治理各方利益整合搭建有效渠道。不管是对政府、居民,还是对社会组织而言,基于"互联网+"的线下与线上双轨制治理场域、统一且高效的政民互动平台,易于被基层治理各方接受,而且各方进行诉求表达、诉求回应的成本低、收益可见性强,能够为促进政府与社会之间在信息和资源上的纵向连通提供契机,有助于有效衔接自下而上的基本公共价值和自上而下的核心公共价值,实现政府与社会之间的良性互动,促成利益相关方切实发挥相应作用的高水平的基层治理。

(二)数字赋能有利于推动基层治理数据资源共享

数据化水平是影响社会治理精细化和智能化程度的重要指标。对反映社会政治、经济、文化等运行状况,以及社会成员各种活动的数据收集、存储、开发等,是支撑社会治理活动的重要基础性工作。传统采集和应用数据的模式主要是政府部门或相关公共服务机构通过统计调查方式主动获取的,存在投入成本高、数据生成速度较慢、数据偏结构化、数据存储管理的安全性不高等弊端。数字技术应用于社会治理,有助于实现数据的精确留痕、完整记录、高效采集、充分利用和安全存储。例如,正在蓬勃兴起的区块链技术,能够实现将数据以多中心、分布式记账的方式存储在各个节点上,保证数据记录的不可篡改,保障数据的安全性和可靠性,其在社会治理中的应用将大大降低治理活动中的交易成本,甚至彻底改变传统的中心化数据存储方式,能够为实现一次采集、多方利用的数据资源整合提供技术支持,有利于完善乡镇(街道)与部门政务信息系统数据资源共享交换机制,形成安全、可靠、自信任的社会体系。以数字技术应用为基础的治理流程数据化,旨在让数据多跑路、群众少跑腿,有助于推动基层社会治理的精细化、智能化,提升政策宣传、民情沟通、便民服务等治理效能。

(三)数字赋能有利于应对技术社会的高度复杂性

作为多样主体高度连接、密切互动并可能产生快速反馈的复杂系统,现代社会具有内生复杂性、测不准性、脆弱性等特征。随着数字技术在经济社会中的广泛应用以及算力的不断增加,社会主体间互动的范围更广、频率更高、内容更多,反馈变得更加迅速且直观,技术化社会的高度复杂性特征日益凸显,同时也进一步加剧社会治理对象的复杂性程度。数字技术的应用在不断增强社会主体间连通性的同时,也推动着计算科学与社会科学的深度融合,有助于人们重新认识复杂性的相关理念和方法,进而形成直面复杂的社会治理理念。例如,面对突如其来的新冠肺炎疫情,党和国家很快认识到其发展和扩散是典型的复杂性现象,

· 95 ·

全面深化改革开放,高质量建设现代化河南

无论是专家学者、政府部门还是科技平台企业都开始自觉地将数字技术应用于对疫情传播规律的研究和抗疫的社会治理实践之中,并取得显著成效。

二、数字技术应用基层社会治理的现实困境

当前,基层治理数字化难、转型难及取得实效难等方面是基层治理数字化转型中存在的突出问题。聚焦数字技术应用于社会治理微观层面的现实困境,可为减轻基层治理负担、提高基层治理绩效找准切入点和突破口。

(一)基层数据治理工作的保障体系亟待加强

一是缺乏稳定的财政保障机制和人才支撑。在"晋升锦标赛"的行动逻辑下,一些地方对信息化建设的前期投入往往比较大,有的动辄以数亿元计。然而,信息技术更迭速度快,数字技术的每一次更新,都意味着旧有技术可能存在风险,需要对其进行升级换代,以此保障数字设备处于最佳运行状态。比如,随着访问人数的增加和移动端的升级,面向基层群众的各类便民小程序和应用都需要定期进行检测和更新,而针对数字设备、程序维护和更新的持续性支出,很多业务部门缺乏明确的财政支持方案和稳定的数字化人才。二是针对数据治理工作的规章制度不健全。例如,现有政策法规对如何采集和共享数据等未做出明确规定,相关解释和要求散见于各类政策文件中,且过于宏观,这种政策的模糊性直接导致各个业务部门在数据共享行为上偏向保守,即以数据安全为由,拒绝不同业务部门间的数据共享,以此规避责任。

(二)一些地方数字官僚主义倾向明显

数字技术应用于基层治理有利于提高基层政府的治理效率和服务水平。但是,从数字政府建设的实际情况来看,在不断提高政府效率和效能的同时,一些地方又出现了数字官僚主义的倾向。所谓数字官僚主义,是指治理实践中出现的那些不是"以人为本"而是"以技术为本"的本末倒置的治理主体办事作风。例如,一些地方政府热热闹闹地大搞电子政务工程、数字政府工程和智慧政府工程,但其政府服务热线长期无人接听,或者电话很难拨通,而群众办事离开智能设备和网络则寸步难行,电子政务服务中的人机关系冷漠、单一;还有一些部门只需通过完成各种"电子化台账"就算完成本部门的组织任务,完全省去深入一线调研、走访群众的过程。

(三)数字鸿沟问题显著

在某种程度上,数字技术将基层社会治理解构为算法的治理,在此基础上,一些地方的电子政务在注重集成化、系统化、协同化、程序化、规范化、标准化的同时,忽视了人性化和便利化,从而造成数字技术对部分群体的排斥。例如,现在各地政府普遍开发和应用各类政务平台或政务小程序,从具体实践来看,数

字技术嵌入基层治理对不同群体产生的效应差异较大,对没有或者不会使用智能设备的群体而言,增加了办事程序和难度,降低了他们在数字时代享有公共服务与技术红利的获得感和幸福感。

（四）数据碎片化问题突出

基层政务服务的信息化建设大多是"以部门为主体,以项目为中心"的投资建设模式。这种模式使每个部门都掌握了自己部门的海量数据,但由于体制区隔和经验主义的障碍,基层政务服务的整体布局为孤立的系统所割裂,信息化建设呈现纵强横弱的现象,形成实践中所谓的"数据烟囱""数据壁垒""数据孤岛"等问题,不少部门把数据视为部门利益,缺乏利他分享、部门合作的数字治理理念,导致信息公开不充分、打折扣,治理数据的价值利用、发掘非常有限,不利于全局性资源整合及后续大数据分析与应用,极易形成基层政务服务的数据失真现象。基层政务服务的数据治理和数字化转型若不能及时向块数据发展,则会影响基层政务服务信息化的长期发展,降低其实际效用。

三、推动基层社会治理数字化转型的路径分析

（一）完善基层治理中数字技术应用的保障体系

数字技术在基层社会中的应用离不开经费、人才、监管等各项保障措施的支撑。为此,一要加大经费保障。一方面,需要在条件许可的情况下,加强基层治理中对数字技术应用的经费保障,或合理适当引入社会资本助力基层治理数字化转型;另一方面,需要处理好成本与收益的关系,注重提高基层治理数字技术运用的专业性、高效性和适用性,警惕"晋升锦标赛"逻辑下信息化建设的跟风行为,避免基层治理"数字化陷阱"。二要强化人才支撑。建立综合性的数据人才培养体系,积极运用专题讲座、集体学习、专业知识培训、远程教育等方式,培养和提高基层干部和工作人员数据采集、处理、存储、分析的能力。三要优化数字技术嵌入社会治理的顶层设计,通过出台各类针对数字治理的规章制度和政策工具,厘清职能部门在信息系统整合中的责任与义务,深化条块部门之间数据资源的共享与合作。

（二）从制度层面引导技术运用保持工具性本位

数字技术是推动基层社会治理创新和效能提升的关键,但这并不意味着技术是万能的,需要把握好技术理性与制度理性之间的平衡。要避免落入数字形式主义的窠臼,防止数字官僚主义倾向,就需要在数字技术开发和数字平台建设中,坚持实用性为主的原则,使其能够与基层治理中现有的文化、规范、习俗等相适应,引导技术始终朝着为人民服务的方向发展;除此之外,还需要推进数字"一张表"改革,整合、清理冗杂的数字工作平台和相关内容,减少基层重复劳动,

解除对基层工作人员不合理的在线监控,切实减轻其数据负担。

(三)始终坚持将公民权利的维护与社会服务价值的实现作为技术治理的首要目标

要避免过度依赖技术而忽略基层社会治理的本质,就需要在信息化建设的过程中兼顾效率与公平,始终坚持将公民权利的维护与社会服务价值的实现作为技术治理的首要目标,保持社会治理对外界环境的变化进行调整和适应的韧性机制。一方面,要积极利用各类数字技术开展线上服务,提升技术治理水平;另一方面,要针对各类群体的现实情况和实际诉求,保留畅通的线下服务渠道,不断提升线下服务质量。另外,应充分尊重公众参与社会治理的权利,在利用数字技术拓宽政府与外界信息交互渠道的基础上,提高市场、社会、民众等多元主体参与基层治理的积极性和能力,不断增强基层社会治理数字化的科学性、公平性和民主性。

(四)构建"上下联动、纵横协管"的数字协同治理常态化机制

要解决单独的条和块的信息系统整合问题,首先需要理顺基层行政链条,协调条块步伐,处理好基层政府各部门间事权、职责和利益等方面的关系,通过设立领导小组等议事协调机构、组织各类专项会议或专项行动等方式,探索开展部门协作的渠道和模式,深化部门间的交流与合作。具体而言,需要从体制机制层面强化数据共享管理机制。首先,根据基层治理的具体需要,制定针对各个业务部门的数据开放和共享清单目录,明确共享数据的使用方式以及各层级工作人员的使用权限。其次,构建部门间数据共享激励机制,促进数据在大循环、大流动的数字生态中实现"新陈代谢"。再次,应不断完善数据共享过程中的安全保障措施。对此,政府需要发挥好主导作用,审慎权衡数据共享的边界,注重数据脱敏处理工作,不断提高数据传输、存储、使用的安全系数,避免因数据共享而产生的负面影响。

四、结语

随着数字社会的加速发展,各类数字技术的更新迭代势不可当,这为基层治理创新和效能提升提供了有效工具。然而,数字技术应用的工具理性与基层现实社会的高度复杂性之间存在不可忽视的张力。既要充分认识到数字技术的现代价值,最大限度地使其为社会现实服务,也要对数字技术应用基层治理可能暗含的隐患和风险保持高度警惕。当前,数字技术仍处于快速发展和变革的进程中,未来数字技术将发展为何种状态,各基层治理主体与其关系将如何调适,值得学界对此保持关注与思考。

参考文献

[1] 张锋. 特大型城市风险治理智能化研究 [J]. 城市发展研究, 2019, 26（9）: 15-9.

[2] 丁强, 王华华. 特大城市数字化治理的风险类型及其防控策略分析 [J]. 上海行政学院学报, 2021, 119（4）: 72-81.

[3] 张龙辉, 肖克, 王寒. 人工智能应用下的特大城市边缘城区治理: 技术变革、价值隐忧与技术路径 [J]. 电子政务, 2020（9）: 15-28.

[4] 董幼鸿, 叶岚. 技术治理与城市疫情防控: 实践逻辑及理论反思——以上海市×区"一网统管"运行体系为例 [J]. 东南学术, 2020（3）: 24-33.

[5] 胡卫卫, 陈建平, 赵晓峰. 技术赋能何以变成技术负能? ——"智能官僚主义"的生成及消解 [J]. 电子政务, 2021（4）: 58-67.

数字化转型助力河南公共文化
建设创新性发展[*]

2021年9月，河南省委工作会议推出"十大战略"作为河南省推动更高质量和可持续发展的新措施、新道路。其中，数字化转型战略位居第三位，其重要性可见一斑。数字化转型将强力推动新一代信息技术渗透到人民群众生活的各个领域，激发全新的生活方式，满足人民群众对品质化、多元化、个性化的生活需求，助力全省人民步入"万物感知、万物互联、万物智能"的新时代，享受更加美好、更加多彩、更有品质的生活。2021年12月，河南省工业和信息化厅党组书记朱鸣在中共河南省委宣传部举办的"奋进新征程 中原更出彩"主题系列新闻发布会上提到，河南将着力打造数字强省，建设全国数字产业化发展新兴区、产业数字化转型示范区，争创国家数字经济创新发展试验区；构建数字基础设施、数字核心产业、数字融合应用、数字治理能力、数字生态体系"五位一体"发展格局。实际上，近几年来河南省大力推动新型基础设施建设、数字核心产业发展和产业数字化转型，数字经济发展正在进入快车道。但是，数字化转型在文化建设领域仍较多地局限于打造智慧景区的基础设施提升以及数字服务保障等方面。2022年4月24日，河南省数字经济发展领导小组办公室公布了109个河南省首批数字化转型典型应用场景项目。根据《省数字化转型典型应用场景的通知》，这些典型应用场景集中在智能制造、智慧能源、数字农业、智慧文旅等10个领域。其中智慧文旅项目在109项中仅占10项，且以服务型基础设施为主，内容型非常少。数字化转型在文化行业内容产品的创新性激发方面亟待予以重视。

党的十八大以来，河南的公共文化服务体系逐步建立，公共文化服务模式逐步形成。随着全省人民群众精神文化需求的增长变化，公共文化服务供给面临进一步的转型创新。2021年10月18日，习近平总书记在中共中央政治局第三十四

---

[*] 作者：靳瑞霞，河南省社会科学院文学所助理研究员。

次集体学习时,特别指出数字经济的"高创新性、强渗透性、广覆盖性"特征和数字技术对经济的"放大、叠加、倍增"作用。与文化相结合,数字浪潮无疑为优秀传统文化资源极其丰厚的河南文化发展提供了良好机遇。数字化转型有效利用数字技术高效提升中原优秀传统文化在全省公共文化服务供给中的含量与质量,将在公共文化服务供给模式的迭代、公共文化产品内容的升级以及公共文化服务活力的激发方面发挥难以估量的积极作用。

一、数字化转型助推河南公共文化服务供给迭代升级

一是推动公共文化展示模式由传统静态二维化呈现向数字 3D 技术立体化呈现迭代。在以美术馆、文化馆(站)、博物院等为主的基础公共文化设施中,传统模式的室内文化展览占据公共文化服务供给的较大比例。历史文化资源中的文艺作品、考古文物、档案资料等都以壁挂或柜展形式提供,对参观者的文化素养要求较高,文化服务供给者与接收者间的流动性较差;数字 3D 技术的到来将静态的历史文化展览动态化、立体化甚至场景化,推动接收者多感官参与其中,降低了参观者文化素养门槛,使文化能在供给者与接收者间高效流动,促成中华优秀传统文化的高质量传播。如河南博物院在支付宝率先推出"一起考古吧"在线考古盲盒,利用镇院之宝莲鹤方壶、武则天金简、杜岭方鼎、贾湖骨笛等文物元素打造"数字考古盲盒",让用户可随时随地通过手机"在线考古",短短七天,吸引 3000 万人参与,一度带动超 200 万人访问河南博物院的支付宝官方小程序,并在当年国庆节假期登上了支付宝景区行业小程序的收藏量冠军。

二是推动公共文化服务供给分配在抵达标准化、均等化的基础上向满足多元化、个性化需求迭代。为了保障特殊区域群众和特殊群体都能享受到基本公共文化服务,2017 年开始实施的《中华人民共和国公共文化服务保障法》在公共文化服务的标准化建设、区域均等、城乡均等和群体均等方面都作了相应规定,为这些群体享受相应的公共文化服务提供立法保障。数字技术无疑将大大缩短这一进程。公共文化数字资源库群的建立,互联互通共建共享的公共文化服务网络的构建,将跨越空间、时间以及个人文化素养的藩篱,让不同地区不同群体都能更有效、更公平地共享优质公共文化服务。在为弱势地区弱势人群兜底基本文化服务的同时,数字技术还可以细化服务水平,为群众提供多元化个性化的文化服务。如福建、上海、河南等省份,以及杭州、宁波等多个地市依托数字技术建立起百姓文化超市,提供点单式文化服务,使文化服务供给与需求匹配更为精准,推动公共文化服务供给再上新台阶。

全面深化改革开放，高质量建设现代化河南

二、数字化转型助推河南公共文化产品内容升级

一是要以数字化技术为全新入口，重新进入传统文化资源库，对优秀传统文化资源进行新技术视角下全方位细致考察，发掘新的可开发可活化的环节或细节，使其文化艺术魅力得以丰富和焕新。如对中国传统名画的数字开发、对文物遗产的数字修复着色等。再以传统文化资源中的历史档案为例，在数字技术如VR技术支持下，档案突破以往的静态展示，其中的某些生动元素很有可能成为创造性来源，可能作为历史场景甚至文化品牌呈现。

二是要以数字化技术为支撑升级公共文化服务中的演艺类产品。著名导演张艺谋在2021年中国文化产业发展高峰论坛访谈中谈到，"科学技术与舞台表演相结合，让中华优秀传统文化与科学技术的表现形式直接对话，形成新的表演形式，为观众带来全新感受"。如近两年大热的沉浸式演艺就是将多媒体技术、虚拟现实、三维实境等数字化技术与传统演出相结合。优秀传统文化资源借此获得新的表达方式，实现高质量当代转化。

三是要以数字化技术升级历史文化遗产场馆的文化服务内容。如球幕影院、虚拟VR技术带来的全新体验感必将使静态的展馆动起来活起来，甚至火起来，吸引更多受众参与其中。仍以传统档案为例，VR技术用于历史档案的展示，便于观众将历史事件与现实地理方位相联系，仿佛穿越时空，回到历史现场，从而加深对历史、人物和事件的体验感。类似数字技术都应及时推广应用于公共文化产品内容的设计与制作，实现公共文化服务内容的升级迭代，提升公共文化服务的供给质量。

三、数字化转型助推河南公共文化服务活力增强

公共文化服务活力重点体现在参与主体的多元性，供给与接受的沟通活性，服务内容的丰富性与创新性等。第一，要推动数字技术人才、相关科研院所或企业参与公共文化服务，激发公共文化服务人才队伍主体活力。公共文化服务以政府为主导，但在参与主体和具体人才队伍的打造方面，要充分吸收数字技术人才，吸引相关数字技术企业的参与，适当增加文化服务主体的多元性，形成互相激发协作创新的文化氛围。第二，要充分利用数字技术网络平台等高新技术，畅通受众与供给间的连接渠道，增加公共文化服务机构的用户黏性。应将数字技术渗透到公共文化服务的整个过程，从生产端到用户端交互对接，加强文化服务供给侧和消费侧的联系，促进供给与接受两类主体间的数据流通。数据量越大越细致，算法分析越科学，供给与消费匹配越精准，公共文化服务质量越高，越有活力。第三，要积极利用数字技术激发文艺创作、传播和接受方式的创新，提升内

容生产活力，让公共文化精品内容实现增速传播，同时快速带动相关产业，实现多元化衍生。如2021年河南春晚节目中《唐宫夜宴》的破圈爆红，其背后的创作与传播，均与数字技术密不可分。沿袭其创作与传播模式，河南卫视的"节日奇妙游"系列节目也受到观众的一路追捧。公共文化服务的内容创新不仅提升了河南的文化形象，相关文化产业活力也得到激发。"唐宫小姐姐"系列IP相关文创产业链初步形成。河南博物院、开封清明上河园、登封摘星楼等也因此大大提高了知名度，实景景区也获得了相应的客流回报。"互联网+旅游"快速发展，让虚拟现实、增强现实、大数据等现代信息技术与文旅产业融合，极大丰富了沉浸式文旅体验内容。河南的传统文化资源优势借助数字技术得以创新展现并获得广泛传播。数字化转型带来的文化消费升级、科技赋能、文旅融合，相互促进，方能形成河南公共文化建设的内外部健康循环发展的良好局面。

参考文献

[1] 构建"五位一体"发展格局 河南省发布"数字化转型战略"目标任务举措[EB/OL]．https：//www.sohu.com/a/511223189_120090266．

[2] 共109个！河南公布首批数字化转型典型应用场景名单[EB/OL]．https：//baijiahao.baidu.com/s?id=1730983191866117912&wfr=spider&for=pc．

新时代以人民为中心的
河南数字政府建设[*]

一、引言

党的十九届四中全会提出,要建立健全运用互联网、大数据、人工智能等技术手段进行行政管理的制度规则,推进数字政府建设。数字政府(Digital Government),是在社会逐渐信息化的过程中逐渐应运而生的一种概念与运行机制。由于信息化社会尚在演进的途中,故而基于信息技术的数字政府,其概念与运行体制等亦在不断地变动之中,从理论上说,就是工业时代的政府(即传统政府)向信息时代的政府(即现代政府)演变的过程。迈克尔·尼尔森认为:数字政府在给政府带来无限发展空间和机遇的同时,也将伴随着社会结构的调整而促进政府角色的转换,即对政府管理理念、治理结构、行政程序、工作流程、政府的制度供给等产生重大冲击,尤其给政府的管理体制带来一种深层次的结构变化。回首过往,自1985年"海内工程"到20世纪90年代"三金工程"再到各级政府门户网站竞相建立,我国电子政务水平不断提升,尤其党的十八大以来,我国更加重视数字政府的建设。习近平亦多次提到数字政府的建设问题,例如其指出我们要乘势而上,加快数字经济、数字社会、数字政府建设,推动各领域数字化优化升级,积极参与数字货币、数字税等国际规则制定,塑造新的竞争优势,在2021年世界互联网大会乌镇峰会致贺信中习近平强调,中国愿同世界各国一道,共同担起为人类谋进步的历史责任,激发数字经济活力,增强数字政府效能,优化数字社会环境,构建数字合作格局,筑牢数字安全屏障,让数字文明造福各国人民,推动构建人类命运共同体。

近年来,尤其是《中共中央关于制定国民经济和社会发展第十四个五年规划和二〇三五年远景目标的建议》和《"十四五"国家信息化规划》等政策文件的

---

[*] 作者:丁梦雨,郑州大学法学院在读硕士研究生。

出台，河南的数字政府建设亦稳步前进，据省级政府和重点城市一体化政务服务能力（政务服务"好差评"）调查评估报告，在32个省级政府中，河南省排名第9位；在24个重点城市中，郑州排名第10位。

二、现状：以人民为中心的数字政府建设

坚持人民性，就是要把实现好、维护好、发展好最广大人民根本利益作为出发点和落脚点，坚持以人民为本，以人为本。把以人民为中心的发展思想体现在经济社会发展各个环节，做到老百姓关心什么、期盼什么，改革就要抓住什么、推进什么，通过改革给人民群众带来更多获得感。我国政府是为人民服务的政府，而数字政府的建设，作为一种体系性的深度改革，归根结底也是更好地提升服务水平。那么，作为新时代中国特色社会主义实践的河南数字政府建设，其具体现状如何，本部分便是以河南《河南省数字政府建设总体规划（2020—2022年）》（以下称《规划》）为样本作一个管窥。《规划》开篇指出：加快推进数字政府建设是贯彻落实习近平网络强国战略思想的重要举措，是坚持以人民为中心的发展思想的内在要求，是推进政府治理体系和治理能力现代化的重要途径。

（一）突出公共性

公共性，是政府服务与管理的鲜明特点，《规划》中数字政府建设的公共支撑部分是坚持以人民为中心鲜明的体现之一，其旗帜鲜明地突出数字政府建设的公共属性。在这一部分，《规划》提出在政务服务事项管理、身份认证、电子证照、电子印章、国土空间基础信息平台、电子档案管理、非税支付、智能客服等方面进行完善、统一的建设。

（二）提升服务性

服务性，是指政府的行为与目的，更多地在服务质量上做文章。《规划》中高效优质的政务服务体系的建设同样也是坚持以人民为中心的例证，其根本目的是提升政务服务的水平。在这一部分，《规划》提出从"升级省一体化在线政务服务平台""优化一体化政务服务模式""推进'豫事办'移动服务应用"和"线上线下服务融合"四个方面力求打造高效优质的政务服务体系，推动政务服务从政府供给导向向群众需求导向转变。

（三）推进民主性

在公共性与服务性两方面，鲜明地体现出以人民为中心的数字政府建设理念。当然，以人民为中心的数字政府建设还体现在民主性，如便利民众参与政府决策；依托政务网络和平台，及时公开信息，畅通互动渠道，让公民随时查询政府信息、反映情况、提出建议、参政议政。利用大数据应用开发工具和数据资源，通过动态搜集公众需求，准确掌握社会大众的意愿和期望，提升政府决策公

众参与度，提高政府公共政策制定和执行的精准化程度。

（四）倡导科学性

政府的管理与服务是否追求科学性，是政府是否对人民负责，是否坚持以人民为中心的试金石。《规划》中十分强调利用大数据等现有信息技术提升决策的科学性。例如，提出建立政务决策支持系统，预期通过对基础数据的整合、分析、预测、评估，开展专项数据挖掘、分析与可视化展示等大数据应用，在宏观经济、公共服务、社会治理等领域，为管理和决策者提供服务预测、监管评价、运行管理、政策管理等方面的结构性、趋势性分析，及时发现和解决潜在问题，增强政府决策的科学性、预见性和精准性。

三、建议：数据确权强化人民主体地位

"十四五"规划提出，统筹数据开发利用、隐私保护和公共安全，加快建立数据资源产权、交易流通、跨境传输和安全保护等基础制度和标准规范。政务数据作为数据资源的一种，亦需建立产权制度。同时，国家在数字政府建设方面有诸多规划，在政务数据的开放与共享、保护、开发利用三方面，亦有诸多目标，这些目标的实现与政务数据权属的界定联系密切，界定政务数据的权属具有"定分止争"的作用。简言之，政务数据的确权，宏观来说，顺应时代要求与国家规划；中观来说，推进数字政府建设，利于数字经济发展；微观来说，可解决政务数据开放与共享、保护、开发利用诸方面的基础性、原理性问题，即政务数据如不确权，其公开与共享、保护、开发利用等，在法理依据上是存在瑕疵的。而这所有的一切，其出发点与落脚点，最终可利于发展好、实现好、维护好最广大人民的根本利益，更加强化人民的主体地位。

（一）政务数据权属现状

作为一种极具经济价值的新型资源，现有的法律规定、民法理论体系都无法全面准确地界定数据的法律属性，因此有必要针对数据本身完善权利框架和相关理论研究。而政务数据的开放、共享与市场化以及保护等，都需要明确政务数据的权属。目前各地数据立法非常多，但仅有极个别地方的立法确认政务数据的权属，例如，福建的《福建省政务数据管理办法》确认政务数据资源属于国家所有，纳入国有资产管理。广东的《广东省公共数据管理办法》模糊地确认公共数据作为新型公共资源，任何单位和个人不得将其视为私有财产，其他地方立法都未提到政务数据的权属，而河南的《河南省数据条例（草案）》亦模糊地规定任何机构和个人不得将公共数据视为本机构或者个人财产。政务数据主要是政府等公共机构收集或者制作的。其实质上，也一般以原始数据的收集为基础，而这些数据主要来自人民群众，包括自然人信息、工商企业信息等，当然，政务数

据还有一部分有关政务机构自身的数据。原则上规定政务数据不是私人财产，却没有确认政务数据的权属主体，这是政务数据权属方面目前亟须探索、解决的问题，河南亦不例外。

（二）以人民为中心的确权逻辑

既然政务数据主要源于人民群众，在政府在服务人民群众的过程中产生。那么，政务数据的权属主体如若不分明，就不能强化人民的主体地位。政务数据目前一般被笼统地定义为非私人财产，但非私人财产的反方向概念未必就是公共财产，也可是无权属的资产。那么，政务数据，就会落入权属不明的实际境地，而政务机构实际上又收集、制作这些数据，最终的结果就可能是很多政务数据被雪藏在政务机构内部。因此，为发挥政务数据的实际效益，促进政务数据的开放与共享、保护与利用，应当明确地确认政务数据的权属主体，否则，政务机构与政务数据的数据的关系就纠缠不清。例如，政务机构在开放与共享数据时，其本身将搞不清自己为何要主动共享与开放这些数据，这些丢在政务部门数据库里的资料，其究竟是为何要大费周折地开放与共享，其中只有理论依据，即现代社会的民主政府需要这样做，在我国除现代社会达成共识的民主政治基本原则外，还受到为人民服务、以人民为中心的治理理念的指引。同样地，政务机构在保护这些日益海量的政务数据的时候，也是弄不清保护这些数据的原因何在，因此，在各地的地方立法中，其一般规定谁主管、谁负责，这些规定里固然有保护这些数据的责任要求，但是这一保护的责任源自上级机关的要求与规定，没有明晰最根本的问题，为什么政务机构要保护这些数据，难道原因就是这些数据是政务机构收集、制作的，在政务机构的数据库存放，所以有责任去保护吗？最重要的是，随着社会信息化的加速发展，未来政务数据会更加庞大，与此同时，开发利用这些数据的经济价值也更加凸显，甚至会催生出一系列以政务数据为原始材料的企业或产业，那么政务数据如若权属不明，此时开发利用的价值，就难以兼顾公平与效率。

这一切仅以理论为指引是不够的，仍需在理论指引下去建设，去规范化、法治化政务数据的开放与共享、保护与利用，如此才能深入地贯彻以人民为中心的发展理念。

（三）以人民为中心的确权思维

1. 类型化思维

政务数据并不是单一的内容，而是庞大的、海量的、混合的。从内容看，政务数据既包括自然人的信息，也包括社团的信息，还包括地理、气候等自然信息，同时还包括与政务部门本身有关的信息；从涉密与非涉密来看，政务数据亦可分为涉密数据与非涉密数据两种；从时效来看，政务数据亦可分为不具时效性的资料数据、当下具有时效的数据、有关未来问题的数据资料等。

全面深化改革开放,高质量建设现代化河南

由于政务数据的这些特点,故而在政务数据确权的时候,必须有一种类型化的思维,这一点也要求,政务数据的确权不能一刀切,而应该分类确权。

2. 技术性思维

在日益信息化的时代,人们的社会关系日益从现实空间拓展入虚拟空间。然而,由于信息化是一个一直在发生的过程,伴随于信息化的新事物、新观念层出不穷,再加之制度建设的滞后性,虚拟空间的秩序是比较混乱的,人们正在经历信息社会的无序化与制度建设带来的阵痛。因此,数据作为虚拟空间的物质资料,其产生首先由于技术的迭代更新,那么,其规制也首先应当以技术的手段进行。但是,技术思维并不是意味着用于规范的技术一直停留在技术层面,而是技术标准等,需要一个从技术到规则的演进。因此,一方面,要发挥技术对政务数据确权的规范作用;另一方面,要适时地将技术概念化、伦理化、抽象化为规则,最终由法律来规制政务数据。

(四) 以人民为中心的确权路径

1. 技术路径

政务数据是数字时代这一背景下的新生概念,而数字时代其实是元宇宙(Metaverse)的另一种表达,元宇宙其实直译为虚拟空间更合适。由于元宇宙数据的虚拟性,其收集与制作乃至存储与保护等,更多地依赖于信息化的技术处理。虚拟空间的规范,可能更多是一种以技术的可行性和执行力为基础的法律文本。那么,通过技术确认数据在收集与制作等过程中的来龙去脉就显得尤其重要。例如,区块链技术可以作为"确权的机器",为元宇宙提供一种成本极低的数据确权服务,应用区块链技术,可以精确地给数据单位编码,认定每一个数据区块的来源。

2. 立基于技术的法律

公共安全和个人隐私之间的冲突一直是数字治理的伦理困境。基于政务数据来源的多元性,从类型化思维出发,有必要应用现代信息技术,对政务数据的来源进行确认,并从数据的来源出发,对数据进行分类确权,以此,方能更好地坚持人民主体地位,充分发挥政务数据满足人民需求,服务社会经济发展的作用。以区块链技术的应用为例,①从隐私或涉密的角度出发,可以将政务数据编码为个人隐私数据、机构敏感数据、国家安全数据;②立基于①,可以将非隐私或非涉密的政务数据编码为个人数据、机构数据、国家数据;③对于政务数据中的个人隐私数据,可确权为个人私人财产,但是政府机构为公共利益,有对其依法进行收集、制作等权力,也即这些个人数据虽可被转化为政务数据,但是不可定义为公共资源;④机构数据属于机构所有,虽可因公共利益而被收集,而被转化为政务数据,但是其也不应被定义为公共资源;⑤国家安全数据,应当定义为全民所有，由持有数据的政府机构负责管理；⑥②中的数据应当定义为全民所有，由持有数据的政府机构负责管理。当然，这些类型化数据的概念，亦需从技术与法律两方面来综合界定。

四、结语

《中共中央、国务院关于加快建设全国统一大市场的意见》指出：加快培育数据要素市场，建立健全数据安全、权利保护、跨境传输管理、交易流通、开放共享、安全认证等基础制度和标准规范，深入开展数据资源调查，推动数据资源开发利用。在数字时代，政务数据作为一种丰富而重要的数据资源，其开放与共享、保护与利用等，都离不开其权属的认定；否则，便缺乏针对数据之行为的法理依据，便不能顺应数字经济下对于数据要素的开发利用，最终，这些来自人民群众的海量数据，便不易助力经济发展、民主科学决策，不利于强化人民的主体地位。新时代的河南数字政府建设，亟须在政务数据的确权上有所行动。

参考文献

［1］乌家培．我国政府信息化的过去、现在与未来［J］．中国信息导报，1999（9）：7.

［2］唐·泰普斯克特等．数字经济的蓝图——电子商务的勃兴［M］．大连：东北财经大学出版社，1999.

［3］王啸宇，王宏禹．DT时代的治理模式：发展中的数字政府与数据政务［J］．河北大学学报（哲学社会科学版）2018（4）：133-143.

［4］习近平．国家中长期经济社会发展战略若干重大问题［J］．求是，2020（21）：4-10.

［5］学而时习．让数字文明造福各国人民，推动构建人类命运共同体［N/OL］．求是网，2021-10-01.//http：//www.qstheory.cn/zhuanqu/2021/10/01/c_1127924876.htm.

［6］李季，王益民．数字政府蓝皮书：中国数字政府建设报告（2021）［M］．北京：社会科学文献出版社，2021.

［7］习近平．习近平谈治国理政（第一卷）［M］．北京：外文出版社，2018.

［8］习近平．习近平谈治国理政（第二卷）［M］．北京：外文出版社，2017.

［9］刘新宇．大数据时代数据权属分析及其体系构建［J］．上海大学学报（社会科学版），2019（11）：13-25.

［10］童楠楠，窦悦，刘钊因．中国特色数据要素产权制度体系构建研究［J］．电子政务，2022（2）：12-20.

［11］于佳宁，何超．元宇宙［M］．北京：中信出版集团，2021.

［12］常敏．重大突发公共卫生事件中基层数字治理的转型研究［J］．中共福建省委党校（福建行政学院）学报，2020（2）：12-19.

文化强省建设要发挥红色资源优势[*]

红色资源是中国共产党艰辛而辉煌奋斗历程的见证，是最宝贵的精神财富。中国共产党河南省第十一次代表大会提出：做大做强文旅文创产业。要发展乡村旅游、红色旅游、休闲旅游，建设一批全国重要的康养基地，并明确将发展文旅文创产业作为全省实现"两个确保"的十大战略之一。发掘红色文旅资源、发展红色文旅文创产业，是确保高质量建设现代化河南、确保高水平实现现代化河南的重要精神支撑。

一、发挥资源优势，打造研学线路

当前，河南迫切需要从红色资源中汲取前进的力量，以正能量谱写新时代中原更加出彩的绚丽篇章。首先，积极发挥红色资源优势，全力推动红色文旅文创产业高质量发展、可持续发展，全景式展示和推广河南厚重而优质的红色文旅文创产品。培育红色文旅文创产业市场主体，将红色文旅文创产业和爱国主义教育培训相结合，精心打造具有河南特色的红色教育培训基地和旅游目的地。重点推动全省大中小学的社会实践活动与红色文旅文创产业相结合，依托红色文旅文创资源组织参观活动、研学旅行，开展爱国主义和革命传统教育，推动青少年社会主义核心价值观的培育与践行。其次，以发展全域旅游为方向，以红色文化为纽带全面推进"文化+"发展战略，使红色资源与文旅文创产业、研学考察有机结合。不断完善红色旅游景区基础设施，着力打造大别山、太行山、伏牛山、黄河魂等红色文化主题研学游线路，推动全省红色文旅文创产品特色化、品牌化、差异化发展。最后，根据文旅资源的景区分布特点，突出打造红色文旅文创精品线路，形成"红色文旅+"生态观光、文化体验、户外运动、研学实践、康乐养生、乡村旅游等复合型旅游产品，推动红色文旅产业活起来。着力构建"红色+绿色+特色"文旅文创产业新亮点，开发红色教育、民俗体验、生态休闲、军事

---

[*] 作者：李娟，河南省社会科学院中原文化研究杂志社副社长、研究员。

拓展等为组合的文旅文创产品系列,打造体验型、沉浸式红色文旅小镇和特色乡村。

二、推动区域融合,拓展产业链条

当前,河南正着力构建"一核一廊五支六区"的黄河文化保护传承弘扬空间格局。首先,提炼黄河文化中最具河南特色的红色文化标识,展示具有当代价值、世界意义的文化精髓,充分激发红色文化的影响力与创造力。积极协调沿黄省份共同推动黄河文化中红色资源的跨区域整合,实现优势资源共享、统筹机制共建、企业主体共铸、市场产品共创的红色文旅文创产业发展联盟。优化黄河文化中红色资源配置,构建产业开发链条与文化生态圈,加强沿黄省份合作,对革命文物进行深入梳理研究发掘,整理黄河文化中的红色文化基因谱系,对红色文旅研学游路线进行整体性跨区域开发。其次,坚持"以快进慢游深体验"为主导,加强省际文化、高校、科研院所、文博、党史、民政、旅游等部门的协调力度,建设区域红色文旅文创融合发展平台,形成资源互补、融合发展。以发展旅游环线建设为牵引,整合串联优质资源,培育相邻省、市文旅文创产业市场,不断拓展以红色文旅文创为主营业务的旅游、餐饮、住宿、工艺等产业链条,强化红色文旅文创产品沉浸式体验消费。最后,举办全国高端红色文旅文创产业发展的培训、论坛与研讨会,不断加大对红色文旅文创产品的营销推介宣传力度。积极依托高铁沿线、经济区等周边红色文旅文创客源市场,共同打造红色文旅文创产业胜地,提升从业人员的服务水平,提高产业的服务质量。

三、扶持骨干企业,开发新兴业态

以开发红色资源为主的文旅文创产业,需要从吃、住、行、游、购、娱等维度满足受众需求,加深消费者对红色文化的体验。首先,积极扶持从事红色资源开发的文旅文创骨干企业快速成长,打造知名文旅文创品牌。设立投融资服务平台,采取普惠金融政策及其他扶持政策,减轻企业负担与压力,对困难文旅文创企业给予延期申报、减免税收等优惠。优化政务服务,设立项目审批绿色通道,简化审批流程,压缩审批时限,加强对文旅文创企业的智慧政务服务。其次,坚持以文塑旅、以旅彰文,大力推动资源聚合、空间整合、项目结合、产品融合、企业联合。成立文旅文创IP研发中心,依托创客空间盘活文化创意产业园区的空间、丰富园区的业态、增强园区的互动体验,促进园区的项目与企业孵化,推动从事红色资源开发的文旅文创产业融合发展。最后,拓宽文旅文创企业开发红色资源渠道,发展"文化创意+旅游""文化创意+体育""文化创意+制造业"等新兴文化产业业态。推动文旅文创企业向信息服务、内容创作生产、创意设计

全面深化改革开放,高质量建设现代化河南

服务、文化传播渠道、文化投资运营、文化娱乐休闲服务、文化装备生产、文化消费终端生产等领域拓展,使红色资源与高端文旅文创产业发展深度融合。助力文旅文创企业进军新兴文化业态,推动传统型文旅文创企业向数字网络、在线旅游、电商制作、游戏娱乐、远程教育等新兴业态领域拓展。

四、加强科技创新,培育创意品牌

如今以人工智能为代表的高新智能科技发展日新月异,文旅文创产业的发展已经越来越离不开高新科技的力量。首先,推动红色资源与文旅文创产业深度融合,打造有地域特色的文旅文创产业品牌。推动融入红色文化主题的公共文化、文创产业、文博事业、文旅融合等,借助文化创意、数字娱乐、动漫游戏、电子竞技等新业态,培育、开发形态各异的文旅文创品牌,文旅文创产品和服务做到新技术、新创意、新艺术的统一。其次,引入国际级、国家级的文旅文创研究院、实验室、工业设计中心及各类文旅文创人才,推动红色文化题材文旅文创品的研发。加强生产红色文化主题的数字文创产品,以"人工智能+"赋能文旅文创产业发展,增强影视、动漫、网游等文创产品的开发。积极探索利用虚拟现实技术、空间造景等还原场景,复原场景打造沉浸式体验空间。最后,建设以红色文化与其他文化相互融合的文创产业园,提炼河南特有的红色文化及中原文化、黄河文化符号,借助物联网、大数据及 AR、VR、AI 等科技,使红色文化主题跃升为创新、规模、集约、科技的文创新经济产业,进而培育创意产业品牌。针对河南特有的传统文化、红色文化、当代文化元素,进行萃取凝练并使之融入数字文创产品生产,包括3D扫描打印、游戏动漫、表情包、插画、动态壁纸等,优化消费者的真实感受体验,提高创意品牌的接受度与美誉度。

五、助推乡村振兴战略,构建文旅新格局

红色文化是中华民族的宝贵精神财富,对于传承弘扬中华文化和中国精神起着十分重要的作用。作为农业大省的河南,在广袤的乡村土地上拥有丰富的红色资源。保护开发利用红色资源,对于推动乡村振兴战略具有重要作用。首先,红色资源是乡村独特的优势资源,积极发掘富有红色资源禀赋的乡村地区,修缮抢救革命烈士遗址、革命烈士旧居、革命烈士遗物等实物资源,建设革命烈士陵园、纪念馆、红色廉政教育基地,讲好红色故事,使其有效融入乡村红色文旅文创产业发展。打造乡村红色文旅文创产业的示范样板,形成具有持续生命力的乡村红色文旅文创产业链,促进红色资源转化为推动乡村振兴战略的内生性动力。其次,整合乡村红色资源、生态资源、传统文化资源,理清红色文旅文创产业与乡村自然生态、乡村民俗文化、乡村康养产业之间的关系,探索"红色+民俗"

"红色+生态""红色+旅游"等特色化、多元化的乡村振兴模式。着力打造乡村红色文旅文创产业新亮点,推动乡村红色旅游体验、红色文创产品销售、红色休闲产业融合发展,为乡村实现全面振兴赋能。最后,充分利用现代网络媒介,对乡村红色文旅文创产业进行营销宣传,提升红色文旅文创品牌的影响力。建立完善的激励考评机制,适时组织乡村红色文旅文创融合发展评比,遴选一批文旅文创产业发展较好的名县、名镇、名村、名品,给予资源倾斜和奖励补助,增强乡村文旅文创产业发展的活力。借助传统媒体与新媒体、新技术手段,利用"B站"、抖音、快手、微博等平台,对乡村红色文旅文创精品传播宣传,构建全省文旅文创产业发展新格局,为实现文化强省建设赋能、助力。

参考文献

[1] 杜改仙. 红色旅游资源开发文化传承及其育人研究 [M]. 北京: 九州出版社, 2021.

[2] 刘红梅. 红色旅游与红色文化传承研究 [M]. 北京: 人民出版社, 2017.

[3] 周锦涛. 红色文化建设的路径探索——以红色旅游资源为考察中心 [M]. 湘潭: 湘潭大学出版社, 2015.

[4] 刘中刚. 对红色主题陈列展览筹建管理的反思——以中国人民革命军事博物馆为例 [J]. 中国博物馆, 2020 (1): 72-74.

[5] 陈世润, 李根寿. 论红色文化教育的社会价值 [J]. 思想政治教育研究, 2009 (4): 15-17.

[6] 吴江, 曹喆, 陈佩等. 元宇宙视域下的用户信息行为: 框架与展望 [J]. 信息资源管理学报, 2022 (1): 4-20.

明确河南文化定位　推进河南文化高质量发展[*]

河南省第十一次党代会提出了确保高质量建设现代化河南、确保高水平实现现代化河南的宏伟目标,标志着现代化河南建设进入了快车道。现代化河南建设是全方位的建设,文化高质量发展自然是题中应有之义。河南是中华文明的重要发祥地,传统文化积淀深厚,如何把文化资源优势转化为文化发展优势是我们要思考和解决的重要问题。目前,对河南传统文化研究的广度已十分充分,而研究的深度和理论提升则明显不足,现在是研究的再出发阶段,需要明确下一步努力的方向,也就是要明确河南文化的定位。

一、河南文化在中国文化中的地位

河南地域文化经过学界多年的持续研究已经取得了丰硕的成果。对河南传统文化的研究大致分为以下一些视角,考古学视角比如仰韶文化、二里头文化、殷墟文化;史学研究比如河南通史、断代史、专门史;区域文化视角比如中原文化、河洛文化;大河名山研究比如黄河文化、淮河文化、济水文化、嵩山文化;上古帝王研究比如炎黄文化、颛顼、帝喾、大禹文化;姓氏寻根文化研究;城市研究比如洛阳学、开封学;等等。通过这些多角度的研究,河南文化是华夏文明的根、干、魂,具有开放性、先进性、正统性、连续性等特点,是大家比较认同的观点。

现在的问题在于,河南文化研究比较散漫,缺乏有效整合。面上的研究达到一定程度后,继续深入研究的动力不足,出现了低水平重复的现象,对河南文化研究进行理论提升成为亟待解决的问题。我们必须回答这样一个问题,河南与中国是什么关系,河南文化在中国文化版图中占什么地位。也就是说一定要跳出河南研究河南,在一个更广阔的视野下研究河南,才能搞清楚河南文化的本质特征

---

[*] 作者:杨世利,河南省社会科学院历史与考古研究所副研究员。

是什么，河南文化的独特地位有多重要。

要把什么是中国、什么是华夏，即华夏文明、中华文明的内涵搞清楚，然后从华夏文明的内涵探讨河南文化的本质和特征。中国与世界上其他国家的不同点在于，中国是文明型国家。所谓文明型国家是指中国不是单一民族、单一文化的国家，而是由多民族、多元文化组成的统一国家。世界上也存在其他多民族组成的国家，但这些国家的多元民族、多元文化之间往往互不认同，民族问题、种族问题是难以解决的顽瘴痼疾。而中国的众多民族不仅有各自的民族文化认同，同时还有共同的中华文明的认同，共同的文明认同构成了统一多民族国家的文化基础。中国自公元前21世纪的夏朝形成统一的多民族国家以来，华夏文明从未中断，其间虽有国家分裂割据的情况存在，但国家统一、民族团结始终是主流，各族人民都认同国家统一，国家认同与中华文明认同是高度统一的。

中国即华夏文明是"多元一体的复合制国家结构"，夏朝是中国文明型国家的开始。中国文明起源开始于公元前3500年，但直到公元前2000年的夏朝才形成多元一体的国家结构。夏朝开始有了一个核心政权即夏王国，开始形成一个核心民族即华夏族，逐步形成统一的文化认同即华夏文明。夏王国下辖很多附属王国、附属民族，众多的王国和民族像众星捧月一样环绕在中央王国夏王国周围，夏王国和周围众多小王国共同构成了复合制国家夏王朝，多元一体的夏王朝又称"天下"。中华文明有5000多年历史，但成熟地形成统一多民族国家的文明史只有4000多年。

夏王朝的核心、中心在河洛地区，洛阳是夏的王都所在，"自洛汭延于伊汭，居邑无固，其有夏之居"。所以，夏都洛邑被称为中国，国是国都的意思。后来，居于中原的夏政权被称为中国，"夏，中国之人也"。再到后来，历代中原王朝都被称为中国。近代以来，我们这个统一的多民族国家被称为中国。所以，中国的原始含义是华夏文明、中华文明的核心，是政治核心、民族核心也是文化核心，用文明的核心作为这个文明的名称。

河洛地区是中原的核心，河洛地区是"天下之中"，是最早的中国所在地，河洛地区是中国的核心、中国的根。河洛文化、中原文化包含了中华文明的基因，研究河洛文化、中原文化就是研究中华文化起源、成长、发展的过程。从这个意义上可以说，河洛学、中原学就是中国学。

二、河洛文化的本质是中华文化

河洛文化、中原文化的本质属性是中华文化，这个结论是从中华文明产生过程中得出的。公元前3500年前后，中华大地上的原始聚落中开始出现贫富分化，标志着中华先民开始从原始文化迈入文明的门槛。此时的中华文明恰如满天星

全面深化改革开放，高质量建设现代化河南

斗，遍布各地，呈星火燎原之势。不过此时的中华文明尚处于散漫的起源阶段，还没能形成一个核心，也没有形成国家。公元前3000年至公元前2500年，中原地区的仰韶文化开始衰落，在中原周边形成了一些高度发达的地方文明，比如红山文化、大汶口文化、良渚文化、屈家岭—石家河文化以及西北的仰韶文化晚期—庙底沟二期文化。这些地方文明兴起后，开始向中原地区扩展，对中原地区施加影响。公元前2500年以后，文明发展格局发生逆转，周边的地方文明纷纷衰落，中原龙山文化在广泛吸收周边文明的基础上强势崛起，并且一发而不可收，直至迈入国家的门槛，建立了复合型广域王朝国家——夏朝。

中原文化能够发展为中华文明的中心，在于它有优越的地理位置，"中原区在新石器时代乃至铜石并用时代的文化发展水平虽不见得比周围地区高出多少，但因为地理上处于中心的位置，能够博采周围各区的文化成就而加以融合发展，故自夏以后就越来越成为文明发展的中心，华夏文明就是从这里发生，以后又扩展到更大范围的"。"所谓中原，是天下居中、八方辐辏之地。在史前文明的丛体里，它是物流、情报、信息网络的中心。这个地理位置方便当地人广泛吸收各地文化的成败经验，体会出同异族打交道的策略心得，终至后来居上"，"中原文化的强大主要依赖于政治、经验的成熟，而并不是因为它在经济实力上占有多么大的优势"，"中原兼收并蓄各方好的东西，为我所用，它有包容、同化和改造一切外来因素的大度心理，也因此得到其外围群体的认同。所以，中原的影响力和凝聚力与日俱增，辐射四方，这在人们的思想乃至心理等方面留下深刻烙印，也决定了中国历史上政治、军事、外交等一系列重大行为的基本方策"。中原文明之所以成为中原文明，首先在于其天下之中的地理位置，其本质属性就隐藏在它产生的过程中。

中华文明的起源是多中心还是单一中心，这个问题在学界有争议。开始普遍认为中华文明起源于中原，这是单一中心论。后来随着考古发掘研究成果的增加，又出现了中华文明起源多中心说，即所谓"满天星斗"说。如何看待这两种观点的关系，需要理论上的发展，即正确认识文明的起源。文明起源、发展、成熟必然有一个过程，而不可能没有萌芽就突然产生一个成熟的文明。满天星斗说其实是在探讨文明的萌芽——地方文明的兴起，中华文明在刚产生萌芽的时候确实是多地同时产生，而不是由中原地区萌芽，然后传播到全国各地。中华文明在多地萌芽的时候其实是没有中心的，自由散漫、缺乏凝聚力的，这个时期中华文明还没有真正形成。各地的文明萌芽汇聚、融合于中原，产生了一个强大的中原文明，复合型国家夏朝建立，中华文明才正式诞生。所以，中华文明起源经历了一个由多元地方文明并立到多元一体复合文明产生的发展过程。夏朝建立，标志着中华文明正式登上历史舞台。可以说中华文明起源是多中心的，但多中心必须融合于中原文明才修成正果；也可以说中华文明起源是单中心，但中原文明这个中心本身就是吸收地方文明成果才成为中心的。中华文明多元一体的格局形成于夏朝，夏朝才是中华文明真正的起点。中华文明5000多年的历史中有3000多年在黄河流域，夏朝以前还有1000多年的文明史，其中心并不在黄河流域，因为那1000多年的文明史本身就没有中心。夏朝以前的文明史中，中原只是地理意义上的中心，而不是文明意义上的中心。所以说黄河流域的中原文明在中华文明刚诞生的时候就处于中心位置。

中原文明本身就是多元地方文明交流、融合的产物，开放、包容是中原文明的本色和底色，是与生俱来的基因，可以说中原就是开放包容、兼收并蓄的代名词。中华文明多元一体，多元指的就是中原文明包容地方文明，一体就是中华文明有中原文明这个核心。没有核心的文明是松散、分裂、缺乏凝聚力的，从而也是不能持久的文明。有了中原这个核心，地方文明就有了主心骨，四面八方都向中央凝聚，中华文明产生了强大的力量。礼乐文明是中原文明的核心内容，以德治国、天下为公、协和万邦等治国理念产生于三代，华夏民族形成于三代，多元一体的大一统思想形成于三代。春秋时期，礼崩乐坏，以西周为代表的三代文明衰落下去。这本质上是生产力发展的结果。铁制农具使用，耕地面积扩大，人口增加，精耕细作农业模式产生，最终突破了分封制和宗法制的制度框架。周朝王权衰落，各诸侯国纷纷变法图强，展开兼并战争，最后由秦统一全国，华夏文明进入最为强盛的汉唐时期。

中国是拥有广袤地域、多样文化的文明型国家。世界上拥有多样文化的国家并不是只有中国，但拥有多样文化同时又形成共同的文化认同，多样文化能够和谐共存、共同提高的则只有中国能够做到。中国之所以能够做到这一点，是因为中国在公元前2000年就形成了一个坚强的政治核心、文化核心，那就是建都于河洛地区、中原大地的夏朝。河洛地区是当时的文化高地，中华文明就是以河洛地区为中心凝聚起来、发展壮大的，最后成为拥有5000多年悠久历史并且从未中断的超大型文明体。河洛文化、中原文化不是一般的地域文化，河洛文化就是中国文化，中国文化就是从河洛地区那样一个小地方逐步发展壮大为一个超大文明体的。河洛文化之所以能够成为核心，是因为它居"天下之中"，吸收了四面八方的文化精华，代表了当时文化的最高成就。

三、在推动中华文化复兴中实现河南文化高质量发展

河洛文化的本质是中华文化，传承、弘扬河洛文化一定要跳出河南，站在中华文化复兴的高度上进行创造性转化、创新性发展。中华民族的伟大复兴不能缺少河南，中华文化的复兴需要河洛文化、中原文化的复兴作支撑。河南文化界要

全面深化改革开放，高质量建设现代化河南

志存高远，不能片面强调河南特色，要紧盯中华民族伟大复兴目标，为中华文化复兴做贡献，为构建人类命运共同体做贡献，要打造河南文化发展的中国品牌、世界品牌。河南文化要实现高质量发展，未来河南应该成为中国的学术中心、文化中心、思想创新中心，河南的文化高度应该是中国的文化高度，这是由河南深厚的文化积淀决定的，是由河洛文化、中原文化的核心地位所决定的。

河南文化高质量发展是干出来的。河南深厚的文化积淀是老祖宗创造出来的，我们不能躺在祖宗的功劳簿上吃老本，不能目光短浅搞内耗，我们要实现优秀传统文化的创造性转化和创新性发展。实现文化强省目标，需要全省的文化工作者团结起来开拓创新，向创新要效益，向发展要效益。文化发展是一砖一瓦积累起来的，要有精品意识，要有工匠精神，要久久为功，不能急功近利。

河南文化高质量发展要坚持全面深化改革开放。历史上河洛文化、中原文化之所以能够长期居于全国领先地位，是因为中原大地居天下之中，区位优势明显，能够吸收周边地域文化的优点，集全国文化之长而成其大。改革开放以来，沿海地区文化发展走在了全国前列，是因为沿海地区得风气之先，在吸收国外优秀文明成果方面走在了前面。河南一定要有危机感、紧迫感，抓住全面深化改革开放的机遇，深度融入"一带一路"，向先进地区学习，向国外先进文化学习，为创新发展提供不竭动力。

河南文化高质量发展要坚持以人民为中心的导向。文化发展不能脱离实践、脱离社会，时代发展的脉搏，人民群众的需要，始终是文化发展的源头活水。文化发展要解决时代问题，为现实服务，文化发展要接地气，要丰富人民的精神生活，提高人民的文化自信，要弘扬社会主义核心价值观，要提高社会文明程度。

河南文化高质量发展要坚持马克思主义的指导地位。"双百方针"与"二为方向"是统一的，文化发展要丰富多彩、要多样化，但指导思想不能搞多元化。坚持马克思主义在意识形态领域的指导地位，是实现国家文化安全的根本保障。坚持马克思主义的指导地位是中国特色哲学社会科学的根本特征。坚持马克思主义的指导地位，是文学艺术为人民群众服务的根本保证。

河南文化高质量发展要建立在经济、科技高质量发展的基础之上。现代化河南建设是全方位的建设，文化属于上层建筑，文化高质量发展要建立在经济高质量发展之上。无论是文旅融合发展，还是文化产业的发展繁荣，都需要强大的经济、科技实力做后盾，所以要统筹兼顾各方面的发展。

总之，实现河南文化的高质量发展，关键在于明确河南文化定位，要站在中华文化复兴的高度上传承弘扬河洛文化、中原文化，中原文化的复兴同时也是中华文化的复兴。

参考文献

[1] 王震中. 从华夏民族形成于中原论"何以中国"[J]. 信阳师范学院学报, 2018(2): 1-5.

[2] 黄怀信. 逸周书校补注译[M]. 西安: 西北大学出版社, 1995.

[3] 许慎. 说文解字[M]. 北京: 中华书局, 1985.

[4] 严文明. 中国文明起源的探索[J]. 中原文物, 1996(1): 10-16.

[5] 赵辉. 以中原为中心的历史趋势的形成[J]. 文物, 2000(1): 41-47.

河南省国家文化公园建设与城镇发展[*]

城镇是人的聚集地，也是历史发展到一定阶段的产物。国家文化公园建设过程中要充分发挥城镇的重要支撑作用，既要在生态环境的整治中不断改善和提升城镇风貌，还要在充分挖掘、传承、弘扬地域文脉和推进文旅融合中进一步突出城镇神韵和特色，以此夯实文化强省的基石。

一、从生态环境的整治中美化城镇风貌

国家文化公园是践行生态文明思想的一个积极举措。四个国家文化公园均呈带状分布，它们既包含自然生态系统，又覆盖重要文化遗产，"要坚持绿水青山就是金山银山的理念，坚持生态优先、绿色发展"，而城镇又是其中的重要支点。其中，黄河、大运河两个国家文化公园涉及水体保护、河岸管护问题，长城、长征两个国家文化公园则涉及文化遗产周边生态环境问题，需要着重提升生态环境质量。也就是说，生态环境整治是国家文化公园建设的题中之义，同时也是改善城镇风貌的重要一环。

强化国家文化公园沿线生态环境的保护与修复，保护沿线河流、山体、林带、植被、湖泊、滩涂、湿地等特色生态区域，做好生态修复工程，加大生态系统涵养保护的力度，构筑城镇发展的生态屏障，筹划绿色风景带，建设宜居城镇。如三门峡在黄河国家文化公园建设中，积极推进"百千万"生态环境工程，城镇面貌焕然一新，每年都有近万只越冬天鹅栖息于此。强化"多规合一"的生态环境法律支撑，制定落实生态保护红线、空气环境质量底线、资源利用上线和环境准入负面清单等技术规范；深入推进垃圾分类和循环利用，治理黑臭水体，建设干净、整洁、卫生的城镇风貌；继续推行"清四乱"河长制措施，根治"四乱"现象，对洛河、卫河、淇河、洹河、漳河、沁河、索须河、贾鲁河、大沙河、共产主义渠等进行综合治理。

---

[*] 作者：师永伟，河南省社会科学院历史与考古研究所助理研究员。

延续城镇传统文化生态，利用传统空间格局，保护与特色生态紧密相关的整体空间格局及其所处的自然环境，禁止破坏传统格局、特色风貌以及自然和田园景观等整体空间形态与环境，尤其禁止大拆大建，维持地域环境特色，在城镇发展中追求文化与景观间的协调之美、整体之美，在道口镇、朱仙镇、神垕镇、竹沟镇、元村镇等特色城镇中尤应如此。在编制国家文化公园建设保护规划、实施方案及专项规划以及国土空间规划阶段即作出顶层设计，特别是对国家文化公园的核心监控区国土空间安排上，注重区分文化遗产保护区、生态保护区、城镇发展区等，进行差异化管理。

大力发展特色生态产业，推动城镇的绿色可持续发展，以新发展理念为指导，强化新技术应用赋能传统工商业的水平和能力，发展污染小、价值高、产业链长的现代高端产业，实施大运河、黄河绿色生态保护工程，发展生态效益和社会效益突出的项目，以良好的生态环境助力文旅融合发展。在城乡结合区域发展都市休闲农业和生态观光农业，建设现代生态农业观光园区。城镇建设与发展的主色调要与自然环境相协调，确保城市建设"自然、秀美、素雅、精致、耐久"，培育城市鲜明的生态文化。

大力建设生态廊道，综合提升城镇发展的生态指数，其中黄河生态廊道具有极其重要的引领示范作用。黄河生态廊道是黄河国家文化公园建设的重要组成部分，以沿黄地市为基本构成，总体布局是"一廊三段七带多节点"，在"十三五"时期试点示范段基本建成的基础上，继续加快廊道建设，全面实现沿线生态保护和城镇高质量发展的目标。此外，在大运河、长城、长征国家文化公园建设中合理布局生态廊道建设，围绕隋唐大运河、太行山、大别山、伏牛山、桐柏山等集中建设，为沿线的都市圈、城镇建设打下根基。

二、从历史文脉的传承中彰显城镇灵魂

历史文脉是在长期的历史发展过程中积淀而成的人们对自然、生命、文化的认知和感受，在现实生活中，其主要的载体就是各式各样的建筑/建筑群以及人们的生活方式。人们对历史文脉的理解与研究是逐渐加深的，首先是通过研究单个建筑/建筑群，其次扩展至其他景观，最后延伸到对整个城市、乡镇空间环境特征的理解，它不仅包含了人、建筑、景观及环境中的其他诸种要素等显性形态，也同时体现着城市经济、文化、宗教及社会风俗等隐性形态。国家文化公园建设就是要充分挖掘各地的历史文脉，在传承中彰显城镇灵魂，提升城镇发展的续航能力。

河南兼具长城、大运河、长征、黄河四个国家文化公园建设任务，在空间上囊括了全省18个地市，这也就是说：一方面需要从总体上准确定位每个地市的

文脉特色，另一方面需要从微观上分析承担国家文化公园建设任务的城镇的文脉特色。前者可以概括为：郑州是商朝古都、山河祖国；开封是一城宋韵、东京梦华；洛阳是华夏之源、丝路起点；平顶山是鹰城古风、汝窑为魁；安阳是人祖二帝、文字之根；鹤壁是山水互彰、诗经华章；新乡是共工故里、牧野之乡；焦作是山水名城、太极之源；濮阳是中华龙乡、杂技名城；许昌是曹魏文化、钧瓷流长；漯河是字圣故里、食品名城；三门峡是考古圣地、天鹅之城；南阳是汉楚神韵、东汉帝乡；商丘是三商之源、华商之都；信阳是豫楚之风、唐人故里；周口是三皇故都、道家之觞；驻马店是天地之中、非遗之乡；济源是一山一水、愚公精神。后者的文脉特色较为鲜明，如登封市的天地之中历史建筑群、少林文化，新郑市的黄帝文化，浚县的运河文化，淮阳区的伏羲文化、姓氏文化，固始县的根亲文化，新县的红色文化，叶县的长城文化，罗山县的长征出发地，神垕镇的陶瓷文化等。

历史文脉传承中要注重两个方面：一是文化遗产的整体性保护与展示，以黄河轴带为线，擘画出区域整体文化遗产块状连片开发布局的新格局，划定核心区以及东、南、西、北四周的延展区，并确定主题文化保护展示利用区；以河南特色文化遗产为基础，整合古代文明探源文化遗产、古代都城文化遗产、人文始祖文化遗产、姓氏根亲文化遗产、古代名人文化遗产、思想宗教文化遗产、非物质文化遗产等，共同构建统一的线性有机发展整体，从而提升河南文化遗产的标识作用。二是文化精髓的阐释与传承，长城国家文化公园建设中的重点是长城精神、民族精神，大运河国家文化公园建设中的重点是大运河时代精神，长征国家文化公园建设中的重点是长征精神，黄河国家文化公园建设中的重点是黄河精神、黄河文化特质，同时也要对焦裕禄精神、红旗渠精神、愚公移山精神、大别山精神、新乡先进群体精神、南水北调精神、二七精神等开展全方位、多维度的诠释与宣传，使其"飞入寻常百姓家"，嵌入城镇建设之中。

三、从特色文化的弘扬中构建城镇个性

历史文脉是城镇文化的综合反映，同时也是体现城镇特色的基础，从而更好地提升城市的细节品位、个性与色彩。按照"一镇一景、一镇一色、一镇一韵"的总体要求，将历史文脉与现代生活相融合，积极打造特色小镇（城），如建业电影小镇、叶县楚文化特色小镇、陵头镇、荥阳古城、商丘古城、卫辉古城、浚县古城等，实行定位差异化和错位发展，实现和而不同、"独一无二"的文化体验，充分展示地域文脉和城镇神韵，坚决避免过度商业化，做到在城镇中既留得住乡愁，又品得到诗和远方。

以特色文化为基础，在城镇更新中突出个性和内涵，大致要做到以下几点：

其一，保护是基础，在资源调查和保护的基础上，确定不同种类的历史文脉在城市建设中的科学定位；其二，规划定位是前提，根据厚重的历史文化底蕴，提炼出城镇发展明晰且准确的文化品牌，做到"一段一色"；其三，文化设施建设是关键，这包括公共文化设施、大型文化广场、文化地标建筑等，重点对建筑设计、道路命名等与人民息息相关的地方进行重塑；其四，个性彰显是方向，使城镇文化在城镇规划和建设中上升为发展战略，形成结构合理、功能完善、环境良好、发展有序的空间结构形态；其五，精神培育是动力，主要侧重于城镇文化精神的培育，如济源的"愚公"精神，林州的"红旗渠"精神，兰考的"焦裕禄"精神等；其六，市民素质提高是目标，提炼地域文化的道德精神和行为规范，全面提升市民道德素质和觉悟；其七，文化品牌打造是重点，培育反映城市地域文脉、具有鲜明城市特色的文化栏目、节目以及文化产业，建设一批地域文脉地标建筑，推出一批具有全国乃至世界影响力综合实景演艺产品，《武林风》《梨园春》《华豫之门》、新郑黄帝故里拜祖大典、少林功夫、太极拳、二七塔、"大玉米"等都已成为河南的文化代表；其八，文化旅游发展是途径，不断扩大城镇的辐射半径和文化吸引力范围，提升文化旅游水平，更好地促进城镇高质量发展。

此外，还要重视以下三个方面：一是历史街区的建设，它是城镇文化特色的集中体现，也是国家文化公园的重要构成。以河南第一批省级历史文化街区（2018年）和第二批省级历史文化街区（2021年）为基础，在国家文化公园建设范围内依托历史文化遗址遗迹、自然风光、园林、文化产业园、创意文化园等的融合体，修缮、改造、复原、新建一批历史文化街区，如郑州三厂特色历史文化街区、南阳老城历史文化街区、运河历史文化街区、黄河非遗历史文化街区等。二是名人遗存和特色小镇的保护、建设、提升，它是城镇文化特色的重要支撑点，主要是名人故居、旧居、传说、展览馆（陈列馆）等，郑州列子文化以及各地建设的纪念馆等。三是具有中原特色的博物馆体系建设，它是弘扬城镇文化的主要窗口，新建中国黄河博物馆、黄河流域非遗展示中心、河南考古博物院、隋唐大运河文化博物馆、大河村考古遗址公园、殷墟遗址博物馆、河南农耕文化展览馆、嘉应观治黄博物馆、客家之源纪念馆、国家文化公园数字科技艺术馆等，打造洛阳"东方博物馆之都"，争取在"十四五"末期，全省博物馆数量在500座以上，全面支撑国家文化公园建设和文化强省建设。

四、从文旅融合中促进城镇发展

着眼河南文化特色，擦亮国际文化品牌。以国家文化公园为统领，整合利用黄河文化、功夫文化、太极拳、汉字文化、古都文化、戏曲文化、根亲文化等河南独树一帜的文化符号，举办"世界大河文明论坛"，实现中国文明与世界文明共振。继续提升《梨园春》《武林风》《华豫之门》《成语英雄》《汉字英雄》等文化项目的国际影响力,并不断开发新的国际性文化品牌,如《太极拳》等。持续提升"老家河南"品牌感召力,以黄帝故里拜祖大典、中原(固始)根亲文化节、世界客属恳亲大会等为重点,擦亮全球华人寻根拜祖圣地的文化名片,打造亿万华夏儿女共同的心灵故乡。以夏文化研究为龙头,植根华夏文明重要发源地沃土,向世界展示中华文化的博大精深。

强化活动带动,构建国际文化交流平台。扩大郑州、洛阳、开封、焦作等城市的文化影响力,推动国际文化旅游名城建设,强化国际文化交流辐射源的作用。以国际性的文化展会、赛事、论坛等为契机,积极推介河南文化,提高洛阳牡丹文化节、开封清明文化节、嵩山论坛、商丘国际华商节等活动的吸引力,同时支持中原文化走出去,以"一带一路"沿线国家为重点,利用"四条丝绸之路",举办具有厚度、深度、高度和温度的中原文化海外行系列活动,拓宽中原文化的海外传播渠道。

注重利用现代科技,创新传播渠道。利用现代科学技术和传播手段,激活传统文化要素,更新表达方式,让"古"的"今"起来,助推中华文化走出去。河南利用自身的文化优势和3D、VR等技术,在春节、元宵、清明、端午、七夕等传统节日之际,创作出系列高质量节目,实现了从"破圈"到"出圈",再到"炸圈"的飞跃。这些优秀节目通过YouTube等网络公共平台传播至海外,得到了联合国教科文组织转发,中国外交部发言人推介以及中央媒体、海外媒体的关注,传播能级得到不断放大,将中国优秀文化推向世界,提高了世界认知度,引领世界舆论。

深耕文旅融合,打造国际性的黄金旅游带。以长城、大运河、长征、黄河沿线的重量级文化遗产为支撑,建设文化旅游带;重点规划三门峡仰韶—洛阳"五都荟洛"—郑州大嵩山—开封北宋东京城—安阳殷墟世界级大遗址公园走廊,以及隋唐洛阳城、北宋东京城、洛邑古城等展示园和展示点,注重放大郑、汴、洛"三座城·三百里·三千年"的文化旅游品牌效应,创建黄河国家文化公园的主地标;以河南省公布的《"十四五"时期文化保护传承利用工程项目储备表》中的"国家文化公园"为基点,加快建设进度,建成一批国家文化公园项目,把河南境内的四个国家文化公园建设成为国际旅游重要目的地和展示国家良好形象的窗口,以此提升中华文化的世界辨识度。

文旅融合发展是实现和推进文化交流的重要途径。在国家文化公园内,要着力打造一批具有标志性、影响力、吸引力的文旅项目和旅游名城,积极开发和融入黄金旅游线路,如文旅部发布的以中华文明探源之旅、黄河寻根问祖之旅等为内容的10条黄河主题国家级旅游线路,"重走长征路"国家红色旅游精品线路等，坚持以品质取胜，做到文化上独特、服务上周到、设施上齐全，使游客流连忘返。与此同时，大力发展乡村游、研学游等形式，形成全域全时游的生动局面，提升文旅融合质量。

参考文献

［1］习近平．在黄河流域生态保护和高质量发展座谈会上的讲话［J］．求是，2019（20）：4-11．

［2］张新斌．推进黄河文化遗产系统保护和整体利用［N］．河南日报，2020-11-27．

［3］在传承创新中弘扬优秀传统文化——对河南广电系列节目频频"出圈"的观察与思考［N］．光明日报，2021-08-16．

［4］高质量建设黄河文化旅游带［N］．河南日报，2021-05-29．

国家考古遗址公园与河南文旅
品牌建设研究[*]

自2009年文化部与国家旅游局联合出台的《文化部、国家旅游局关于促进文化与旅游结合发展的指导意见》以来，我国的文化旅游事业也经历了巨大的发展。以2019年为例，全年国内旅游人数60.06亿人次，比上年增长8.4%，全国文化和旅游事业费1065.02亿元，比上年增加136.7亿元，增长14.7%；全国人均文化和旅游事业费76.07元，比上年增加9.54元，增长14.3%，取得了令人瞩目的成绩。为进一步深入贯彻落实中央提出的"推动文化产业与旅游等产业融合发展"的要求，促进各地文化旅游产业蓬勃发展，集中展示不同区域的自然之美和人文之美，满足人民日益增长的美好精神文化生活需求，需要我们将区域文旅品牌的建设作为文旅融合协调发展的重中之重。作为见证了我国古代文明起源发展的重要物证，大遗址不仅蕴含着巨大的历史文化价值，并且在发挥游玩休憩、教育展示等功能方面，具有推进文旅融合的典型引领示范意义，同时亦是提升国家形象和树立文化自信的坚实基础，是当之无愧的国家品牌。因此，在区域文旅品牌的建设过程中，亦应充分认识到以国家考古遗址公园为代表的古代大型遗址对于该地区文旅品牌塑造的重要性。河南地处中原大地，拥有着深厚的历史底蕴和丰富的文化资源，是整个中部乃至全国的缩影，是具有普遍意义的经典案例。河南省第十一次党代会强调要"大力保护传承黄河文化"，"持续打造老家河南、天下黄河、华夏古都、中国功夫等品牌"。鉴于此，本文拟从中原地区的国家考古遗址公园入手，探寻其对于区域文旅品牌建设的相关意义以求教于方家。

一、国家考古遗址公园与区域文旅品牌建设的高度契合

国家考古遗址公园，是指以重要考古遗址及其背景环境为主体，具有科研、

---

[*] 作者：张冬宁，河南省社会科学院中原文化研究杂志社助理研究员。

教育、游憩等功能，在考古遗址保护和展示方面具有全国性示范意义的特定公共空间。伴随着2009年《良渚宣言》的公布和一系列国家相关政策文件的出台，截至目前共有三批36处国家考古遗址公园正式挂牌，涉及20个省（自治区、直辖市），总面积达6100平方千米，另有67处古代遗址被批准列入立项名单。分析国家考古遗址公园的核心要义，究其根本就是保护珍稀的古代遗址资源，究其目标就是要让众多的大遗址"活起来"，通过深入挖掘其具有的核心文化遗产价值，将考古研究的科研成果转化为老百姓听得懂、看得明、讲得清的"中国好故事"。这就决定了国家考古遗址公园在保护展示和利用开发的过程中一定要遵循原真性、完整性、活态性和共享性的基本原则。

反观区域文旅品牌建设，是针对一定空间范围，找到最具人文价值和精神引领作用的旅游资源，通过集中的提炼和表达，展示出本地域独有的文化特色。可以说，其对区域文化形象展示与宣传、区域文化经济发展、区域文化生活引领等方面都具有重要的价值和意义。根据品牌建设专家大卫·奥格卫的"品牌形象理论"来看，成功的品牌建设要在受众大脑中占据不可磨灭的一席之地，其在建设过程中最核心的要素在于要拥有创造性（Creative）、所有性（Ownership）、深刻性（Sharp）、激发性（Motivating）、相关性（Relevant）、基本性（Elemental）和独有性（Unique）。联系以上理论，要想建设好区域文旅品牌，首先应做到以下几点：一是通过创意思维和创新方法让品牌的印象生动有趣，引人入胜并值得记忆；二是品牌自身所蕴含的文化要素能契合该区域长期以来的文化传统，从而为人们内心所认同；三是品牌的表达方式能给公众带来一种深刻的印象从而无法忽视；四是要带领人们领略到前所未有的不同于其他地区的新鲜感知；五是应通过品牌的设计达成期望的联想路径；六是用简单易识别的文化符号以代表该区域最基础和最核心的文化要素；七是需聚焦于该区域文化中独一无二的部分。

国家考古遗址公园的本体往往是指占地面积巨大、具有极高历史文化价值的重要古代遗址及其周边整体环境。其原真性、完整性、活态性和共享性的特征决定了其是中华文明发展延续和多民族不断融合的重要物证，往往是该区域文化特征的源流所在，具有极高的区域文化代表性，能够创造出强烈的品牌印象。先天与品牌建设所强调的创造性、所有性、深刻性、激发性、相关性、基本性和独有性高度契合。以良渚国家考古遗址公园为例，首先，其通过展示规模巨大的三重城址、分工明确的规划布局、高规格形制的贵族墓地和祭祀场所、数量众多类型丰富的以玉器为代表的文物遗存、宏伟壮观的外围水利系统，让公众产生一种无法忽视的深刻震撼，领略到前所未有的不同于其他区域的新鲜体验。其次，其在讲述自身作为东亚地区最早的神权王国的同时，着重强调对于中华文明五千年的历史维度的实证意义，让人们对于该品牌产生高度的文化认同。再次，通过高度的创造性思维和创新性意识，从良渚文化中提炼凝聚出高识别度的良渚符号和文创产品以让人们记忆犹新。最后，由小到大，潜移默化地成为浙江打造"水文化"与"玉文化"文旅品牌的物证基础。由此可见，国家考古遗址公园对于塑造区域整体形象，促进区域文旅融合，推动区域文旅品牌建设具有十分重要的意义。

二、河南国家考古遗址公园建设"华夏古都""老家河南"品牌的实践探索

作为华夏文明诞生的核心地区，中原大地历史悠久，凭借着良好的地理位置环境，自人类诞生伊始，就留下了不胜枚举的历史遗迹。截至目前，河南共拥有洛阳龙门石窟、安阳殷墟、"天地之中"历史建筑群、大运河河南段和丝绸之路河南段五处世界文化遗产，中国八大古都河南占其四，不可移动文物65519处，位列全国第二。其中包含众多灿若繁星的古代遗址，如旧石器时代见证人类演变的许昌灵井遗址、郑州老奶奶庙遗址、新密李家沟遗址和栾川孙家洞遗址等；新石器时代目睹文明曙光的贾湖遗址、庙底沟遗址、郑州大河村遗址、登封王城岗遗址、新郑望京楼遗址、郑州大师姑遗址等；进入王国时代的二里头遗址、郑州商城遗址、郑州小双桥遗址、殷墟遗址、西周洛邑遗址、东周王城遗址、郑韩故城遗址；历数帝国辉煌的东汉帝陵、北魏王陵、汉魏洛阳城、隋唐洛阳城、北宋皇陵等，可谓不胜枚举。正是由于以上考古遗址见证了中华文明的缘起发展融合交汇，中央公布和立项的河南国家考古遗址公园数量达到了13处之多。无独有偶，在河南省2023年的《政府工作报告》中着重强调要："讲好河南故事，提升'行走河南·读懂中国'品牌影响力，高质量打造黄河国家文化公园重点建设区，推进黄河国家博物馆、省博物院新院、省美术馆等标志性项目建设。深入推进中华文明探源工程，实施夏文化研究等考古中国重大项目，深化殷商文化等研究阐释，推进大遗址保护展示。"凸显河南省从顶层设计的战略层面出发，将保护利用好大遗址视为推进文旅融合、建设河南区域文旅品牌的重要助推手段。

（一）通过国家考古遗址公园确立了文明源头的"华夏古都"品牌印象

当前河南拥有13处国家考古遗址公园（含立项），分别是正式挂牌的隋唐洛阳城、汉魏洛阳城、殷墟和郑韩故城遗址，以及批准立项的郑州商城、三杨庄、偃师商城、城阳城址、仰韶村、二里头、贾湖、庙底沟和大河村遗址。从相关工作开展伊始，河南的文物保护部门和文化遗产工作者就紧紧围绕一个核心，即力证河南是华夏文明的起源地和多民族融汇交融之地，在进行遗址公园创建与运营工作的同时，非常重视整合资源形成集群效应，以加深"文明源头"这一河南文旅品牌的独有印象。

一方面从时间维度来看，河南地理环境优渥，自古就是人类迁徙聚居所在，目前发现的考古学文化从旧石器时代中晚期的新密李家沟遗址直至龙山时代晚期的王城岗城址，发展序列完整。进入国家文明时期后，更长期被定位于天地之中，历代王朝多在此区域建都，宗教、文化、经济活动也在此辐辏，使该地区留下了大量都城、礼制、宗教、文化类建筑或遗址，时代延续时间长，类型多样。以上13处遗址公园不仅横跨了新石器时代至隋唐时期，更为难得的是从未中断，无论是新石器时代早期的贾湖、中期的仰韶、晚期的庙底沟、龙山时代的大河村，还是三代的二里头、郑州商城、偃师商城、殷墟、郑韩故城、城阳城址，抑或是秦汉以后的汉魏洛阳城、三杨庄、隋唐洛阳城。它们都是我国文明起源演变的关键节点，通过将其一个个串联起来，中原地区最终构成一幅逻辑严密、波澜壮阔的中华文明演进图景。

另一方面从空间维度来看，根据大遗址文化特征河南将自身分为豫西、豫东北、豫南和豫中四个遗址片区。其中，豫西地区凭借嵩洛盆地良好的自然地理环境优势和政治中心的长期定位，成为河南境内文化古迹遗存分布最密集的地区，也构成了从旧石器时代中晚期直至隋唐的"嵩洛文明圈"；豫东北则依靠下七垣等先商文化和殷墟等殷商晚期的遗址聚集地，主打"商文化"的品牌策略；豫南在先秦时期多属于楚文化的势力范围，该区域的遗址品牌一是以"楚文化"为鲜明特征，二是发扬新莽至东汉时期独具特色的地方文化特色；豫中地区则主要聚焦于史前遗址、三国文化遗存和宋元明清遗址。通过以上遗址片区的划分，形成了多元文化交汇融合的文明印象。

（二）利用国家考古遗址公园促进了寻根问祖的"老家河南"品牌认同

相较于其他地区的国家考古遗址公园，中原地区的国家考古遗址公园有一处得天独厚的先天优势，就是身处长期发展的寻根文化的氛围之中。目前的考古已经证明中华文明的源头在中原，而考证诸代历史文献，无论是先秦时期的《左传》《礼记》《荀子》，还是之后的《史记》《水经注》《说文解字》等，更进一步指出华夏姓氏的萌芽、产生、发展、普及、定型都与中原地区关系密切。姓氏肇始时期，这里是人类活动的重要地区；姓氏发展时期，这里是夏、商两代的国都所在地；姓氏普及时期，这里是周王朝畿内之地，众多诸侯的分封之地，诸多姓氏由此而出。如果说古代文献是追根溯源的历史线索，考古遗址是精神寄托的重要物证，要想做好做强河南的寻根文化，离不开对考古遗址的有效利用。综观中原地区分布的众多考古遗址，它们不仅是中华农耕文明源远流长的历史见证，更是我们确认自身炎黄儿女身份的认同根基，尤其是众多规模宏大的古代遗址，自中华文明诞生伊始就见证了中国诸多姓氏起源、发展乃至融合变迁。基于此，国人寻根溯源的人文情怀和眷恋故土的家国情结才能历久弥坚。

全面深化改革开放，高质量建设现代化河南

以安阳殷墟为例，其作为现代中国考古学诞生和成长的摇篮，2006年入选世界文化遗产，给人类文明所带来的一项特别重要的突出普遍价值，就是甲骨文的发现。甲骨文与古埃及象形文字和两河流域的楔形文字并列为世界三大古文字体系，不仅证明了古老的汉字是独立起源的，还提供了中国古代独立的文字造字法则，对三千年以来的中国文化产生了根本性的影响。殷墟甲骨文的发现，不仅把中国有文字记载的可信历史提前到了商朝，而且由于甲骨文内容丰富，涉及殷商政治、经济、文化、意识形态的各个方面，对全面复原殷商社会史具有重要意义，被称为中国古代乃至人类最早的"档案库"。有鉴于此，安阳殷墟依托考古遗址和文物遗存，相继举办了"安阳殷商文化节""中国（安阳）国际汉字大会""豫见·古都新生之旅"等一系列重要活动。不仅让全国人民群众和海外华侨同胞深刻地领略到了殷墟厚重的历史文化，加深了对中华文化、汉字文明及古都安阳的认识与了解，更进一步让河南所蕴含的"文字之根""文化之根""人祖之根"的寻根文化精髓深入每一位炎黄儿女的内心。

三、河南国家考古遗址公园下一步助推本土文旅品牌建设的路径思考

尽管当前国家考古遗址公园的建设存在同质化严重、专业人才队伍缺乏、管理方式比较粗放、品牌建设薄弱等一系列问题，但同时我们也要站在考古遗址公园在推动区域文旅品牌建设创造性、所有性、深刻性、激发性、相关性、基本性和独有性等方面所具有的先天优势。充分认识到国家考古遗址公园正在成为文旅消费的新热点和新突破点，其所拥有的创新业态和巨大的市场空间，对于外部市场资本的注入具有强大的"新引力"，是重塑当地文旅形象，激活本土文旅资源的一张重要王牌。

（一）以原生保护路径为根本，塑造区域文旅的品牌意象

国家考古遗址公园作为一种依托于古代人民劳动创造所遗留下来的遗址和周边环境，来体现古代人类不同时期的历史文化、科学技术、艺术审美等价值的公共空间，是一种强调原真、完整的珍贵文化遗产资源，与其他类型的文旅主题公园有着本质不同，能对当地区域文旅的品牌认知创造出一种直观且真实的"意象"。所谓"意象"，是与物象相对应，是人们对于所经历的环境所产生的心理图像或心理印象，与品牌建设的可识别性和可印象性关系密切。同时这些规模宏大的考古遗址又是不可再生的脆弱资源，时时刻刻面临着自然灾害和人为破坏的风险。因此，在利用国家考古遗址的推动区域品牌建设过程中，一定要遵循"保护第一、加强管理、挖掘价值、有效利用、让文物活起来"的文物保护22字方针政策。总结近年来中国大遗址保护的实践经验，最为基础和重要的前提就是注

重考古研究，夯实保护基础。没有原生保护的保驾护航，国家考古遗址公园的次生利用和再生创造就会变成空中楼阁，对于区域文旅品牌建设的助推作用更是无从谈起。

原生保护路径，重在以遗址本体和周边环境为根本，在不破坏遗址原貌的基础上深入发掘其最直观的意象并进行展示。这涉及两个重要环节，即如何发掘和如何展示。一方面，从发掘遗址的核心文化遗产价值方面来看，做好遗址的考古工作是基础也是关键。《国家考古遗址公园创建及运行管理指南（试行）》明确指出考古必须先行，其是国家考古遗址公园的一切先决条件。这就要求我们要系统地完成对大遗址片区的考古调查、勘探和测绘工作，这样才能对深埋于地下的古代遗址布局了然于胸。另一方面，在展示遗址价值的过程中，要注重多层次手段相结合。即一是坚持考古工作对公众开放的原则，让公众不仅看到遗址，更要让他们参与到遗址的考古和保护实践中去；二是在做好遗址本体的介绍和讲解的基础上，适当的复原复建来重现当时的历史场景来塑造品牌的景观意象。这一点，隋唐洛阳城的做法值得借鉴，目前隋唐洛阳城已经完成了气势恢宏的明堂、天堂和应天门的复建工作，其最终目标是与九洲池等考古遗址遥相呼应，促成从景点连成线到景区结成片的转变，集中体现出隋唐洛阳恢宏大气的都城风貌，塑造出洛阳"大唐盛世"的品牌意象。

（二）以次生利用路径为支撑，提升区域文旅的品牌实力

不同于西方以石质建筑为主的古代遗址，我国的大遗址现存情况往往缺乏感受的直观性，而文化遗产保护的原真原则又限定了我们不能对遗址本体进行任何改动。这就涉及一个最为关键的问题，即如何将遗址的核心遗产价值和考古研究所取得的最新成果转化为老百姓喜闻乐见的文化产品，提升区域文旅品牌的竞争实力。这就需要我们从次生利用路径下足功夫。

做好国家考古遗址公园的次生利用路径，主要可从以下两方面着手：一是以传统的遗址博物馆展览为主，依托考古工作的整体化视野和长时段观察，从众多的出土文物出发，创新展示方法和展示手段，提炼和总结出不同时期人们的价值观、宇宙观和社会治理观等实现核心遗产价值，将晦涩难懂的历史文化知识转化为丰富直观的文化故事。以山东城子崖国家考古遗址公园为例，其扩建的龙山文化博物馆非常重视从次生头层面展示遗址价值，精心设计了"时光隧道"这一导览模式，步入其中头顶是日月星辰，脚下是历史进程，两旁辅以龙山文化的典型器物，咫尺之间尽显千年的沧海桑田。二是充分利用现代新兴技术为主，基于遗址内核开发出虚拟现实、影视作品、实景演出等多元产品，增添遗址价值转化的趣味性。如成都金沙国家考古遗址公园就与多方合作深入研发出了落地式VR应用《再现金沙》、歌舞剧《太阳神鸟》、杂技剧《魔幻金沙》、4D电影《梦回

金沙城》,通过多种形式的媒体渠道,在为公众奉上一场畅享视听的饕餮盛宴的同时,提升了成都地区巴蜀文化品牌的竞争实力。

(三)以再生创新路径为辅助,扩大区域文旅的品牌宣传

实现国家考古遗址公园在区域文旅品牌建设中的助推发力,关键前提就是实施创造性转化和创新性发展。作为文旅产业融合的最佳载体,国家考古遗址公园亦是文旅产品创新的深厚沃土,我们要从再生路径出发,做到"实"中创"虚",虚实结合,用仪式庆典和文创产品等方式深入激发当地文旅品牌的内生活力。这样不仅能扩大区域文旅品牌的对外影响范围从而吸引更多游客,同时通过实地参与和多方位游览,更能让公众深刻领悟遗址的历史文化价值,培育他们对于当地文化旅游品牌的支持和认可。

在国家考古遗址公园举办具有当地特色的仪式庆典,不仅是区域文化在行为动作上的综合体现,也是构建、传承本地文旅品牌特征的重要形式。通过举办这种具有巨大文化象征意义,同时兼有可参与性和娱乐性的大型仪式活动和节日庆典,一方面可以拉近遗址与公众的距离,满足新时代人民群众对于美好精神生活的需求;另一方面更能充分激发地方政府、媒体舆论、社会资本和普通公众共同参与创建本地文化旅游品牌的热情与活力。例如,圆明园的"踏青节"、金沙的"太阳节"、汉阳陵的"银杏节"、鸿山的"葡萄节"等都已经成为当地知名文化活动,在带来良好社会效应和经济效益的同时,也唱响了当地文旅品牌。

实现国家考古遗址公园的文旅融合,创意是关键,产品是载体。遗址公园在创新遗址解说方式和展览方式的基础上,加大相关文创产品的设计策划,当好文化的传播使者。首先,应紧抓遗址的当地独有文化特色,将遗址的最突出特征转化为涉及衣食住行各个层面的艺术品、日用品、纪念品等,成为具有文化代表性的"城市礼物";其次,加强区域间遗址公园的产品要素之间的联系,将相关文创产品做成系列化,扩大品牌的规模效应;再次,依托多种新媒体平台,除了两微一端,还要充分利用当下火爆的抖音、快手等短视频平台,拓宽宣传和销售渠道,实现文创产品的"互联网+";最后,打破传统文创壁垒,吸引青少年群体,多维度应用动漫、游戏等二次元元素,创新遗产文创产品的活力。好的遗址公园文创产品,不仅能用生动的语言、活泼的方式让游客徜徉在悠久的历史长河中,更能让独具特色的文化随着产品跟客户一起飞到天南海北,从而更好、更持久地对外传播本地文化,成为文旅品牌传播的引路人。

四、结束语

《国家考古遗址公园发展报告》指出,仅在 2014~2016 年,前两批 24 处国家考古遗址公园累计接待游客 8000 余万人次,其中免费游客近 4472 万人次,考

古遗址公园在推动文旅融合，建设区域文旅品牌所具有的巨大潜力可见一斑。从两者的内涵和逻辑来看，遗址公园与区域文旅品牌高度契合。更为重要的是，国家考古遗址公园由于自身拥有的文化遗产属性，是见证中国悠久历史和多民族融合发展的重要物证，其不仅拥有考古的学术价值、游憩的娱乐价值，其更为重要的是能在游玩的过程中将考古的最新发现转化为丰富的文化知识以坚定我们的文化自信。既是当地建设区域文旅品牌的核心物质支撑，也是抵御外国文化渗透的坚实壁垒，更是弘扬中华优秀传统文化的爱国主义宣传教育基地。因此，我们应当重视国家考古遗址公园对于宣传当地文化旅游资源，推动区域文旅品牌的建设所具有的重要助推作用，利用好国家考古遗址公园这个优秀的"IP"。

参考文献

[1] 中华人民共和国文化和旅游部．中华人民共和国文化和旅游部2019年文化和旅游发展统计公报［M］．北京：中国统计出版社，2020．

[2] 国家文物局．国家考古遗址公园创建及运行管理指南（试行）［S/OL］．(2017-10-10)［2018-01-30］. http：//www.sach.gov.cn/art/2018/1/30/art_2237_38336.html．

[3] 刘星．区域文化品牌的理论内涵与建设路径研究［J］．品牌研究，2019（1）：22-23．

[4] 温小娟．保护历史文化遗产　执着守护精神家园［N］．河南日报，2018-10-16(7)．

[5] 陈润儿．政府工作报告——2019年1月16日在河南省第十三届人民代表大会第二次会议上［EB/OL］．https：//www.henan.gov.cn/2019/01-23/732229.html．

[6] 张贺君．河南省大遗址保护研究［D］．郑州大学，2012．

[7] 李乔．试析嵩洛地区在中国姓氏史上的重要地位［J］．中原文化研究，2016（4）：123-128．

[8] 刘沛林．古村落：和谐的人聚空间［M］．上海：上海三联书店，1997．

深耕优秀传统文化　打造爆款文旅视听产品

——对"中国节日"系列节目出圈出彩的思考*

从牛年春晚《唐宫夜宴》、到元宵晚会《元宵奇妙夜》，以及《清明奇妙游》《端午奇妙游》《七夕奇妙游》《中秋奇妙游》《重阳奇妙游》等"中国节日"系列特别节目，河南的广电和文化创作单位立足中原文化"富矿"，坚持创意驱动、美学引领、艺术点亮、科技赋能，把优秀传统文化变成看得见、摸得着、可体验的融媒产品，让唐俑和洛神"复活"，化身为博物馆里翩翩起舞的"唐宫小姐姐"和"翩若惊鸿、婉若游龙"的水中洛神，让千年文物"活"起来。河南的"中国节日"系列特别节目成功"出圈"，引爆全网热搜，得到观众追捧和业界关注。《唐宫夜宴》电视综艺节目获得国家广播电视总局举办的"首届高新视频创新应用大赛"虚拟现实视频类"一等奖"。2021年7月16日，国家广播电视总局在郑州召开"中国节日"系列节目暨文化节目创作座谈会，向全国广电系统推广河南的成功经验。通过对节目元素和创新手法的深入分析和系统总结，我们可以发现，深耕传统文化、坚持创新驱动、实施融合传播是"中国节日"系列节目连续出圈爆圈的"成功密码"。

一、深耕中原文化、讲好黄河故事，让厚重的传统文化"活"起来

一是精心塑造人物形象，让传统文化融入人心。艺术来于生活。《唐宫夜宴》源自郑州歌舞剧院创作演出的同名舞蹈，创作灵感来自唐俑。舞蹈编导陈琳在河南博物院、洛阳博物馆、河南名胜古迹等地方进行艺术创作采风时，唐俑造型深深吸引到她，瞬间就产生一种将他们"复活"的冲动，这就是艺术灵感。编导陈琳在分享创作思想时谈到，通过观察唐俑们的眼神，仿佛感觉到他们在与自己进行交流，有一种陌生的熟悉感，情感上的激动就产生了艺术创作的冲动。

---

* 作者：李淑华，河南省文化旅游投资集团有限公司融资财务部总监、高级经济师。

深耕优秀传统文化　打造爆款文旅视听产品

如果将这些唐俑形象以及他们所处的盛唐景象展现在舞台上将会是什么样？她开始认真思考如何用艺术的手法把唐代舞乐俑的生活场景及动感情愫融入舞蹈作品中，让她们"活"起来。经反复琢磨推敲，故事构思逐渐成形：1300多年前的一个晚上，一群小胖妞们叽叽喳喳地去赴宴演出，途中发生的趣事便成为《唐宫夜宴》的主题故事。人物形象也很快塑造出来：唐代女性以丰腴为美，着装开放，崇尚自由。将可爱、顽皮的宫女形象与禁锢下的宫廷生活形成鲜明对比，服装、造型采用唐代三彩釉陶器"黄、绿、白"为主的三彩元素，极大地还原了历史，将观者带入盛唐时期独有的美学空间。《端午奇妙游》是《唐宫夜宴》前传，讲述远赴京都宫廷乐师的女儿唐小彩，热爱美食的街头艺人唐小可，天不怕地不怕的码头女孩唐小玉，聪颖自信、医术精湛的唐小竹这四位唐小妹的故事，清新可爱的人物形象和风趣动人的历史故事博得广大观众尤其是青年观众喜爱，是节目成功的重要前提。

二是创新艺术表达形式，让中华文化穿越时空。艺术的生命在于创新。创作团队始终把"华夏文明、黄河文化、出彩河南"作为硬核内容，将艺术与技术、形式与内容、生产与传播有机结合，对传统文化进行创造性转化、创新性发展。创作构思得到郑州歌舞剧院领导的充分肯定和鼎力支持，在创作经费、人员排练、时间安排等各方面均给予充分保障，2019年4月开始创作，2020年10月完成。舞蹈《唐宫夜宴》用婀娜多姿、秀逸韵致的舞姿将大唐盛世完美呈现在舞台上，让观众在欣赏"鬓云欲度香腮雪，衣香袂影是盛唐"的别样丰腴身韵审美的同时，感受中华民族厚重的历史和文化。舞蹈推出后，首次演出参赛即获得了中国文联、中国舞协在洛阳举办的第十二届中国舞蹈"荷花奖"古典舞比赛获奖提名。历经河南春晚创作团队近百次的头脑风暴，于是，彰显文化自信的"唐宫小姐姐"们穿越古今，在观众面前翩翩起舞。《端午奇妙游》晚会的水下舞蹈节目《祈》取材自《洛神赋》，通过网剧+网综+漫画二次元的形式，把剧情和节目有效衔接，把洛神"翩若惊鸿，婉若游龙"的舞姿用水下舞蹈的形式呈现出来，从《洛神赋图》梦幻斑斓的古画中翩然而出，为观众营造出一幕幕惊艳无比的古典浪漫主义视觉奇观。

三是巧妙地运用国宝重器，让华夏文明活在当代。"中国节日"系列特别节目创作团队牢记总书记"讲好黄河故事、坚定文化自信"的嘱托，深入挖掘黄河文化蕴含的时代价值，让历史走进现实，让文化彰显魅力。在春晚方案制订时就鲜明确立"华夏文明、中原文化、出彩河南"的主基调，一系列围绕中原文化主题创作的节目，在春节这个特殊节日唤起了人们情感和血脉中的民族认同感、自豪感。《唐宫夜宴》把娇憨的"唐俑"搬上舞台，使"舞蹈里有国宝有国风"；《国乐新春畅想曲》中千年骨笛与古乐团、电声乐队合作，再次吹响8000

· 135 ·

全面深化改革开放，高质量建设现代化河南

多年前的"贾湖骨笛"。元宵晚会虽然仅有30分钟，但选取了清明上河园、开封府、应天门、观星台等六地实景拍摄，国内首次在博物院内实景录制，让观众穿梭于周、唐、宋等多个朝代。《端午奇妙游》之《丽人行》，仕女们从《明人画千秋绝艳图》里飘然而现，"态浓意远淑且真，肌理细腻骨肉匀"，带领观众重温"云想衣裳花想容"这一大唐盛景的奇妙之游，掀起了强劲的"国潮风"，让传统文化"活"起来。

二、坚持创新驱动、科技赋能创作，让优秀的华夏文明"炫"起来

一是以流程创新，为节目有效创作提高工作效率。为加快媒体深度融合的步伐，实现主力军挺进主战场，创新体制机制，提出了"融合传播转型发展有用有效"的发展理念和发展方向，构建了"一端一中心一云一平台"的现代传播格局。建设云媒中心，打造"中央厨房"，再造"策、采、编、发"的生产流程和"报、刊、网、端、微、屏"的分发流程，"一次采集、多端生成"。从牛年河南春晚开始，节目制作以快节奏、高站位形成了演艺场所、导演团队、灯光舞美、4K高清转播车、后期制作、品牌宣推等众多资源烘托、具有适配新时代传播能力的节目生产阵营，实现了融合策划、融合采集、融合加工、融合传播。

二是以高端设备，为拍摄制作提供高质量创作素材。《唐宫夜宴》等"中国节日"系列特别节目大量采用了威亚、飞行器、天眼、斯坦尼康、虚拟化包装、4K高清转播车等新技术新装备。《唐宫夜宴》并没有对舞蹈进行大的改变，而是调整了节目时长，加入了水墨画、国宝、VR等特效，通过"穿越+实景"的逻辑，虚拟场景和现实舞台结合，将歌舞放进了博物馆场景，营造出了一种美丽的"博物馆奇妙夜"。《天地之中》运用AR技术和后期特效，将太极圆、阴阳鱼、观星台、齿轮罗盘、火箭升空等形象符号浸入节目，使太极哲学文化与现代航天科技有机融为一体，实现虚拟场景与现实舞美的完美融合，提升了节目的感染力和震撼力。节目后期用AR包装技术，将多种文化符号用视觉技术植入节目中。正是这种炫酷的多方位表达手段和艺术追求，让一块地板、一个空间组成的传统舞台，升级成为拥有无限可能的宇宙空间。《唐宫夜宴》和《天地之中》，一个是轻歌曼舞的曼妙少女，另一个是行云流水的武术硬汉，成功打造出观众喜爱的现象级爆款视听产品。《端午奇妙游》之水中舞蹈《祈》，用光影交互的现代声光电技术和美轮美奂的水下摄影形式，唤醒了观众内心对于中华传统文化的钟爱。

三是以先进技术，为观众提供身临其境的沉浸式体验。河南作为中华文明的重要发源地，华夏文化传承创新示范区，可供一台晚会选用的内容浩如烟海。如

深耕优秀传统文化　打造爆款文旅视听产品

何表现与呈现？如何让技术为内容赋能？"中国节日"系列特别节目的创作团队以先进技术为引领，搭建以大象云平台为中枢的软件开发、技术应用、生产管理体系，打造核心技术团队，为采编制作、聚合分发、高清视频编辑等提供强劲技术支撑。《唐宫夜宴》运用"5G+AR"手段，让唐俑少女穿梭于妇好鸮尊、莲鹤方壶、贾湖骨笛等国宝之间，使观众如临其境。《清明奇妙游》节目采用漫画风格的科技方式首次推出二次元虚拟形象"唐小妹"，令人耳目一新。而《天地之中》的太极表演，宇宙、星空、火箭、观星台包裹的视觉特效，同样使人怦然心动。两场晚会用技术"活化"传统文化资源，为大家呈上一场多空间感、沉浸式的视觉盛宴。《端午奇妙游》之《龙舟祭》融合祭祀、舞蹈、杂技、击鼓、凑乐等元素，再现端午前夕的祭祀盛景；《兰陵王入阵曲》为观众呈现兰陵王波澜壮阔的一生；独舞《唐印》将傀儡戏与舞蹈融合，大气恢宏，场景震撼；《粽横一面》巧妙融入了中原美食；《医圣传人》再现了传统中医药文化的无穷魅力。2021年5月，《唐宫夜宴》获得国家广播电视总局举办的"首届高新视频创新应用大赛"虚拟现实视频类"一等奖"，可谓实至名归。

三、实施融合传播、小屏大屏互动，让古今的文化共鸣"强"起来

一是聚焦青年群体，实施互联网传播。青年群体具有"网络化生存、个性化表达、圈层化交往"的鲜明特征，已经把互联网作为获取信息的重要渠道。互联网传播已经成为影响和改变青年群体思维模式、行为习惯、道德修养的重要文化载体，尤其是短视频和网络直播更受到青年群体的极力追捧。中国青年报社社会调查中心最新对1978名18~35岁青年进行的一项调查显示，61.0%的受访青年希望挖掘和制作更多经典题材。因此，《唐宫夜宴》等"中国节日"系列节目创作团队准确把握青年群体特点，充分发挥网络优势，开展新媒体全方位传播，获得广大观众尤其是青年观众的极大共鸣，在朋友圈广泛传播。

二是提前设置议题，实施互动式传播。设置议题是网络宣传的基本手段，通过某个话题将网民吸引、聚集起来，进而开展传播工作。主创团队精心策划，将晚会《唐宫夜宴》《天地之中》等王牌节目精华剪辑提炼，提前在网络媒体播放宣传短视频，选取与哔哩哔哩跨界潮人方锦龙合作，以"最炫国潮"为话题，抛出春晚"看点"，带动哔哩哔哩话题热炒，在朋友圈迅速传播，促成网络热议和互动，最终带动网友反向寻找，成功为晚会播出造势。

三是坚持移动优先，实施客户端传播。河南春晚、元宵奇妙夜、端午奇妙游等"中国节日"系列节目刷屏全网还得益于传播方式的改变，变传统电视媒体的"重装出击"为"轻装上阵"，主动拥抱互联网，实施移动优先的宣传策略，把"小屏"作为重要阵地，在移动传播方面释放出强大活力。2021年2月10日

全面深化改革开放，高质量建设现代化河南

《唐宫夜宴》首播时，新媒体平台早于河南卫视 30 分钟播出，通过大屏端高密度、高频率播出，小屏端与快手平台达成深度合作，将晚会剪辑提炼，在微博、快手、抖音、哔哩哔哩、今日头条、大象新闻客户端等多平台分发，所有人都能够提前在新媒体平台看到节目样态，当晚首播的移动端账号的播出观看人次即达到 737 万，在新媒体平台收到了良好的效果，实现了传播的立体化、最大化。

四、延伸文化服务、衍生文创项目，不断催生唐宫文化 IP 新业态

一是融合营销展露广告新商机。河南春晚《唐宫夜宴》《端午奇妙游》节目成名，让河南博物院、洛阳应天门博物馆都成为"网红打卡地"。无论是河南电视台、河南博物院还是郑州歌舞剧院都抓住商机，在第一时间对唐宫小姐姐的 IP 衍生品进行了市场开发。河南电视台成立文创公司，在淘宝上开设网店，开发出"唐小妹"口罩、手机壳、抱枕、夜光马克杯、手提袋等系列产品，并获得畅销。河南博物院迅速开发出唐宫小姐姐形象的茶杯、靠垫、丝巾、桌旗等文创产品，成为来豫旅游的热点纪念品，大受游客欢迎。

二是融合文旅催生网红打卡地。《唐宫夜宴》《端午奇妙游》等"中国节日"系列节目成名，使河南博物院、洛阳应天门博物馆等成为热点旅游打卡地，省内外参观的游客络绎不绝，尤其是与《唐宫夜宴》一同出圈的"莲鹤方壶""簪花仕女图"等尤其吸引游客。游客表示："以前知道河南有不少重量级文物，但没有引起我太多关注，《唐宫夜宴》让我感受到中国传统文化的魅力，感受到河南文化的底蕴。"河南博物院、洛阳应天门博物馆自大年初三起客流量便大幅增多，每日都达到客流上限，整个上半年热度不减，其中有不少游客是冲着唐三彩去的，其中就包括春节期间备受关注的"唐朝胖妞儿"——唐三彩女俑。

三是融合文创孵化行业新业态。《唐宫夜宴》走红，有关文创产品也跟着热卖起来。河南博物院开发的"考古盲盒"，融合了"考古挖掘"的元素，盲盒里放入一土块，买家可以拿小号的洛阳铲将"文物"从土块中挖出来，亲身体验用洛阳铲挖掘文物的感觉，满足了不少买家对考古的好奇心，产品一经推出大受欢迎，需要在网上提前预约才能购买。爱屋及乌乃是情感流露，观众喜欢《唐宫夜宴》，当然会对与相关联的文创产品产生浓厚的兴趣，这是一种文化需求，也是传承弘扬优秀传统文化的需求。可见，人们欣赏《唐宫夜宴》、追捧唐宫小姐姐就是对美的崇尚和对优秀传统文化的认可和自信。

五、思考和启示

一是坚持内容为王——"找准选题、讲好故事、拍出精品"是传承弘扬优秀传统文化的必要前提。习近平总书记在河南视察时用"伸手一摸就是春秋文

化，两脚一踩就是秦砖汉瓦"，讲出了河南的文化底蕴、文化自信、文化优势。这些年，越来越多的中原历史文化资源被挖掘出来、活化起来，形成了河南发展独具特色的优势。牛年河南春晚从方案制订时就鲜明确立"华夏文明、中原文化、出彩河南"的主基调，把黄河文化的深厚底蕴和出彩河南的精神风貌作为强力支撑点，以"古器"+"今曲"为基，以"厚重"+"时尚"为形，为观众架起古今对话的桥梁，把具有悠久历史的骨笛和缶等搬上舞台，让古乐器与年轻人耳熟能详的乐曲擦出别样的火花。一系列围绕中原文化主题创作的节目，在春节这个特殊节日唤起了人们情感和血脉中的民族认同感、自豪感。正像媒体所说，《唐宫夜宴》等"中国节日"系列节目的出圈爆圈，其实也是河南文化出圈、河南出圈。"中国节日"系列节目，可以视为河南重视传统文化挖掘，并借此不断刷新河南形象、增加河南魅力的标志性内容。无论是央视的《中国诗词大会》《经典咏流传》《朗读者》，还是河南的《唐宫夜宴》等"中国节日"系列节目，这些节目的成功经验表明，没有好的内容，再好的表演团队、再先进的多媒体技术，都是无米之炊、无本之木。文艺创作必须坚持以人民为中心，坚持内容为王。只有把高质量的内容供给作为核心竞争力，在传承中推进创新，以守正创新的内容供给增强吸引力，才能打造出"有思想、有温度、有情怀、有品质"的优秀作品。

二是准确定位受众——如何吸引受众特别是青年群体是传承弘扬优秀传统文化的重点课题。网络尤其是移动端是当下青年群体接受信息的主渠道，抖音、哔哩哔哩、知乎已成为青年人聚集的主平台。只有了解了青年人关注什么、困惑什么、喜爱什么，才能深入了解他们背后折射的思想情绪、价值取向、生活态度，才能有针对性地"种草""拔草"，真正把优秀传统文化映入他们的心坎里。河南春晚在节目创意时就把"小屏"作为重要阵地，选取哔哩哔哩带动话题热炒；对《唐宫夜宴》《天地之中》等王牌节目提前释放精彩片段，带动网友反向寻找；与快手App合作，在网络上比大屏端提前半小时直播，以小屏"爆火"带动大屏。《白衣执甲》把戏曲与抗疫的元素结合起来，把"病房唱戏""隔空拥抱""战地求婚"等真实抗疫故事记录下来，引发网友强烈共鸣。元宵晚会《五世请缨》以四位佘太君"年少人盼的是立功边境"的铿锵唱腔致敬边防军人。这些紧跟时代步伐、以新视角表达新时代精彩故事的创作理念，这些易于传播、便于分享的视听产品，有效吸引青年人产生了强烈的参与感，在"转发""点赞"中增进了思想认同，使主流价值在青年群体中占据主导地位，这样，才能把优秀传统文化基因传承下去、发扬光大。

三是创新传播手段——多领域合作、多媒体融合是传承弘扬优秀传统文化的广阔平台。随着网络新媒体短视频、网络剧和网络综艺作品的出现，电视综艺的

全面深化改革开放,高质量建设现代化河南

大量用户被知乎、哔哩哔哩、抖音和快手乃至小红书的 App 分流。因此,观念要变,模式要变,传播手段也必须要变。"中国节日"系列节目"C 位出圈"的背后,是河南广电、河南文旅深度融合、锐意改革的探索与实践。本次春晚采取导演工作室竞聘上岗,"80 后""90 后"主创人员脱颖而出,做到人尽其才。在新冠肺炎疫情影响、同类媒体营收普遍下滑的情况下,创作团队勇涉险滩、破冰前行,实现营收逆势增长,接近历史最高水平,成功实现了"弯道超车"。河南春晚改革创新,为大力弘扬黄河文化提供了启示,为推进传统文化创新型发展探索了新路径。

四是文化带动产业——推动文化 IP 高质量发展为传承弘扬优秀传统文化创造广阔的时代前景。文化资源是文化产业发展的基础。从国外成功经验来看,将文化产品的价值通过开发衍生产品而反复得到体现,文化产业链的延伸使投资收益得到延伸,实现价值最大化。比如,美国迪士尼出品的风靡全球的动画片《米老鼠和唐老鸭》,被很多研究者形容为"在快乐文化背后附加上了完整的商业文化,是一个产业不断发展、扩充、升级的商业运作体系"。迪士尼公司不断推出一部部精美的卡通片,后续通过开发主题公园、建立迪士尼商店销售品牌产品(迪士尼卡通),出版连环画和杂志,在世界范围内进行知识产权交易,形成了紧扣市场的巨大生产链,带动了一个席卷全球的庞大产业,取得了丰硕的商业价值。从河南来看,中原历史悠久,文化底蕴深厚,是著名的文化资源大省,发展文化产业具有先天优势,在文化产业项目方面也有很多成功案例。比如,河南以中原特有的少林文化为蓝本,将"武"与"舞"高度融合,创作的大型舞剧《风中少林》在国内外获得巨大成功。同时,河南还陆续投资了诸如登封的《禅宗少林·音乐大典》、开封的《清明上河园》等大型文化产业项目。《禅宗少林·音乐大典》依托少林文化、嵩山自然景观,融汇现代声光电技术和表演艺术,形成了独具特色的中原文化产业项目。"清明上河园"以宋代画家张择端的写实名画《清明上河图》为蓝本,按照《营造法式》为建设标准,以宋朝市井文化、民俗风情、皇家园林和古代娱乐为题材,以游客参与体验为特点而创意投建的文化主题公园,集中再现原图风物景观的大型宋代民俗风情游乐园,再现了古都汴京千年繁华的盛景。可喜的是,河南除了盛唐文化,还有著名的河洛文化、汉字文化、姓氏文化、根亲文化、三商文化、礼仪文化、圣贤文化、诗词文化、武术文化、戏曲文化,等等。在这些方面,河南的文化产业还有很大的开发空间,应该坚定文化自信和发展信心。

任何一个成功的创意都会衍生出一个 IP 产业链。广电视听媒体主动贯通文旅文创资源端、创意研发端、生产经营端,可以有效释放新动能、培育新业态。可见,在全媒体时代,深耕传统文化、坚持创新驱动和科技赋能、实施广电视听和文旅文创融合传播,是打造现象级爆款视听产品的"成功密码",是文旅产业发展的未来方向。

参考文献

[1] 人民网.《唐宫夜宴》舞翩跹 从传统画卷中奏出的文化强音[EB/OL]. http://ent.people.com.cn/n1/2021/0216/c1012-32029947.html,2021-02-16.

[2] 新华网.《唐宫夜宴》:传统文化穿越千年的当代表达[EB/OL]. http://www.xinhuanet.com/ent/2021/03/01/c_1127151317.htm,2021-02-16.

[3] 国家广播电视总局.国家广播电视总局办公厅关于公布首届高新视频创新应用大赛获奖结果的通知[EB/OL]. http://www.nrta.gov.cn/art/2021/5/27/art_113_56599.html,2021-05-27.

[4] 国家广播电视总局.聂辰席出席"中国节日"系列节目暨文化节目创作座谈会[EB/OL]. http://www.nrta.gov.cn/art/2021/7/20/art_112_57187.html,2021-07-20.

[5] 习近平.在黄河流域生态保护和高质量发展座谈会上的讲话[N].人民日报,2019-10-16(01).

[6] 新玩法新看点"后浪"爱上新河南[N].河南日报,2021-04-09(07).

[7] 中国青年报客户端.满足年轻人文化需求61.0%受访青年希望挖掘和制作更多经典题材[EB/OL]. http://news.cyol.com/app/2020-12/23/content_18895392.htm,2020-12-23.

[8] 人民日报.用璀璨文化之光照亮现代化建设之路[EB/OL] http://henan.people.com.cn/n2/2021/1107/c351638-34993386.html,2021-11-07.

[9] 360百科."种草"[EB/OL]. https://baike.so.com/doc/758941-803207.html.

[10] 360百科."拔草"[EB/OL]. https://baike.so.com/doc/6923026-7145136.html.

"一带一路"背景下河南中原文化传播路径探析

——以河南卫视《端午奇妙游》等系列节目为例[*]

当今世界正在发生着潜移默化的改变，增强国家文化软实力，实现文化多样性，加强文化互联互通，成为新时代发展的重要需求。坚定文化自信，加强文化传播，对建设互联互通的文化交流渠道，塑造和谐友好的文化氛围更是具有重要的发展意义，新时代加强文化的交流传播，最重要的就是掌握对媒体工具的运用，构建出良好的舆论氛围，进一步深化文化的创新发展。在2015年国家发展改革委、外交部和商务部联合发布的《推动共建丝绸之路经济带和21世纪海上丝绸之路的愿景与行动》一文中明确提出，"一带一路"是一条互尊互信之路，一条合作共赢之路，一条文明互鉴之路。由此可以看出推动文化传播交流的重要性。河南作为中原文化的重要栖息地，其重要程度不言而喻，中原文化更是中华文化重要的组成部分和核心源泉，河南卫视作为地方台卫视，近几年制作的重要文艺晚会节目都受到了广泛的社会关注，《端午奇妙游》《七夕奇妙游》《元宵奇妙游》等系列节目，更是展示出河南卫视是如何以中原文化为核心，用创新的展示方式来推动传统文化传播发展的。

一、系列节目的成功"出圈"

内容质量过硬必然是一档电视节目能够经受住市场观众考验的关键与核心，2021年河南卫视的《端午奇妙游》节目中不仅展示了"翩若惊鸿，婉若游龙"的水下舞蹈表演《祈》，用美轮美奂的表演和精美的服饰将传统文化中的洛神展现在观众的面前；更有《唐印》将赛龙舟、缅怀屈原等古代过传统节日的方式再现出来，体现出民族非物质文化遗产的重要性；而《龙舟祭》则是融合了祭

---

[*] 作者：李玉琪，安徽财经大学在读硕士。

"一带一路"背景下河南中原文化传播路径探析

祀、舞蹈、乐曲等元素，展现了古时端午前夕举行祭祀的盛景；《医圣传人》再现的是中医文化的魅力；《丽人行》更是展现出大唐盛世时的绝色；《兰陵王入阵曲》则是将兰陵王波澜壮阔的一生传达给观众；《粽横一面》中的皮影戏、饮雄黄酒再一次将传统文化生动演绎出来。之后的《七夕奇妙游》则是用《龙门金刚》《给女孩》《爱》《破阵乐》《为自己鼓掌》《夜空中最亮的星》六个节目再一次用传统与现代相结合的方式将投针验巧、祭拜织女星等古代七夕节的民俗展现出来。《元宵奇妙游》更是采用三个篇章《元夕之约》《五味调和》《回马枪》等十三个节目的形式将"元"之始终的力量传达给观众。河南卫视在注重挖掘传统文化魅力的同时，迎合当下观众，结合新时代的文化元素对中原文化进行了更好的诠释。

"一部河南史，半部中国史"，河南拥有着丰厚的文化底蕴，更是中原文化中重要的根源地，《端午奇妙游》等系列节目的成功"出圈"更是印证了河南悠久唯美的文化基础。这种符合年轻一代审美方式的节目内容与传播形式不仅打破了他们对于传统文化敬而远之的心态，更是为进一步推动传统文化对外的发展传播提供了重要渠道与途径。改革开放以来，外来文化的不断入侵使中国传统文化在一定程度上受到干扰的同时，也使社会年青一代人文素养和审美偏好发生了一定的变化，中国文化在体现包容并肩的同时，也一定要坚定文化认同、文化自信，这是民族立足之本。河南卫视在坚定文化自信，坚守文化自觉的基础上，用创新的方式传达出中原文化的强大吸引力，更为传统文化的赋能增添了一股新的力量。

二、文化传播的启示借鉴

（一）重视本土文化，打造输出平台

河南卫视能够成功地将传统文化与现代艺术完美融合，最根本的还是在于河南根深蒂固的本土文化，文化是传播的根本，只有扎根于本土文化的开发利用，才能真正地做到人文融合。前几年娱乐时代的风气，将"流量""热点"放在了媒体传播的重要位置，不少节目平台只是用"伪娱乐"来吸引观众的眼球，不仅毫无创新更是对文化输出的一种迫害，也在一定程度上影响年青一代的社会素养和道德观念，重视本土文化，挖掘本土文化才是打开文化传播路径，发挥文化魅力的根本之道。

随着新时代的发展，网络平台在发展互联互通，推动文化交流中发挥着不可忽视的作用，打造重要的输出环境和平台，为文化的传播提供支持，达到迅速宣传的同时，也能为文化的宣传提供条件，网络时代的信息传播速度之快，建设好畅通的输出平台，不仅有助于加强年青一代的文化自信，树立民族之根本，更有助于本土文化传统文化不断持续地输出，唯有从本土文化出发，持续的深入发展，才能更好实现文化的交流巩固，实现文化的有效传播。

（二）立足实质内容，展现创新方式

优质的内容是作品能够经受时间考验的核心，立足内容的创新是文艺工作中的关键。中华的传统文化要素和非物质文化遗产都能够成为文艺创作中的源泉。改革开放以来，中国并不缺乏文艺作品，但只有创作出文化与艺术相辅相成的作品才能够真正地将创作蕴意表达出来并且深入人心。如今科技发展愈加成熟，各式各样的传播媒介能够使一部好的作品得到迅速地传播，相较于形式我们更应注重内容的创作。与此同时，也需要结合主流媒体，发挥舆论的宣传作用，加大文化的传播效应，提升传统文化的影响力和吸引力，与观众互动，扩充创新方式，进一步推动文化在社会间的交流，激发民众对接触文化学习文化传播文化的热情和动力。

各国之间都有着不同的文化差异，区域之间不同社会发展和经济条件使文化差异愈加明显，消弭这种差异就需要靠文学艺术来发挥作用，增进交流，从而实现文化的互联互通。在"一带一路"不断前进发展的时期，加强文化的传播，促进文化的互联互通，才能真正地为共建人类命运共同体做出贡献、发挥力量。

参考文献

［1］孟威．"新农人"短视频出圈与土味文化传播——"张同学"短视频现象级传播背后的理性思考［J］．人民论坛，2022（4）：112-116.

［2］徐圣龙．智媒时代文化传播中的特质挖掘与符号建构——一个方法论的描述［J］．编辑之友，2022（2）：56-63.

［3］慎泽明．文学地理学视域下的黄河文化传播研究——以唐诗黄河意象为例［J］．新闻爱好者，2022（1）：45-47.

［4］王晓俊，尚征．大数据时代文化传播的变革研究［J］．新闻爱好者，2022（2）：66-69.

［5］王伟．融媒体背景下黄河文化传播的策略研究［J］．新闻爱好者，2021（11）：51-53.

［6］任超．从精神交往视角看"一带一路"与文化传播［J］．青年记者，2021（10）：32-34.

［7］杨果，吴增礼．"互联网+"时代中华优秀传统文化传播的本质要义、实践审视和联通路径［J］．湖南大学学报（社会科学版），2021，35（5）：7-12.

［8］韩桥生，李浩．全媒体时代红色文化传播的困境与策略［J］．江西师范大学学报（哲学社会科学版），2021，54（5）：18-23.

数字经济背景下城市群空间结构优化路径探析[*]

一、问题的提出与学术回顾

随着我国经济发展空间结构的转变，城市群、大都市圈、中心城市等逐步成为承载经济社会发展要素的主要空间形式，对于城市群内部空间结构的演变与优化研究具有重要的理论与现实意义。2019年12月16日，习近平总书记发表的《推动形成优势互补高质量发展的区域经济布局》提到"我国经济发展的空间结构正在发生深刻变化，中心城市和城市群正在成为承载发展要素的主要空间形式"，在新形势下经济社会发展应坚持"加快构建高质量发展动力，增强中心城市和城市群等经济发展优势区域的经济和人口承载能力。"《中华人民共和国国民经济和社会发展第十四个五年规划和2035年远景目标纲要》也明确指出："坚持走中国特色新型城镇化道路，以城市群、都市圈为依托促进大中小城市和小城镇协调联动、特色化发展，使更多人民群众享有更高品质的城市生活"，"以促进城市群发展为抓手，全面形成'两横三纵'城镇化战略格局"。

近年来，我国数字经济发展迅速，在数字经济背景下对城市群空间结构进行研究，是落实习近平总书记新发展理念、建设创新型国家的重要抓手。党的十九大制定了新时代中国特色社会主义的行动纲领和发展蓝图，提出要建设网络强国、数字中国、智慧社会，发展数字经济、共享经济，培育新增长点，形成新动能。党的十九届五中全会明确提出，发展数字经济，加强数字社会、数字政府建设，提升公共服务、社会治理等数字化智能水平。从政策角度来看，数字经济的发展对于城市群空间结构优化意义重大，要紧抓数字经济发展时代机遇，把握城市群空间结构的演化逻辑，夯实城市群建设发展的基础条件，加快以创新驱动的发展转型，以新的城市群空间形态对接中国现有经济形态与城市群发展模式。

---

[*] 作者：刘一丝，河南省社会科学院中州学刊杂志社研究实习员。

目前，国内外学者已从数字经济与城市群的空间经济联系方面进行了研究。Mulgan（1991）、Wallis（1994）对信息时代区域（大都市区）空间相互作用及演化进行了分析，并提出了信息城市、新兴城市、网络城市等城市空间形态的概念。Corey（2000）认为数字化、信息化加速了城市交通网络和信息网络的构建，促进了网络城市这一具有多中心网络结构的新型城市集合形态的形成，他提出了"智能走廊"（intelligent corridors）的概念，用以表示信息技术影响下的城市集合体。Mulgan（1991）在信息技术的背景下对城市群空间经济联系进行了研究，他认为电子通信的逻辑以及虚拟规律推动着城市经济发展，网络通信技术对城市空间结构、城市地域扩张、城市之间的经济联系以及城市产业结构等具有正向的促进作用。

国内学者对数字经济与城市群空间经济联系的研究，始于对信息化、信息经济的研究。江曼琦（2001）认为，聚集经济是城市空间结构形成与演变的内在动力，知识经济与信息革命必将带来城市聚集效应总量、内容和分布的变化，使城市空间结构向着大分散、小集中的模式演化。姚士谋等（2001）提出计算机、网络及通信技术等信息技术会对城市空间发展产生影响，认为信息技术发展引发的城市空间扩展，对城市群的形成以及城市群内外联系产生重大影响。宁静（2002）从城市空间、职能、竞争等角度论述了以信息技术为支撑的数字经济对城市的空间分布、城市的运作以及城市化进程产生深远的影响。刘传辉（2019）选取东中西部六大典型城市群做比较研究，探析数字经济背景下城市群内部城市之间的空间经济联系现状及社会网络效应，认为数字经济对城市群的经济指数、全要素生产率、技术进步等有显著的正向影响。优化提升京津冀、长三角、珠三角、成渝、长江中游等城市群，发展壮大山东半岛、粤闽浙沿海、中原、关中平原、北部湾等城市群是《中华人民共和国国民经济和社会发展第十四个五年规划和2035年远景目标纲要》提出的重要内容。

本文对我国十大城市群空间结构进行研究，主要分析数字经济背景下城市群空间结构的演化机理、发展现状，在此基础上提出城市群形态优化的具体路径，既有利于我国城市群空间形态实现优化升级，也有助于推动经济实现高质量发展。

二、我国城市群数字经济发展现状

在数字经济的时代背景下，数字信息技术快速发展，信息的形成、生产的扩散、劳动力的地域分配、选址的灵活性促成了全新的城市群空间布局，对城市群数字经济发展也产生了重大影响。

（一）城市群数字经济发展水平不断上升

从实践趋势上看，近年来我国城市群数字经济发展水平不断上升。中原城市群、成渝城市群等中西部地区城市群由于其自身发展水平较低，基数较小，增长空间较大，近几年来数字经济发展年均增长率最高，远高于全国均值。珠三角、长三角等城市群等东部地区城市群由于其本身数字经济发展水平较高，因此增长率较低，但城市群数字经济发展水平仍呈现上升趋势。城市群内核心城市带动作用明显，高水平科技人才与高端基础设施聚集，为数据科技、数字经济的发展奠定了基础，数据要素对经济发展贡献增大，拉动城市群数字经济发展水平不断上升。

（二）城市群数字经济发展水平差异明显

我国城市群数字经济发展水平差异较为明显，呈现明显的空间异质性特征，主要表现在以下两个方面：一方面，城市群数字经济发展差异较为显著。一是东部沿海地区城市群数字经济发展水平明显高于中西部内陆地区城市群。最为明显的是长三角、珠三角和京津冀城市群的数字经济发展水平明显高于关中、成渝城市群。二是东部和中部地区各城市群的数字经济发展差异大于中西部地区各城市群。东部和中部地区珠三角城市群与中原城市群、关中平原城市群与成渝城市群的数字经济发展差异较大，而中西部地区城市群相对差异较小。另一方面，单个城市群内部各城市数字经济发展水平也有明显差异。一是单个城市群沿海地区数字经济发展水平低于内陆地区的情况。以山东半岛为例，山东半岛城市群中沿海城市的数字经济发展水平高于中西部内陆地区。二是单个城市群内直辖市、省会城市等数字经济发展水平明显高于其他城市。以京津冀城市群、关中城市群、北部湾为例，北京、西安、海口等城市在所处的城市群里首位度较高，数字经济发展水平远高于城市群内的其他区域。

（三）城市群空间经济联系日益紧密

随着数字经济的发展，城市群空间经济联系趋于紧密，各城市群之间关联度提升明显，城市群内各节点城市间的数字信息交流日趋紧密。以长三角城市群为例，上海作为长三角的核心城市，与杭州、南京、苏州等城市的空间经济联系较强；京津冀城市群中核心城市北京与天津、秦皇岛、保定空间经济联系较强；珠三角城市群中核心城市广州、深圳、东莞与珠海、佛山等空间经济联系较强。城市群的网络密度逐年递增，基于百度指数的城市群内部所属区域的联系日益紧密，关联度明显增强。

三、以数字经济发展推动城市群空间结构优化对策建议

数字经济的发展使各城市群以及城市群内部各区域间的空间经济联系更为紧密，数字经济的发展对城市群空间形态优化意义重大，逐渐成为重塑城市群空间

结构的重要动力。

(一) 引导数字经济发展, 带动城市群空间形态优化

积极发展数据科技新兴行业, 切实推动互联网产业与其他产业融合发展, 推动数字经济与实体经济的深度融合, 加大"互联网+"的覆盖范围, 激发数字经济相关产业发展, 将数据动能最大化, 以数据要素的正向影响带动城市群空间形态优化。加大对数字经济的研发支持, 对于数字经济所涉及的重点领域, 如云计算、大数据、人工智能等, 加大扶持力度, 实现政策倾斜。政府加大对数字经济发展的基础设施建设, 加快产业数字化以及数字产业化发展进程。积极搭建城市群数字合作发展平台, 开放数据交易信息, 推动各城市群以及城市群内部各区域对接数字产业合作项目, 促进区域协调发展, 从而推动城市群整体发展, 带动城市群空间形态优化。

(二) 搭建全局框架, 统筹城市群协调发展

要搭建全局框架, 根据各城市群数字经济发展差异制定针对性发展策略, 正视发展差异, 畅通各城市群及城市群内部各区域合作渠道, 形成城市群发展的数字创新网络, 推动我国城市群整体数字经济发展水平。在最大限度缩小城市群发展差距的同时也要协调城市间数字经济发展速度的提升, 各城市群根据自身情况制定发展规划。东部沿海地区发达城市群应坚持创新引领, 以数字经济推动城市群空间布局更新。中西部内陆地区各城市群数字经济发展水平较低, 应最大限度开发资源禀赋, 按照自身在国家各城市群中的发展定位找准适合自己的发展路径, 提升数字经济承载力, 补齐自身短板, 加大科技创新人才的培育力度, 激发城市群发展创新活力, 激发自身发展潜能, 政府制定相应策略, 尽量避免"城市吸虹"现象的出现。

(三) 强化数字经济背景下城市群空间经济联系

强化数字经济背景下城市群空间经济联系要从以下两方面入手: 一是优化数字经济发展环境。要加强数字经济发展基础设施建设, 提升跨城市群以及城市群内部跨区域的合作, 最大限度消除城市群合作发展壁垒, 深化城市群经贸合作。二是优化城市群内城市网络布局。要充分发挥省会城市、直辖市等城市群中核心城市、枢纽城市的示范带动作用, 同时加大对城市群中边缘城市的建设力度, 精确城市群内各城市的功能定位, 优化城市网络布局, 建成空间布局合理, 中心边缘协调的城市网络布局。

参考文献

[1] G. Mulgan. Communication and control: networks and the new economics of communication

[M].Polity Press,1991.

[2] Allan D. Wallis. Evolving structures and challenges of metropolitan regions [J]. National Civic Review,1994(1).

[3] Kenneth E. Corey. Intelligent corridors: outcomes of electronic space policies [J]. Journal of Urban Technology. 2000(2).

[4]江曼琦.知识经济与信息革命影响下的城市空间结构[J].南开学报,2001(1):26-31.

[5]姚士谋,朱英明,陈振光.信息环境下城市群区的发展[J].城市规划,2001(8):16-18.

[6]宁静.数字经济对城市的影响[J].哈尔滨师范大学自然科学学报,2002(5):108-112.

[7]刘传辉.数字经济背景下城市群空间经济联系及效应研究[D].西南财经大学,2019.

[8]李程骅."中国式现代化新道路"的生动实践与重要支撑——"中国情景"城市群发展战略提升[J].江南大学学报(人文社会科学版),2021,20(5):19-26.

[9]陈洁仪,张少华,潘丽群.中国城市规模分布特征研究——基于2010—2019年普查数据的分析[J].产业经济论,2022(1):185-200.

提高河南县城人口承载能力研究[*]

县城处于中心城市与乡村之间，正是农民就近进城就业安家、农民工返乡创业、城乡要素跨界配置、文化情感认同和产业协同发展的天然载体。提高县城人口承载能力就是提升县城新型城镇化载体功能，对于优化城镇化空间格局、"托底"完成城镇化进程、推进城乡融合发展意义重大。河南位于我国中部地区，是农业人口大省，户籍人口和常住人口城镇化率均较低且相差较大，新型城镇化任务较重，且大中城市农民工市民化速度放缓，郑州都市圈整体辐射带动力较弱，因此着力提高县城人口承载能力，对于建设高质量现代化河南意义更加重大。

一、河南提升县城人口承载能力成效显著

（一）基础设施支撑能力明显提高

河南省实施百城建设提质工程以来，将基础设施作为以县城为重要载体城镇化建设的首要任务，强弱项、补短板，大力推进基础设施建设。截至2020年底，新增各类城市道路4691.02千米，城市路网密度提高到5.1千米/平方千米，人均城市道路面积15.19平方米。累计开工建设地下综合管廊262.6千米。城市建成区供水管道密度8.76千米/平方千米，供水普及率97.38%，总供水能力达到1295.06万吨/日。铺设供热管网1.3万千米，集中供热面积达到6亿平方米，用气家庭1295万户，城市燃气普及率达到97.05%。老城区改造快速推进，完成老旧小区改造6400多个，惠及群众88.6万户。新建改造城市公厕7346座，新建街头游园2011个，新建公园2198个，全省设市城市建成区绿地率35.59%，建成区绿化覆盖率41.03%，建成区人均公园绿地面积12.69平方米。

（二）公共服务能力大幅提高

2016年以来，重点围绕"就学难、看病难、养老难、停车难"等一大批民生难题，想人民所想，急群众所急，加大基本公共服务供给，公共服务能力得到

---

[*] 作者：盛见，河南省社会科学院城市与环境研究所副研究员。

较大提高。新建扩建幼儿园 1075 所，新增学位 24.05 万个。新建扩建中小学 1723 所，新增学位 154.41 万个。新建扩建医院 501 所，新增床位 14.03 万个。新建扩建文化项目 3163 个，体育项目 2114 个。新建停车场 2727 个，新增车位 79.52 万个。全省住房保障水平从 2008 年的人均 8 平方米提高到了当前的人均 15~20 平方米，全省 150 余万户棚户区居民和 130 万户中低收入住房困难家庭住房问题得到解决。

（三）人口吸纳能力快速提高

总体上看（见表1），2010 年第六次人口普查（以下简称"六普"）以来，河南省大中小城市人口吸纳能力和吸纳速度快速提升，位于中部地区首位，居于全国前列。第七次人口普查（以下简称"七普"）数据显示，河南省常住人口比六普上升 5.68%，高于全国平均水平 5.38%，也高于中部地区其他五个省份；城镇常住人口比重比六普提高 16.91 个百分点，高于全国平均水平的 16.91 个百分点，也高于中部地区其他五省，更高于东部发达省份。

表1　河南七普常住人口纵横比较

国家及相关省市	常住人口（万人）	常住人口比六普上升（或下降）的百分比（%）	常住人口城镇化率（%）	城镇常住人口比重比六普提高的百分点
国家	141178	5.38	63.89	14.21
河南省	9936.55	5.68	55.43	16.91
湖北省	5775.26	0.90	62.89	13.19
湖南省	6644.49	1.13	58.76	15.46
安徽省	6102.7	2.57	58.33	15.34
山西省	3491.56	-2.23	62.53	14.48
江西省	4518.86	1.39	63.89	14.21
北京市	2189.3	11.0	87.5	1.5
上海市	2487.09	8.0	89.3	—
江苏省	8474.80	7.74	73.44	13.22
浙江省	6456.76	18.63	72.17	10.55
广东省	12601.25	20.81	74.15	7.97

注：上海市城镇常住人口比重比六普提高的百分点数据缺。
资料来源：国家、河南省和相关省市的常住人口、常住人口比六普上升（或下降）的百分比、常住人口城镇化率、城镇常住人口比重比六普提高的百分点是根据互联网上公布的第七次人口普查数据整理得到的。

二、河南县城人口承载能力相对不足的问题分析

虽然近年来河南县城人口承载能力快速增强，人口承载增速高于中部地区其他五个省份，也高于全国平均水平，人口承载能力显著增强，但是河南人口规模大、新型城镇化任务重，而常住人口城镇化率居于中部地区末位，也大幅低于全国平均水平，更低于发达地区县城，人口承载能力不足的问题突出。

（一）产业基础相对薄弱，人口就业吸纳能力有限

1. 营商环境有待改善

河南县域经济营商环境中受"熟人社会"影响大，业务办理环节多、时间长、费用高，政策可持续性差，信息互通共享困难等问题突出，增加了招商引资和产业发展的难度。

2. 工业强县"产强链短"情况较为普遍

郑州、洛阳、焦作、新乡、许昌、平顶山等传统工业强市，有很多工业强县，如巩义、长葛、禹州、新密、孟州、长垣、新安、汝州等县市，虽然工业相对较强，但是产业链条较短，且与所处区域中心城市及县域内的一产、二产融入不够，产业根植性不强，没有形成区域产业整体竞争优势。

3. 农业人口大县"有城无产""城强产弱"

很多农业人口大县，如邓州、固始、太康、唐河、上蔡、郸城、新蔡、杞县、商水、淮阳、滑县等，不少县城布局框架较大，但由于缺乏工业支撑，导致县城制造业和配套服务业发展缓慢，且与当地优势农业资源匹配不够，后劲不足，产品单一、链条短，集聚性不够，承担进城农民就业功能不足。要通过强化产业基础，稳固就业支撑。

4. 产业发展与"稳就业"缺乏紧密结合

河南是劳动力资源大省，但很多县城，一方面没有将产业发展与"稳就业"紧密结合起来，一味追求"高端"产业项目，不断推进"机器换人""智能换人"，劳动密集型产业发展不足；另一方面服务业发展不足，县城服务业普遍发展滞后，交通物流中心、金融配置中心、市场消费中心等服务中心功能不强。

（二）公共基础和公共服务设施欠账较多，人口公共服务能力不足

1. 财政投入长期不足

公共设施和公共服务设施欠账较多，说到底就是财政投入长期不足造成的。河南是农业大省，整体财政收入不高。2020年，在全省183个县市区（含158个县市区和25个功能区）中，一般公共财政收入有7个超过60亿元的县区，全部分布在郑州市；有37个处于20亿~60亿元，全部分布在河南省中北部；有67

个县区低于10亿元,主要分布在豫南、豫东、豫西南和豫东北的粮食主产区。

特别是一些农业人口大县,如固始、太康、淮阳、郸城、上蔡、新蔡、滑县等县,产业基础薄弱,以前均是国家级贫困县,成为理所当然的"财政小县",而这些人口大县每年一般公共预算支出均在70亿元以上,财政支出缺口很大,是典型的"小马拉大车",难以对县城公共基础设施和公共服务设施形成持续高水平投入。

2. 县城公共服务设施供给低效

县城整体上公共设施供给粗放,质量低下,效率不高。县城基础设施和基本公共服务设施供给,一般是由县级政府"自上而下"来决策供给的,缺乏足够的公众参与,一些地方受错误的"政绩观"影响,往往对居民实际需求关注不够,容易出现供需错位。如教育、医疗、养老等公共服务供给紧张;一些公共服务设施"贪大求洋","好看不好用",居民使用率低;一些医院、学校、养老院、停车场偏离主城区,使用不便。

3. "一老一小"公共服务问题突出

公共服务供给短板中,"一老一小"群体的教育、医疗、养老服务供给不足问题最为突出,成为公共服务短板中的"短板",特别是由于子女结婚和孙辈上学需要,农民大多愿意在县城买房,进城人口不断增加,"短板"更"短"。强化优质教育、医疗、养老服务供给,这不仅能解决进城人口"学"和"养"的问题,也能够通过城镇化最大限度地解决农村"留守儿童"和"留守老人"的教育和健康养老难题。

(三)优势没有充分发挥,人口吸引力不强

从未来城镇化的趋势来看,县城既是城镇体系的"尾",又是县域城镇化的"头",具有城镇化成本低、无"大城市病"、地域文化认同度高等城镇化优势,农民更有可能成为县城居民而非大中城市的农民工,"离土不离乡"就地城镇化优势十分明显。但是,这些优势在河南各地推进以县城为载体的城镇化过程中,往往被忽视,降低了农民到县城就地城镇化的愿望。

1. 低成本优势没有充分保持

相比大中城市,县城新型城镇化成本低,既体现在建设成本低,更体现于进城农民住房、教育和生活等市民化成本低,这是县城城镇化的最大优势。但是,在推进城镇化建设进程中,不少县城热衷于"土地财政",大拆大建,推高了房价和生活成本,抬高了农民进城的经济门槛。

---

① 根据百度百家号"县域经济瞭望"《2020河南所有县(市)地方财力超5亿,10亿以上县(市)77个》的相关数据整理得到。

2. "小而优、小而缓"优势被弱化

一些县城向大城市看齐"求大求快",热衷于建新区拉大城市框架、建大商场、修宽马路,很多地摊和小店经济失去了依托,在加快工作生活节奏和成本的同时,也增加了居民对自己所处城市的陌生感、疏离感与焦虑感。

3. 对于地域文化认同优势发挥不够

相对于大中城市,农民流入县城既是对县城经济门槛低、生活便利的认同,更是在心理上、情感上对地域文化的认同。中原是华夏文明的核心区,乡土文化更加深厚,叶落归根的"老家"情结更加浓厚,已成为推进县城新型城镇化的重要动力。但许多县城对此重视不够,没能在城市风貌及居民精神面貌塑造、熟人社会建设、饮食文化传承等方面充分彰显地域文化特色。

三、提高河南县城人口承载能力的路径

(一)强化产业基础,稳固就业支撑

1. 优化环境"引产业"

一是下大力气推动"关系型社会"转向法治社会。县城的社会关系往往是熟人的"关系型社会"占主导,优化营商环境首先避免"关系型社会"对营商环境的干扰,要着力塑造强有力的法治环境。二是将招商引资与外出务工人员返乡创业就业结合起来。内地县域经济的招商引资最大的优势在于"亲情招商"。三是确保政策的连续性。一个县域经济的发展,需要在科学规划论证的基础上,确定好主导产业,制定好城市发展方向,一任接着一任干,最大限度保证政策的连续性。

2. 完善链条"强产业"

依据县城自身特点,坚持错位发展,突出"融合"发展,持续打造县城产业优势。对于资源工业县,要高位嫁接,"延链、补链",转型升级;对于先进工业县,要优中培新,"强链、延链",做大做强,做精做优。对于农业大县,要无中生有,"建链、补链",积极引进工业,打造新的产业优势。无论是工业县还是农业县,不仅要推动现代农业的发展,还要抓好"农头工尾"的衔接,强化工业的根植性,更要服务于工农业发展和居民消费,抓好服务业集聚发展。

3. 发展产业"稳就业"

一是大力发展劳动密集型产业。劳动密集型产业并非低端产业,要立足于县域劳动力丰富优势,大力发展劳动密集型工业。如睢县 2012 年以来,引进制鞋劳动密集型产业集群,打造中原鞋都,取得巨大成功,吸纳就业人员 8 万多人。二是大力发展服务业。县城是县域经济的消费中心、交通物流中心、金融配置中心、综合服务中心,要立足县城集聚发展商贸物流、交通运输、餐饮住宿、电子

商务、文化旅游、技能培训等服务业。三是尽量避免产业数字化发展对就业岗位的侵占。

(二)强弱强、补短板,强化公共设施的基础支撑

1. 强化县级财政对县城的公共投入

认真落实河南《深化省与市县财政体制改革方案》,将各县(市)财政体制由省财政直接核定,与所在省辖市在财政管理体制上属并列关系,避免出现地市与其下辖县(市)间"财权上收、事权下移"现象,县(市)范围内的财政收入市级不再分享,最大限度赋予县(市)财政管理权。贯彻落实国家发改委《关于加快开展县城城镇化补短板强弱项工作的通知》,积极开展县城城镇化补短板强弱项行动。

2. 强化基础和公共服务设施"供需精准匹配"

一是与县城新增吸纳人口规模精准匹配。完善财政转移支付和城镇新增建设用地规模与农业转移人口市民化挂钩政策。根据人口流动实际调整人口流入流出地区教师、医生等编制定额和基本公共服务设施布局。二是与县城新增吸纳人口的真实需求精准匹配。应完善供给决策"公众参与"机制,在基础和公共服务设施规划、建设、管理的决策方面,应邀请居民共同参与,强化对居民特别是大量进城农民的真实需求响应。

3. 强化"一老一小"的公共服务供给

一是强化学前教育、义务教育及高中教育的供给。创新公共服务供给方式,加快县城学前教育和义务教育学校扩容增位,增加有效供给。推动实现县城义务教育资源供给与常住人口相匹配,增加教师两房建设。合理优化普通高中教育资源配置,进一步向县城集中。二是强化养老服务供给。支持家庭承担养老功能。发展普惠型养老服务,深化公办养老机构改革,完善公建民营管理机制,支持培训疗养资源转型发展养老服务,扩大养老机构护理型床位供给。进一步加强老年健康服务体系建设。

(三)强化县城天然优势,提高城镇化吸引力

1. 保持"低成本"

一是着力降低农民县城购房成本。加快建立多主体供给、多渠道保障、租购并举的住房制度,并将进城农民也纳入公租房保障范围。结合宅基地"三权分置"改革试点进展稳妥开展农民住房财产权抵押贷款业务,支持农民进城购房。鼓励有条件的县(市)政府对农民和外来人员进城购买首套商品住房,给予一定比例的购房补贴,或由当地财政对购房者按所购房屋缴纳契税额度的适当比例给予购房补贴。二是进一步降低县城各类生活成本。减少大型商超建设,鼓励发展地摊和小店经济。

2. 塑造"慢生活"

一是促进产城融合、职住平衡。要避免大城市产城分离、职住分离、通勤时间长的"大城市病",要从县城规划、建设和运营管理多环节入手,统筹生产、生活和生态布局,着力优化职住空间,推进产城融合,全方位打造30分钟"就业圈"、15分钟"生活圈",最大限度减少通勤距离和时间。二是增加城市"慢生活"容量。试点推广街区制,增加饮食、文化休闲街区,开辟自行车道、步行道等慢行网络,适当增加早市、跳蚤市场、地摊和小店经济街区场所,多措并举,营造"慢生活"环境。

3. 凸显"文认同"

一是在塑造城市风貌中彰显地域文化。要保护和恢复历史文化街区和历史建筑,更要传承和弘扬富有地域特色非物质文化,延续地域文脉。特别是要传承和弘扬当地饮食文化,开发建设当地传统美食文化街区。二是在塑造居民精神面貌方面彰显地域文化传统。在弘扬诚信守法、勤俭节约、互帮互助、孝敬老人、家庭和睦等风气的基础上,积极融入当地优秀传统文化风俗,营造积极向上人文环境。

参考文献

[1] 李铁. 新型城镇化路径选择 [M]. 北京:中国发展出版社,2016.

[2] 贺雪峰. 城市化的中国道路 [M]. 北京:东方出版社,2014.

[3] 内蒙古环球前途教育咨询有限公司."十三五"期间河南百城建设提质工程成效显著 [J]. 建筑界,2020-12-23.

河南农村地区青壮年就业创业情况分析*

就业是最大的民生,"稳就业"和"保居民就业"分别是"六稳""六保"工作中的首要任务。河南省第十一次党代会明确提出,"突出抓好'一老一小一青壮'民生工作,解决好群众'急难愁盼'问题,让老百姓获得感成色更足、幸福感更可持续、安全感更有保障"。当前,乡村振兴进入快车道,乡村振兴首要是就业振兴,农村地区的青壮年是乡村社会发展的顶梁柱,也是未来经济社会发展和建设的中坚力量,该群体的就业对乡村振兴发挥着重要的支撑作用。

一、河南农村青壮年就业创业的发展现状

(一)人人持证技能河南加快推进

近年来,河南省十分重视技能人才队伍建设,在提升劳动者素质和技能方面积极探索新路子。2017年12月,制定出台了全国首部有关职业培训的地方性法规——《河南省职业培训条例》,该法规为规范职业培训活动、促进职业培训事业健康发展提供了法律保障。2019年9月印发《河南省职业技能提升行动方案(2019—2021年)》,全面提升技能人才的发展水平。截至2021年6月底,全省已完成补贴性职业技能培训600万人次,完成先进制造业从业人员技能培训30万人次,完成高技能人才"金蓝领"技能培训500人次,完成乡村振兴"整村推进"职业技能培训40万人次。[①] 2021年,河南全面推行"企业新型学徒制",这一创新制度为企业输送满足专业需求的对口技能人才。2021年10月,河南省第十一次党代会明确指出,要推进"人人持证、技能河南"建设,这是河南省

---

* 作者:孙月月,河南省社会科学院科研处研究实习员。

① 《河南:深入实施职业技能提升行动全面提高技能人才发展水平》,中华人民共和国人力资源和社会保障部官网,2021年8月4日,http://www.mohrss.gov.cn/SYrlzyhshbzb/dongtaixinwen/dfdt/202108/t20210804_420066.html。

全面深化改革开放，高质量建设现代化河南

在劳动力资源领域实施的新的重要工程，将为高质量建设现代化河南、高水平实现现代化河南提供人才动力和支撑。

(二) 新的就业形态和增长点涌现

新一轮科技革命和产业变革继续深入发展，乡村振兴战略全面实施，农村地区孕育的巨大发展潜力逐渐显现，新的业态如绿色农业、农村电商、休闲农业发展迅速，农村地区的传统就业方式发生着改变，新的就业形态也随之不断涌现，很多新兴的就业创业机会和就业增长点日益增多。信阳新县大力发展红色生态游、乡村休闲游，旅游产业对全县 GDP 的贡献值达 23.5%，从而带动了餐饮、住宿、土特产等的就业增长。相当数量的年轻人通过拍摄短视频获取流量，最终通过在电商平台中进行网络直播带货的方式实现创收，手机成为了"新农具"，"网红经济"或"直播经济"发展迅猛，网络直播带货成为当前农村地区青壮年的典型职业之一，有效提升了农村青壮年的就业创业能力，为乡村展业振兴注入强劲动力。如曾是国家级贫困县的确山县抓住机遇与淘宝直播联合培养了近 200 名农民主播，直接创造了 1500 个就业岗位，确山县根据"粉丝"需求调整种植结构，推动了合作社的产品生产和包装的正规化，实现了农业增收，仅 2021 年春节的农特产品销售额就达到了 157 万元，农民的幸福指数也明显提升。① 此外，数字经济的蓬勃发展为农村地区的就业提供了新机会，借助互联网平台从事快递员、外卖配送员、网约车司机、互联网营销师等行业的群体数量也在上涨。

(三) 返乡就业创业发展势头良好

河南对于返乡创业的思路清晰、措施到位，就业政策不断发力，支持鼓励帮助农民工等人员返乡创业、就业、兴业，为返乡创业创造条件、搭建平台、提供服务。作为农民工大省，河南实施"凤归中原"工程，举办 2021 年"凤归中原"返乡创业大赛，于 2019 年就成立的"河南省农民工返乡创业专家服务团"通过专家讲座、现场指导等方式发挥智囊团的作用。

在创业场地上，加强返乡创业载体建设，支持鼓励符合产业集聚区、特色商业区等各类园区发展规划要求的农民工创业项目入驻，如商丘睢县建设好标准化且租金便宜的车间，创业者可以直接拎包入住。② 在创业资金上，拓宽融资渠道，创立投资基金，降低担保门槛，采取"公司+农户"担保、园区担保、自然

---

① 《河南确山"变身"淘宝直播县，全县涌现 183 位农民主播》，《潇湘晨报》，2021 年 5 月 26 日，https://baijiahao.baidu.com/s? id=17008134044863408668wfr=spider&for=pc。

② 《"农创客""土专家"助力乡村振兴》，《河南日报》，2021 年 3 月 7 日，http://newpaper.dahe.cn/hnrb/html/2021-03/07/content_478760.htm。

人担保等多种担保形式。2021年以来，河南省级农民工返乡创业投资基金累计撬动社会资本达到96.2亿元，带动了10万多人就业。① 在用人用工上，开展"春风行动"专场招聘会，线上线下相结合，将政策、岗位、服务送到"村头"，也解决了创业者用人用工的后顾之忧。同时，很多掌握了先进理念、技术、资源和信息的豫籍老板看好家乡良好的营商环境、更低的人力成本和方便的交通，看好家乡的发展势头和机遇，将工厂和公司扩展到了家门口，带动邻里乡亲共同奔小康，过上了好日子。截至2021年10月底，全省农民工返乡创业累计达到166万人，带动970多万人在家门口实现就业。②

二、农村地区青壮年就业创业存在不足

（一）供需矛盾仍然存在

第一，市场供需的结构性矛盾突出，技能人才队伍建设与发展要求还有一定差距。习近平总书记指出，"技术工人队伍是支撑中国制造、中国创造的重要基础。"企业用工需求上，产品加工业、服务行业的缺工现象较为普遍，缺乏技术型、服务型的灵活就业人员就业，由于产业技术不断升级，先进制造业、新兴产业的发展对能够熟练掌握先进技术、有丰富经验的技术人才需求较大，技工供不应求。劳务市场上，高级焊工、高级电工、工业机器人操作维修工等工种即使高薪也常常"一人难求"。数据显示，在河南省5700万劳动适龄人口中，技能人才数量只有900多万，占比仅为15.8%，与全国相比，低了6.9个百分点。③ 第二，农业实用人才、新型职业农民等人才有所增加，但仍然无法满足农村发展所需，同时掌握现代农业技术、善于经营管理等综合技能的复合型人才更是少之又少。第三，由于相当一部分农村青壮年仍然选择在城市打工，流向了非农领域，所以，农村的劳动力尤其是"低龄"的劳动力供给明显不足，留守女性数量相对较多。

（二）劳动者素质待提升

首先，农村地区灵活就业人员中农村小商小贩、生活服务业从业者、大龄失业人员居多，很多行业门槛较低、工作技术含量低、可替代性强、收入偏低、抗风险能力弱、竞争力不强，往往面临着场地支持难、资金筹措难、能力提升难等

---

① 《省财政厅多措并举在发展中持续补齐民生短板》，河南省人民政府官网，2022年1月6日，https：//www.henan.gov.cn/2022/01-06/2378600.html。

② 《美丽乡村魅力大：吸引累计166万人返乡创业，带动970多万人就业》，大河网，2021年10月28日，https：//news.dahe.cn/2021/10-28/917740.html。

③ 《品热词 抓落实③："一老一小一青壮"，为何格外受重视？》，河南日报客户端，2021年11月29日，https：//www.henandaily.cn/content/2021/1109/331380.html？ivk_sa=1023197a。

问题，而且多为一些暂时性的工作，短工化问题突出。同时，也比较缺乏具有较高竞争性、较强专业性的新型就业科技人才、农民技术骨干、农村经纪人、电商人才等。如农村电商需要能够完成店铺设计、美化工作、产品销售、文案编辑、促销活动策划、数据处理等的专业人才。其次，根据《河南省第三次全国农业普查主要数据公报》，河南省农业生产经营人员的受教育程度普遍偏低，初中学历占了58.6%，综合素质整体偏低。返乡创业的农民工文化素质也普遍偏低，学习能力较弱，受经济基础、市场环境等多种客观因素的影响，抵御创业风险的能力相对较弱，有的缺乏经营管理的经验和现代化的知识能力，有的在资金和项目选择上较为模糊或盲目，思维方式也相对受限，有的则缺乏创业的自信心，劲头不足，这都在一定程度上束缚和阻碍了创业的顺利进展。而且，农民工返乡创业整体上还处于起步阶段，难度较大，持续发展不易。

（三）就业环境有待改善

一方面，长期以来，我国农村地区的就业环境不利于吸引优秀的人才投身扎根。主要原因在于，农村地区的营商环境相对不优，产业发展环境相对不佳，基础设施建设相对落后，企业规模相对较小，薪酬福利不优越，求职者就业方向与乡村企业匹配度低；就业和生活相对不便，教育资源相对较弱，交通、通信、能源网等建设相对滞后，因此，青壮年群体在农村主动就业创业的整体意愿不强。另一方面，人们对技能人才的重视程度不够，观念守旧，技工院校的毕业生学历被歧视、晋升渠道局限狭窄、待遇不高等问题长期存在，人们的思想观念与振兴乡村的需求仍存在较大差距。个别地区对农民工返乡创业的认识不够，出现了创业培训时间短、科目单一，流于形式的问题。

三、对策建议

全面实施乡村振兴战略对人才的数量和素质都提出了更高的要求，更加高效高质量地促进河南人口数量红利向素质红利转变，进一步释放人才红利，建设更加出彩的中原。

（一）顺势而为，强化政策措施的研究制定

第一，坚持以需求为导向，强化政府责任，进一步强化就业优先政策，注重政策创新，不断完善、健全就业政策措施，对农村地区就业形势出现的新变化加强研究探索，善于及时发现和把握就业创业新规律、新趋势，顺势而为，不断挖掘内需劳动就业，不断规范、促进和支持如家政行业、养老行业等新就业形态、非标准就业、非典型就业的良性发展，推出更能激发创新活力的举措和支持政策，制定相应的规章制度，强化政策和制度的供给能力与保障支撑能力，进而促进就业创业的政策体系、制度体系的日益健全。需要注意的是，要坚持因地制宜，不盲目追求"高大上""高精尖"的技术或者产业。第二，要不断完善相关法律法规，加快补齐法律短板，进一步保障农村青壮年劳动者的合法权益，促进农村地区就业创业依法依规发展，为稳就业提供法律保障。第三，要深入乡村开展调查研究，掌握第一手资料，摸清乡村经济的发展情况，在此基础上精准施策，不断提升和优化就业服务，另外，整合脱贫攻坚、招商引资、就业创业等的优惠政策，有针对性地解决发展痛点、难点问题，提高农村青壮年的就业质量。第四，用足用好公益性岗位，加大帮扶力度，确保农村地区"零就业家庭"动态清零。①

（二）抓住关键，加快技能河南的建设步伐

第一，要进一步转变观念，加强宣传引导，在全社会营造尊重技能人才的浓厚氛围，让技能人才拥有更多的职业获得感和职业自豪感，激发广大青壮年劳动者关注、学习、提升技能，吸引他们投身技能，掌握和发挥自己的一技之长，选择技能成才、技能报国之路。第二，切实提高技能人才的薪酬待遇，要树立技能人才凭实力、凭能力、凭技术、凭贡献成长成才的导向，建立畅通的技能人才发展和晋升通道，进一步完善有利于技能人才成长的体制机制，建立健全技能人才评价激励体系，拆除青壮年技能人才成长的"天花板"。第三，深入挖掘和培养农村各类能工巧匠、传统技艺的传承人，在全社会弘扬工匠精神，以适应农村经济社会文化发展的各类需要。第四，就地取"才"，着力培养懂技术、懂管理、懂经营、爱农业的新型职业农民，建立健全农业职业培训体系，加大培训力度，增强培养效果，优化人才队伍，以缓解农村地区人才总量不足的问题，以解决农村"谁来种地"的问题。② 同时加快数字农业复合型人才的培养。第五，加快知名品牌的打造。要着眼于"把河南劳务品牌叫得更响"，进一步强化培训链和产业链、创新链、就业链的协同对接，培育出一批与河南劳务品牌交相辉映的新的人力资源品牌。重点支持一些具有市场前景、带动就业能力强的培训品牌。第六，要发挥职业院校的主体作用，进一步深化职业教育改革，加强与用人单位的合作，坚持走产教融合的道路，开展订单培训、定向培训，根据当地产业经济发展的特色开设培训专业和设置培训课程，培养出更多社会急需的高技能人才。

（三）找准重点，注重就业环境的优化改善

第一，要加快更新、转变思想观念，打破思维定式，"返乡青年"在农村就业创业并不是"降级生活"的不得已选择，而是乡村经济社会发展带来的发展

---

① 王承哲：《河南社会发展报告（2022）加快建设幸福美好家园》，社会科学文献出版社，2022年。
② 《人才是乡村振兴的关键》，《河南日报》，2021年1月15日，http://newpaper.dahe.cn/hnrb/html/2021-01/15/content_469823.htm。

机遇。第二，要加强就业信息平台的搭建、维护和更新，拓展就业渠道和就业空间，畅通青壮年劳动者的社会性流动渠道，全方位、全地域的开展就业服务，解决好企业"招工难"和劳动者"求职难"问题，特别是要聚焦多渠道灵活就业和创业，这是解决低收入人群的有效途径，可通过按需组织专场招聘会、搭建线上"零工平台"等方式精准对接。第三，要完善青壮年劳动者的用工、权益保障等社会保障制度，尤其是要关注新就业形态中的劳动关系等问题，可在特定的劳动者群体和区域中开展试点。第四，要加强就业服务的数字化建设，不断提高农村地区的公共就业服务能力，打通地域限制，可继续依托河南省"互联网+就业创业"信息系统、河南终身职业培训服务平台、"河南就业"微信客户端等线上平台，提升农村青壮年就业群体信息获取、网上办事的便利度。同时，还要不断延伸服务触角，积极探索线上教育、线上居家办公、道路运输行业等新模式，对有创业意愿的青壮年组织进一步加强经营策略、市场分析等方面的专业创业培训。第五，继续拓宽融资渠道，加大资金投入和补贴力度，减低注册资本的最低限额，简化贷款审批流程。第六，建立健全"三农"人才的培养、管理、激励、保障机制，不断优化农村自然环境、社会环境、人文环境，创造更好的生活条件，增强乡村对人才的吸引力。

新时期河南农业农村现代化发展重点及路径选择[*]

社会主义现代化离不开农业农村现代化,没有农业农村的现代化,国家现代化也不完整、不全面、不牢固。2021年中共中央、国务院发布《关于全面推进乡村振兴加快农业农村现代化的意见》,提出要坚持农业农村优先发展,坚持农业现代化与农村现代化一体设计、一并推进,全面推进乡村产业、人才、文化、生态、组织振兴,加快农业农村现代化,为全面建设社会主义现代化国家开好局、起好步提供有力支撑。河南作为我国重要的农业大省、农村人口大省,肩负着农业发展新使命,在区域发展总体格局中具有重要战略地位。

一、新时期河南农业农村现代化发展重点

新时期,河南农业农村现代化建设应当围绕农业农村现代化建设中的薄弱环节、关键领域和投入少、见效快领域,明确优先点和着力点,逐个突破,并由此带动和影响其他领域现代化发展,从而整体推进农业农村现代化发展。

(一)着力推进产业生产机械化

农业机械化是农业生产的重要物质技术基础,是农业农村现代化的重要组成部分,也是推进农业和农村经济持续快速发展的重要保证。国内外发达地区的工业化和现代化进程中,都无一例外地经历了农业机械化持续、快速发展,农村现代化发达地区无一不是生产工具、仪器设备先进、充足的地区。过去几十年来,河南农业农村积极倡导和力求机械化,取得了一定的可喜成绩,但与发达地区相比,机械化水平还不高。当前乃至将来一段时间,河南都应继续将农业农村生产机械化建设摆上重要的位置来抓,尽力增加农业农村固定资产投资,充实、改良农业农村生产机器设备,促使农业农村机械化建设取得较大进展。

---

[*] 作者:刘依杭,河南省社会科学院农村发展研究所助理研究员。

全面深化改革开放，高质量建设现代化河南

（二）着力提高农业农村技术化

科学技术是第一生产力，是提高资源利用率、产出率，实现产业升级、产品升级强有力的助力器、催化剂，是未来农业农村经济发展的主战场。2020年，河南农业科技贡献率为60.7%，还有较大的提升空间。河南应当进一步强化农业农村科技发展，加快传统农业产品、传统农村产业的改造升级步伐，在技术革新中积极开发、引进和推广新技术、新工艺，努力挖掘、培植新产品、新产业，大力发展战略性新兴产业，持续提升产品质量档次，增强市场竞争力，促使农业农村科学技术发展有更大的进步，促使科技对农业农村经济社会的发展有更大的贡献。

（三）着力推进新型农民职业化

现代农业社会、现代农村社会专业分工越来越细，作业要求越来越高，从业人员职业化现象越来越明显。发展现代农业、建设现代农村，迫切需要一大批职业化从业者；此外，随着城市的大发展、工业的大发展，大量农民进城务工已成为不可阻挡之势，农村农业从业人员越来越少，需要农民分工合作。因此，要提升农民综合素质，提升农业技能水平，形成干一行、爱一行、钻一行的职业化道路，从而适应新时期农业专业化分工态势。河南作为以农业经济为主的省份，应当将农民的职业化建设作为农业农村现代化的重要内容来抓，大力培育"有文化、懂技术、会管理、善经营"的新型职业农民，以适应现代经济社会发展要求，提高农民现代化水平。

（四）着力抓好经营管理现代化

经营管理体制、机制、方式、手段对农业农村的现代化建设有重要的抑促作用，经营管理的现代化也是农业农村现代化的重要内容之一。相对其他领域的现代化建设而言，经营管理的现代化在资金、物质投入相对较少，关键在于理念上的革新。因此，在新时期背景下，河南要着力推进农业农村经营管理信息化、现代化实现重大突破，为农业农村其他领域的现代化建设创造良好的软环境，提供强大的软实力。

二、新时期河南农业农村现代化发展主要方向

农业农村现代化发展具有一定的规律性。河南在推进农业农村现代化发展中，要以地域差异性、延续前瞻性、融合多样性、辐射功能性为主要方向，进一步增强河南农业农村发展活力。

（一）彰显农业农村现代化发展的差异性

无论是以行政区域为单元的区域，还是跨行政区域为单元的区域，均拥有一定的自然资源、社会资源、经济资源，均拥有一定的社会、经济、文化、技术发

展历史和基础条件,而且不同的区域,其发展起点、发展过程、发展基础均有一定的差异性,其资源的组合和分配也有很大的差别。就农业农村现代化而言,其发展需要一定的人文社会氛围和物质基础条件,社会氛围、经济基础不同,农业农村现代化发展形势和进展也不同。因此,不同的区域在选择农业农村现代化发展道路时,必须注重地域的特殊性和差异性,选择与之发展基础和条件相匹配的农业农村现代化发展道路。比如平原地区地势平坦、道路坡度小、交通四通八达,宜于大型交通工具的进出,有利于大型、多功能型农机作业;而丘陵山区地势高低落差大,道路曲折陡坡多,平坦田块连片少,较适宜于中小型农业机械化的发展。河南16.7万平方千米国土面积中,平原盆地、山地丘陵分别占总面积的55.7%、44.3%,各自的自然环境条件差异性很大,可用的农业农村现代化发展方式、手段也必然不同;此外,河南18个地市经济技术发展不一,农业农村现代化的发展步伐、发展模式也不应强求一致。

(二)增强农业农村现代化发展的前瞻性

任何事物的发展都是一个从过去到现在再到将来的过程,农业农村现代化的发展也不例外。河南农业农村现代化在选择具体的发展道路时,一方面要注意农业农村现代化发展的传承性、延续性,认真总结过去的发展经验,兼顾过去农业农村现代化发展脉络,摒弃过时、失效的农业农村现代化发展方式、手段,进一步推广实施中成效显现的现代化发展模式,增强其影响力,充分施展其贡献作用;要积极发现实践中所呈现的新亮点、新气象,不断塑造农业农村现代化新模式。另一方面,要注重农业农村现代化的前沿性、前瞻性,通过借鉴、吸收国内外农业农村现代化发展的好思路、好做法,不断丰富、充实既有的农业农村现代化建设内容,改良、改造既有的农业农村现代化发展模式;要根据现有的发展理念、技术知识,探索新方法、新手段,努力培植农业农村现代化新模式,开创农业农村现代化发展新道路。

(三)提升农业农村现代化发展的多样性

农业农村现代化发展模式很多,单从农业而言,我国现代农业的驱动模式有龙头企业带动型、创汇农业带动型、生态农业型、科技园区带动型、农业高新技术走廊带动型、都市现代农业带动型、农户公司带动型、"公司+协会+农户"带动型、校地合作带动型等。转型运行模式有生态农业、立体农业、精准农业、观光农业、订单农业等多种新型农业模式。这些模式内涵不一、发展条件不一、操作规程不一,有的具有明显的独立性、不可兼容性,有的则具有包容性、互助互动性。河南在选择农业农村现代化发展模式时,应注重模式的特性,视地域的特点、行业的特点加以遴选。对于一个国土面积相对较大的区域而言,由于空间范围较大,资源种类、产业门类较多,其农业农村现代化建设内容也较为丰富,发展模式可选余地较大。因此，在选择农业农村现代化发展道路时，要有融合多样性理念，既突出重点，抓大放小，又多方顾及，拾遗补阙，在突出主体性、主导性发展模式的基础上，尽量多选用一些其他具有辅助性、弥补性功能的发展模式。

（四）优化农业农村现代化发展的功能性

无论何种农业农村现代化发展模式，在不同区域的运作实施，其实施空间和产生的效果都是不同的；同样，无论哪个区域的农业农村现代化发展，选择不同的发展模式，就会有不同的影响作用，给区域带来不同的经济效益、社会效益、生态效益。因此河南在推进农业农村现代化发展过程中，应对不同模式进行事前、事中、事后功效评价分析，并与其他模式进行比较研究，进而选择、实施、做大影响面大、扩散功能强、社会经济生态效益显著的现代化发展模式，以达事半功倍之功效。

三、新时期河南农业农村现代化发展路径选择

（一）巩固先进领域，优先发展见效快项目

农业农村现代化各领域、各项目进度不一、难易不一，有的发展快，难度较小；有的进展慢，难度颇大。与发达省份相比，对资金的需求显得尤为迫切，河南对资金的使用显得尤为珍贵，应将有限的资金用在"刀刃"上，提高资金产出效率。因此，在农业农村现代化发展项目和领域支持上，要对投入少、见效快、产出大的项目和领域予以优先考虑。近年来，河南农业农村现代化有些领域发展较好，走在了全国前列，比如粮食生产方面远远超过沿海发达省市所定的目标值，这方面的现代化建设成就要加以巩固。对资金需求量不大、现阶段发展较为落后但又能较易较快实现现代化目标的领域和项目，如农民思维观念、农业农村发展运行机制、农业农村经营管理等软件方面的现代化，应当先行发展、快速发展。

（二）发挥比较优势，广泛引进外生力量

农业是基础性产业，粮食是国家经济社会稳定与安全的战略物品，这两者河南都有显著的比较优势。不仅如此，河南原生态环境良好，有利于动植物生息和旅游休闲产业发展，加上河南自身经济实力还有较大提升空间，用于农业发展农村建设的资金有限。因此，河南应紧紧依靠和抓住粮食生产优势、农业发展优势、农村山水秀美优势，顺势而为、乘势而上，力争外部支持、广引外生力量，发展现代农业建设现代农村。一方面，要大力争取国家支持。近年来我国对支农助农力度越来越大，因此，应充分利用国家各项支农惠农政策，通过引进国家重大项目，助推农业农村现代化建设。另一方面，要尽力争取发达省市支持。发达

省市经济实力强、现代化水平高,许多产业正在朝内地转移,寻求后花园;河南通过生态建设为发达省市的经济发展和现代化建设作出了不可磨灭的贡献,无论从项目承接还是从生态补偿而言,河南要积极去争取发达省市的支持,以改变农业农村落后的面貌。

(三) 增加物质投入,强化作业设施能力

农业是基础性产业,为社会提供不可替代的粮食、油料、肉蛋等食品以及棉花、烟草等轻工原料,在国民经济发展中的地位不言而喻。农业又是弱质性产业,受自然因素影响大、生产周期长、投资风险大、社会资本凝聚力不强,迫切需要公共财政的支持。农村地广人稀,通水、通电、通路、通信密度小线路长,投资大公益性强。目前,河南农业生产和农村发展的基础设施还很薄弱,已有的地区基础设施由于年代久远、修复不力,功能呈退化态势。脆弱和退化的基础设施严重制约着农业和农村的发展升级,急需加固、强化。因此,要加大公共财政投入,并通过财政的积极支持,吸引社会资金参与农田基本建设、农村水利建设,提高农田标准化、农村水利化水平;以"改善农村生产、生活条件为切入点",补齐农村生态环境治理短板,提高农村园林化水平;着力加强农村道路、饮水、电网、通信等基础设施建设,全面提升农村道路等级和各领域自动化、电气化、数字化水平。

(四) 转变生产方式,提高产业竞争力

结构决定功能,功能决定效率。随着生产力的发展和生活方式的改变,农业产业和农村产业发展必然随之改变。就农业产业结构而言,在生产力水平低下,产品供给能力不高的年代,农业产业基本以种植业为主,种植业又以粮食作物为主;在工业完成原始积累,进入快速发展并日益成熟之时,以机械为主要代表的社会生产力显著增强,以营养健康为根本的生活消费方式发生改变,农业产业也将由种植业偏向养殖业,由种养业偏向加工业。河南应顺应这种转变,以便跟上时代步伐,增强市场竞争力。一是要积极调整农村产业结构,大力发展农副产品加工业,努力引进第二、第三产业企业,开发利用资源,做大做强农村第二、第三产业。二是要积极开发具有地方特色的产品和品牌,通过培育、嫁接、联合、扶持等方式,增强品牌凝聚力和影响力,提升品牌价值。三是要加强科学技术研发,抓好科技园区和科技平台建设,推进农业科技革命,发展高新技术产业和产品,完善农业农村科技成果转化体制机制,推进重大科技成果产业化发展,加速科技成果转化为现实生产力,实现农业、农村经济增长和社会进步。

(五) 增强劳动力素质,提高城镇化水平

随着农业生产力的发展,河南会有越来越多的农民从地头田间生产分离出来,从事非农产业经营。与此同时,无论对务农农民,还是对务工农民而言,在素质上都提出了更高要求,在技能上都面对着更多挑战。河南的农业劳动生产率和农民生活水平相对城市和发达地区来说较低,其中主要原因除了生产力水平和经济发展水平不高外,还有一个重要原因是农业人口多,人均拥有的耕地和物质技术装备少。因此,要高度重视农民智力开发,加强文化教育和知识培训,逐步培育有思想、有文化、懂技术、会经营、有担当、善管理的新型农民;大力抓好农民绿卡工作,将守业农民打造成能提高农业生产水平、拓展农业生产经营新领域的职业农民;大力抓好农民再就业工作,将务工农民打造成进城能务工经商,返乡能务农的农民工;大力抓好返乡农民办企业工厂,将打工农民打造成回乡开店、建场、办厂,发展新实体经济的开创者。此外,要加快户籍制度改革,清除城乡分割壁垒,鼓励城乡劳动力自由流动和就业,放宽农民进城落户条件,在农民工就业、劳保及其子女入学等方面给予城镇居民一样的待遇,切实保护农民工权益,增强农民进城落户信心,使农民真正成为市民。

参考文献

[1] 陈明星. "十四五"时期农业农村高质量发展的挑战及其应对 [J]. 中州学刊, 2020 (4): 49-55.

[2] 陈燕. 农业农村现代化与乡村振兴: 内在逻辑与机制构建 [J]. 学习与探索, 2021 (10): 114-121.

[3] 杜志雄. 农业农村现代化: 内涵辨析、问题挑战与实现路径 [J]. 南京农业大学学报, 2021 (5): 1-10.

[4] 高强, 曾恒源. "十四五"时期农业农村现代化的战略重点与政策取向 [J]. 中州学刊, 2020 (12): 1-8.

[5] 国务院发展研究中心农村经济研究部课题组, 叶兴庆, 程郁. 新发展阶段农业农村现代化的内涵特征和评价体系 [J]. 改革, 2021 (9): 1-15.

[6] 蒋和平. 改革开放四十年我国农业农村现代化发展与未来发展思路 [J]. 农业经济问题, 2018 (9): 51-59.

中视频助力乡村振兴的研究与思考[*]

2022年中央一号文件指出，要扎实有序做好乡村发展、乡村建设、乡村治理重点工作，推动乡村振兴取得新进展、农业农村现代化迈出新步伐。"农民强则国强，农村美则国美，农民富则国富"，在乡村振兴大背景下，"三农"主体地位不断凸显，农民开始拥有更多基于平等和尊严的主体自信。如今，新媒体技术无缝嵌入人们的日常生活，农村及老年群体加速融入网络社会，在视频社会化时代逐渐走向信息生产的前台，声量与影响力不断增强，其中以抖音为代表的视频平台为乡村提供了"自我展演"的机会，不仅呈现了乡村生活的真实场景，而且传播了新时代多元鲜明的"三农"形象，大大提升了乡村、农民的可见性。

据工业和信息化部统计，我国现有行政村已全面实现"村村通宽带"，欠发达地区通信难等问题得到历史性解决，截至2021年12月，我国农村网民规模已达2.84亿，农村地区互联网普及率为57.6%，新的媒介技术成为"我与世界主体间性"的重要中介物。在技术和平台政策的推动下，以"三农"为题材的中短视频迎来井喷式发展，拍摄记录农村生活日常成了视频行业的新趋势、新热潮，从李子柒到滇西小哥再到张同学，越来越多返乡创业的"新农人"用技术反哺家乡，集农户与网红于一身，助力乡村发展。

与短视频相比，中视频承载了更丰富的情感元素以及更完整的事件表达，是短视频功能的延伸与拓展。自抖音上线以来，对用户发布视频的时长限制经历了从15秒、1分钟到15分钟的变化，时长的改变反映了市场和平台对创作内容的重视。为了让用户更安心地创作内容，2021年8月，西瓜视频联合抖音、今日头条推出了"中视频伙伴计划"，从发布能力、流量资源及收益变现等方面深度打通三大平台，以获得更多的流量与收入。本文即以抖音"张同学"为切入点，探讨中视频如何助力乡村振兴，发挥呈现、连接与推动作用。

---

[*] 作者：李珂，河南省社会科学院科研处研究实习员。

全面深化改革开放，高质量建设现代化河南

一、中视频：时代背景与用户需求催生下的新风口

视频行业发展进入下半场，"中视频"成为发展新风口，2021年，各大互联网平台相继推出以中视频为主的创业计划，对其投入重金和丰厚的扶持政策，西瓜视频、哔哩哔哩、腾讯视频、优酷、微信、微博等数十家平台先后在中视频内容领域"排兵布阵"，掀起了一场新的内容生态革命。根据CNNIC第49次《中国互联网络发展状况统计报告》，"随着长、短视频平台之间的竞争进一步加剧，中视频成为重点发力方向，内容更加专业、多元……平台发力中视频内容，以适应用户多变的消费场景和多元的内容需求"。中视频以内容的专业性与信息密度成为新的市场增长点，在平台的扶持下以高质量的内容获取更多的粉丝。《中视频2021发展趋势报告》显示，2021年中视频发展迅猛，创作者规模增长迅速，以个性化、垂直化、专业化的特征逐渐占据内容生态主流。

但是中视频没有明确的概念，在业界约定俗成的理解中，中视频时长1~30分钟，同样适用于用户在碎片化时间观看，兼具短视频时长优势和长视频内容优势，能够与长、短视频优势互补。其播放场景相对灵活，信息量相对更大，承载体量也给予创作者更广阔的发挥空间，具备叙事完整、表达深入、场景丰富等特征。从制作角度看，中视频画幅更宽广，剪辑更精良，素材也更多元。从市场角度看，中视频有其独特的属性价值，既可以缓解短视频的饱和状态，克服单一叙事的缺陷，又能够通过构建内容深度与用户产生勾连，破解长视频用户存量难以获取的弊端，为创新视频表达的呈现方式与叙事逻辑开辟新局。

与此同时，受众的需求与偏好也在发生变化，算法推荐机制下的短视频极易把用户带入信息茧房，以及长时间一无所获的空虚感。短视频讲究"短、平、快"，时长大多少于1分钟，这一特性压缩了视频的深度与质量，其带来的碎片化感官长期被人诟病，快餐式的视觉消费也更容易引起审美疲劳，人们似乎进入了"注意力分散时代"。此外，为博眼球赚流量片面追求用户的视觉快感，导致短视频重低俗娱乐，轻内容品质，为追求爆款产品，以耸人听闻、哗众取宠、恶搞戏谑等为卖点的低劣内容层出不穷，其发展的本质还是娱乐。通过观看视频获取"有用"的内容成为用户的新诉求，在此背景下，定制化、垂直化、个性化的中视频成为一种更优质的选择。相较于短视频，中视频更具"时间性价比"优势，不仅视觉信息丰富，还能够支持完整、连贯的内容输出，有充足的时间展现内容魅力，因此受到用户的欢迎，也成为各大平台争先抢占的新赛道。

二、"张同学"：中视频里的乡村景观

2021年末，张同学"火"了，抖音账号"张同学"两个月涨粉过千万，单

条视频播放超 2 亿,一跃成为抖音现象级网红,"制造张同学""模仿张同学"成为全网热门话题。截至 2022 年 3 月 4 日,"张同学"抖音账号共发布作品 74 个,粉丝 1927.7 万,获赞 9292.5 万,视频时长多为 6~8 分钟,视频内容多为记录东北农村平凡生活。粉丝评论"一天不看,浑身难受""一天刷到八百遍,还每次都看完""我也不知道在看什么,却不知不觉刷完了所有的视频",引发众多网友共鸣。

(一)符号中的乡村"烟火气"

"人间烟火气,最抚凡人心"。张同学的视频没有美颜和滤镜,拍摄手法自然天成,褪去了精致化的外衣,风格粗糙,场景简单,不同于李子柒呈现的唯美式田园生活,而是通过视觉、听觉等符号化建构平淡简朴的农村生活日常、鲜活真实的乡村图景,让从农村走进城市的人回忆满满,让从小生活在城市的人浮想联翩。

在视觉符号方面,张同学视频中的破烂铝盆、葫芦水瓢、煤火炉、墙上的明星海报、挂历、六味地黄丸、红薯地窖、拖拉机等富有年代感的老旧物件具备共识共情的功能,这些承载着特殊意义的情感符号容易勾起一代人的集体记忆,拉近心理距离,使不同地理空间的受众产生相同或相似的意义空间,强化情感交流和互动。评论区"看到张同学的视频,好怀念小时候的农村生活啊,我也去地窖拿过红薯"等评论得到无数人点赞。

在听觉符号方面,张同学的视频中没有过多的言语,仅有几句地道的东北家乡话以及同期声,如早晨起来的舀水声、刷牙声、推门声、切菜声、淘米声、锁门声等这些原生态的声音清脆入耳。背景音乐多为 *Aloha Heja He*,这首由 20 世纪 90 年代德国作曲家演奏的歌曲翻译成中文是"嘿,加油",这首 BGM 节奏带感,曲调上头,传递着昂扬的正能量。通过携带意义的感知符号营造身临其境的氛围感,让众多网友"沉浸"在张同学的乡村生活中。

(二)集体记忆中的乡村情结

郑素侠等认为,乡村是一个具有文化和历史意义的概念,是寄托关于亲友、故土的情感和回忆之地、是那个回不去的故乡。提起乡村,总能唤起多数人的集体记忆,它是生活在一定地域内的村民在长期的生产劳作中保存下来的共同记忆,是村民共有的精神家园,是乡村共同体的黏合剂。乡村情结正是集体记忆的直观体现,同时也是推动乡村振兴的动力和纽带。

通过抖音平台逐条观看张同学的视频发现,其作品呈现出多样化的集体记忆,如"挖菜窖""农村大集""扒火炕""刨冰捕鱼""室内菜园""走亲访友"等。在"农村大集"这期 6 分 37 秒的视频中,张同学和二涛一起搭三轮车"上集",在集会上买了二斤面鱼、两个鸡排、两斤排骨、在大娘的早点摊买了五个馅饼……集中呈现了乡村集市上的农家味道、乡土特产、民俗风情。"集市"作为村郊城镇特有的景观,总能让人找回旧时的记忆,它不仅承载着经济功能,还兼具文化与社会功能,是乡村价值传承的重要载体,逛过集市的人很难不被热腾腾的生活气、乡土情所打动。

临近春节,张同学发布了一条"丰收年庆丰收"的视频,在作品中,天还没亮张同学就开始动手制作民间传统美食——炸麻团,从准备食材到和面、擀面、捏造型、生火再到焦香出锅,将过年的仪式感展现得淋漓尽致,传递出浓浓的年味。微博话题#张同学小年沉浸式炸年货#引来4000多万的阅读量,不少网友带话题参与互动,@东野先生的信箱"我想知道那个麻团咋做啊,看起来好好吃的样子,以前过年的时候就是这样,一大家子人忙里忙外、热热闹闹的,好怀念啊。"对无法经历"过去"的人来说,张同学的视频引发了人们对故乡家庭和文化氛围的怀念。

三、媒介即信息,中视频深度助力乡村振兴

麦克卢汉在《理解媒介》一书中认为媒介本身才是真正有意义的信息,从人类社会漫长的发展过程来看,真正有意义、有价值的信息,不是各个时代的媒介所传播的具体内容,而是这个时代所使用媒介的性质、它所开创的可能性以及带来的社会变革。

(一)新职业、新梦想、新农人

党的十八大以来,在脱贫攻坚与乡村振兴的持续推进,以及技术赋权背景下,城乡之间的"数字鸿沟"正在不断缩小,越来越多的农民在政策与环境支持下开始返乡创业,其中部分农民利用手机等移动设备拍摄记录乡村生活,向外界展示新时期中国农村、农人的新形象与新追求,打开了与外界沟通对话的窗口,越来越多的农村、农民被看见,以"三农"为题材的视频成为"创作蓝海""流量蓝海",为返乡创业的农民提供了新的机遇。

本文关注的张同学来自辽宁省大石桥市建一镇松树村,一个鲜为人知的东北乡村,据南方周末采访得知,这个村的许多中年男性的人生选择并不多,辍学后大多进入环抱村庄的矿山做矿工,或远走他乡外出务工,攒一笔钱后回家盖新房,开启人生新奔头。张同学返乡创业前养过鸡、养过蚕,开过汽修厂,也"倒腾"过二手车,但都因各种原因以失败告终。直到2021年,张同学以抖音视频博主的身份火爆"出圈",成为各大互联网平台关注和热议的话题,张同学用视频创作实现了东北生活导演梦,在家乡开启生活新篇章,并通过直播的方式传授视频拍摄的经验,调动更多群众参与创作、参与乡村建设的积极性,助力乡村发展。

中视频助力乡村振兴的研究与思考

以新媒体技术为载体,农民的积极性、能动性被调动,主体性功能得以发挥,越来越多的返乡创业者如"手工耿""滇西小哥""李子柒"等通过拍摄视频发布农闲生活、农村美食、农业养殖等"三农"领域的原创视频,实现了自我创业,找到了生活的新出口,成为自己和家乡的代言人。

(二)关注公共生活领域,推动乡村建设

通过中视频的窗口,以"我"为中心讲述乡村故事,不仅能真实展现乡村生活的日常与面貌,也能让更多的人关注乡村建设的现状与短板,无形中打造讨论乡村公共议题的公共领域。如农村基础设施建设水、电、气、路、网是否通畅,村民的休闲娱乐生活有哪些,农村人居环境等有无改善,这些生活中的现实问题在镜头面前都能得以呈现。

张同学"火"了以后,其所在的家乡也得到相应的关注。《农民日报》通过实地探访调研张同学的家乡,提出了关于农村取暖的几点思考,在张同学的视频中,炭火炉的出镜率极高,取暖、烤火腿肠、吃火锅都用它,日常使用存在极大的安全隐患,容易导致一氧化碳中毒。这种取暖方式在当地是否普遍存在,农村的取暖现状如何,老百姓如何安全温暖过冬成为备受关注的话题。通过《农民日报》实地调研得知,"灶连炕+小煤炉"已经成为当地村民取暖的标配,但是随着煤价上涨,用煤的人明显减少,冬季取暖仍是困扰农民的一大问题。针对此现状,《农民日报》记者提出三点关于农村清洁取暖可持续发展的建议,为改善农村人居环境建言献策。

在张同学的视频中,看到了乡野日常,也看到了农村常见的安全短板,如使用变黑的插线板、农用三轮车载人、骑摩托车不戴头盔等,这些日常生活中的细节正是需要努力改善的地方,因视频中的这些违规操作张同学接连被@中国消防、@中国警察网点名。在新发布的视频中,张同学扔掉了存在安全隐患的插座,换上了安全产品,并和当地的防火监督员一起提醒大家要注意消防安全。对于这样的消防宣传,网友们纷纷点赞,称这样的宣传又接地气又正能量满满,值得全国推广。

在抖音、快手、哔哩哔哩等平台,许多中短视频用户将拍摄内容聚焦在农村的教育、医疗、养老、留守儿童、人居环境整治等与群众切身利益息息相关的话题上,通过第一视角展现当下乡村面临的困境,具有极强的现实针对性,在引发社会关注和公共讨论的同时,也为当地农村的发展、政府的决策提供了直观景象。

(三)传播乡村文化,带动乡村产业发展

文化是推动人类社会发展最深沉、最持久的力量。乡村振兴的战略目标之一就是实现乡村文化振兴,文化振兴是乡村振兴的精神基础,贯穿于乡村振兴的各

· 173 ·

全面深化改革开放，高质量建设现代化河南

领域、全过程，能够为乡村振兴提供持续的精神动力。中视频深耕内容，为传播乡村文化提供了窗口。春节期间，抖音号"张同学"向广大受众呈现了2022年松树村村民联欢晚会，多才多艺的村民自发编排的有小品、舞蹈、歌曲、三句半等艺术形式，在晚会最后合唱《难忘今宵》。村晚氛围温馨热烈，生活气息浓厚，松树村的生机与活力、村民的精神面貌跃然屏上。借助"张同学"的力量，松树村的乡村文化被更多人看见，生动展现新时期乡风文明、和谐乡村的新气象。

中视频在乡村文化的传播中承担了呈现、连接与重构乡村文化的作用，构建了全新的乡村文化景观。不论是东北的"张同学"，还是四川的"李子柒"、云南的"滇西小哥"，都通过技术的赋能、优质的内容展示了独具特色的乡村文化以及新时期中国乡村的新面貌，更新了乡村文化的表现形式与创造潜力，让原先不易察觉的乡村文化走进大众视野，吸引更多的人参与到线下文化的体验之中，身临其境地感受乡村文化的内涵与特色，为乡村旅游的发展打造契机。人民网评呼吁更多的"张同学"出现，希望他们能用专业的技术去记录真实的中国，让乡村生活走到观众面前来，吸引更多人去支持乡村振兴，挖掘乡村的魅力。

张同学在接受中央广播电视总台采访时表示自己的初心就是助农，想把家乡的风貌和特色展现给网友。"每次回家看到道路两边的大爷大妈在卖瓜果梨桃，包括家里的一些小特产，那时候就在想如果有一天自己也能拥有一个账号拥有一些粉丝，希望能够帮大爷大妈们卖一卖农产品，省得他们每天在道路两边风吹日晒。"通过货品展示当地的独特文化，有助于带动当地的文化旅游和农产品销售，解决农民的实际问题，提升当地经济效益，推动乡村整体发展。

四、结语

中视频为记录乡村美好生活，讲好乡村故事提供了一个全新的传播路径，给予用户更多的创作与表达空间。张同学的中视频视觉信息丰富，内容完整连贯，逻辑性强，具有一定的时间性价比优势。但是相对于短视频的即时性、低门槛性，中视频上手不易，对拍摄、剪辑的水平要求较高，作品难以兼顾"原创、高质量与高更新率"不利于 UGC 的创作与传播。如何做好中视频的内容建设，应对生产动力、创新活力不足带来的内容枯竭是摆在所有创作者面前的头等难题和挑战，中视频能否激发乡村内生发展动力，发挥产业价值，还需综合考虑其后期的市场前景、政策支持以及当地的资金、技术、产业、人才、知识等多方因素。

讲好乡村振兴故事，需要更多的张同学以不同的内容、角度和方式，呈现更多元、立体、真实的乡村面貌。然而被算法和流量选中的张同学是否会持续走红，抑或会像其他农村网红一样昙花一现，最终沉寂在大众视野中，还需要加强协同传播。一是以张同学为代表的农村网红需要保持足够的清醒理智，正确对待"一夜爆红"的偶发现象，警惕数据"狂欢"，避免被资本挟持而过度消费农村与自我，未来仍需深耕内容，保持旺盛的创作力和不变的初心，打造独特IP，真正为家乡做点实事，走上一条可持续发展的农村网红之路。二是短视频平台在大力扶持乡村题材创作的同时，不应以下沉收割"农村"为终点，商业变现后赚钱走人，使用户沦为"数字劳工"。在国家大力推动乡村振兴的背景下，平台应发挥好推手作用，帮助与引导更多的农民使用新技术，拍出新农村的新气象。三是当地政府要高度重视移动互联背景下农村网红这一力量，对其做好长远规划，提供有效指导，培养更多的农村网红，在此基础上整合传播资源，通过县级融媒体、政务平台等渠道与农村网红合力传播乡村文化、风俗人情，推介农产品，吸引强大资本入驻，充分释放"三农"发展的生产力和消费力，让流量成为助力乡村振兴的一大增量。

参考文献

[1] 郑雯，施畅，桂勇．"底层主体性时代"：理解中国网络空间的新视域［J］．新闻大学，2021（10）：16-29.

[2] 李都．从短视频到中视频传播的发展趋势探析［J］．青年记者，2021（23）：72-74.

[3] 郑素侠，杨家明．云端的连接：信息传播技术与乡村社会的"重新部落化"［J］．现代传播（中国传媒大学学报），2021，43（5）：20-26.

[4] 沙垚，张思宇．公共性视角下的媒介与乡村文化生活［J］．新闻与写作，2019（9）：21-25.

[5] 王德胜，李康．打赢脱贫攻坚　助力乡村振兴——短视频赋能下的乡村文化传播［J］．中国编辑，2020（8）：9-14.

[6] 方娜．主流媒体入局"中视频"的内容之困及应对之策［J］．传媒，2021（24）：30-32.

推进郑州都市圈生态环境协同治理问题研究*

一、郑州都市圈生态环境现状

郑州都市圈区域生态格局基础较好，环境质量总体保持稳定，生态环境建设持续推进，绿色产业体系加快构建。

（一）区域生态格局基础较好

郑州都市圈地处黄土高原与黄淮平原交界地带，地跨黄河、淮河与海河三大流域，地形以平原和低山丘陵为主。气候温和、四季分明、雨热同期，春季干旱少雨，夏季炎热多雨，秋季晴朗日照长，冬季寒冷少雪，光热资源丰富，动植物种类繁多。黄河、南水北调中线工程在郑州形成十字交叉，西北部南太行和西南部嵩山—浮戏山生态屏障功能显著，太行山国家级猕猴自然保护区、开封国家森林公园、云台山国家森林公园、黄河湿地鸟类国家级自然保护区等生态功能区分布广泛，生态建设和保护稳步推进，区域生态格局基础较好。

（二）环境质量总体保持稳定

近年来，郑州都市圈各个城市主要污染物排放总量逐年下降，生态环境质量总体保持稳定。2020年，郑州市城区可吸入颗粒物、细颗粒物、二氧化硫、二氧化氮、一氧化碳及臭氧浓度分别为84微克/立方米、51微克/立方米、9微克/立方米、39微克/立方米、1.4毫克/立方米、182微克/立方米。许昌PM2.5平均浓度53微克/立方米，比上年下降11.7%；PM10平均浓度75微克/立方米，比上年下降14.8%；新乡城市空气质量优良天数比例65.3%，PM10平均浓度（剔除沙尘后）为89微克/立方米，PM2.5平均浓度（剔除沙尘后）为51微克/立方米。开封、焦作的空气环境质量也在逐步改善。郑州都市圈河流水质不断提升，主要河流国省控断面水质总体达标，饮用水源地水质达标率达98%以上。

---

* 作者：张绍乐，河南省社会科学院区域经济研究中心助理研究员。

(三) 生态环境建设持续推进

郑州都市圈重要生态功能保护区保护得到进一步加强，郑州、许昌、新乡等城市完成了一批城市风光带和公园绿地建设，生态环境状况不断优化。郑州都市圈现有国家级森林公园4个、省级森林公园19个，年均叶面积指数较好及以上等级占比达97.54%，森林覆盖率达17.28%；区域内已建成国家级和省级自然保护区3个，湿地系统面积达1052.7平方千米；各级城市绿地网络基本形成，人均公园绿地面积达12平方米以上，建成区绿化覆盖率达40%。生活垃圾无害化处置得到加强，工业危险废弃物和医疗废弃物得到安全处置，农村地区垃圾清运体系、污水处理设施建设稳步推进，污水和垃圾无害化处理率分别达到93%和96%。

(四) 绿色产业体系加快构建

郑州、开封、焦作、新乡、许昌等城市牢固树立绿色发展理念，坚持生态优先、绿色发展，大力推进产业生态化和生态产业化，加快构建绿色产业体系。2020年，郑州高技术产业增加值增长12.7%，单位规模以上工业增加值能耗下降6.6%，综合能源消费量下降0.9%；开封高新技术产业增加值增长5.7%，高成长产业增加值增长4.3%，战略性新兴服务业企业营业收入比上年增长1.8%；新乡战略性新兴产业增加值增长16.3%，高技术制造业增加值增长28.6%，规模以上工业单位增加值能耗（不含长垣）同比下降0.91%；许昌高技术产业增加值增长15.9%，高成长性制造业增长3.5%。

二、郑州都市圈生态环境协同治理的制约因素

(一) 资源能源约束依然趋紧

近年来，郑州都市圈各个城市资源能源约束趋紧，主要表现在以下三个方面：第一，土地空间有限。郑州都市圈国土总面积约1.59万平方千米，占河南国土面积的9.6%；耕地面积174.24公顷，占河南耕地面积的21.36%，人均耕地面积不足0.3亩。第二，生态环境资源严重匮乏。人均水资源量、人均森林面积等指标均低于全国平均水平，特别是郑州都市圈水资源瓶颈明显，资源型、工程型、水质型缺水问题并存，人均水资源量326立方米，仅为全国平均水平的1/10、河南平均水平的1/2，对黄河引水和南水北调用水依赖度较高，地下水超采严重，生态用水需求缺口较大。第三，能源约束趋紧。一方面，能源消费结构不尽合理，煤炭消耗总量占能源消费总量的比例超过60%。另一方面，能源需求不断增加，天然气气源供应不足，风能、生物能、地热能、太阳能等清洁能源资源有限。

(二) 生态环境治理压力增大

郑州都市圈生态环境治理压力不断增大，生态环境质量改善的力度与人民群众对良好生态环境的要求依然有很大差距，主要表现在以下四个方面：一是空气环境治理压力较大。在原环境保护部发布的《关于京津冀大气污染传输通道城市执行大气污染物特别排放限值的公告》中，郑州都市圈内除许昌外，郑州、开封、新乡、焦作均位于京津冀大气污染传输通道城市行列。二是水环境质量有待进一步提升。郑州都市圈内河流治理难度较大，贾鲁河、运粮河等化学需氧量和氨氮含量已达水环境容量上限。三是噪声污染现象依然存在。郑州都市圈的噪声污染主要来源于城市交通系统、工业生产等，噪声污染给人类健康造成严重危害。四是部分地区土壤污染问题突出。郑州都市圈内部分区域重金属、持久性有机物和土壤污染等环境问题集中显现。

(三) 协同治理制度不够健全

郑州都市圈生态环境协同治理的力度仍然不够、制度建设依然不够健全，主要表现在以下三个方面：第一，生态环境协同治理的法律法规体系不够健全。生态环境协同立法的进程不适应郑州都市圈建设的客观要求。目前，郑州都市圈生态环境协同治理的法律法规体系不够健全，循环经济、生态修复等领域的地方性法规不够完善。第二，郑州都市圈尚未建立良好的生态补偿机制。郑州都市圈范围内的黄河、淮河和海河等主要河流上下游地区的生态利益协调机制不够完善，在生态补偿领域缺乏具有整体性、专业性的区域合作平台，导致流域治理中存在"上游不作为、下游干着急"的现象。第三，郑州都市圈生态环境污染联合预警与信息共享机制不健全、不完善。郑州都市圈各个城市的生态环境建设仍处于条块分割、各自为战的状态，跨行政区的环境污染联合预警等尚不健全，导致生态服务功能的叠加效应难以有效发挥。

(四) 生态文明意识尚需提高

当前，郑州都市圈内各个城市公民的生态文明意识仍不太高，突出表现在以下三个方面：第一，公民生态文明知识相对缺乏。了解一定的生态环境保护知识是公民进行生态环境保护的前提，是提高公民生态文明意识的基础。但是，与沿海经济发达地区的公民相比，郑州都市圈内各个城市的公民掌握的生态环境和生态环境保护知识较为匮乏。第二，公民生态环境保护参与度较低。虽然郑州都市圈内各个城市的公民越来越关注生态环境问题，但是环境保护仍以政府主导、以行政手段为主线，大多数人并未真正自觉地参与到生态环境保护活动中，节水、节能、绿色消费、绿色出行等还没有真正成为人们的自觉行为。第三，生态责任意识欠缺。对生态文明建设重要性的认识有待提高，少数地区还存在牺牲环境利益换取经济增长的现象。部分企业环保责任意识不强，超标排放、非法排污和恶意偷排等现象依然存在。

三、推进郑州都市圈生态环境协同治理的对策建议

（一）着力构建生态经济体系

第一，优化产业结构和布局，提升产业结构水平。郑州都市圈各个城市新建项目和改扩建项目要严格环境准入，提高钢铁、化工等产业的发展起点。制定郑州都市圈禁止和限制发展的行业、生产工艺和产业目录，严格实施"散乱污"企业综合整治，加大钢铁、冶金等行业落后产能淘汰和过剩产能压减力度。

第二，提高资源循环利用水平，培育生态工业。结合郑州都市圈各个城市的产业基础、产业优势和资源禀赋，开展产业链招商，通过引进关键链接技术促进上下游企业工业废弃物的循环利用。建立郑州都市圈清洁生产工作统筹协调机制，明确各级政府的工作分工。设立郑州都市圈循环经济奖励资金，对自愿实施清洁生产审核且效果良好的企业给予资金奖励。

第三，推进农业现代化进程，积极发展生态农业。推进郑州都市圈特色农产品优质区建设，完善以育种研发、作物生产、加工销售、体验休闲为核心的产业链，打造新郑红枣、温县铁棍山药、新乡小麦、开封花生等生态农产品集群，培育黄河大鲤鱼、兰考蜜瓜等特色品牌，积极开展农产品认证和标识管理工作。大力发展无公害食品、绿色食品和有机食品，提高郑州都市圈农产品的市场竞争力。

（二）着力构建资源支撑体系

第一，严守水资源利用红线，建设节水型社会。建立健全郑州都市圈用水总量控制和定额管理制度、水资源管理责任与考核制度以及水资源论证和用水、节水评估制度等一系列与水资源综合利用相关的制度，逐步实现郑州都市圈水资源管理的制度化、规范化。推广普及高效节水灌溉技术，建设节水灌溉示范工程，推行计量收费和用水精细化管理。

第二，不断优化能源结构，积极发展清洁能源。严格落实河南省煤炭消费减量行动计划，持续降低煤炭消费比重。重点推进郑州都市圈电力、冶金、纺织、钢铁、化工、建材等行业节能，创建一批资源节约型、环境友好型企业。在冶金、钢铁、建材等高耗能行业建设一批企业能源管理中心，提高郑州都市圈能源管理信息化水平。扩大都市圈天然气利用规模和供应保障能力，因地制宜，推进风能、太阳能、地热能、生物质能等清洁能源的开发利用。

第三，大力推进"绿色矿山"建设，提高矿产资源综合利用水平。在郑州都市圈建立依法行政、集中统一的矿产资源综合利用管理体系。制定郑州都市圈铝土矿等矿产资源开发和综合利用的总量控制指标，统筹调控矿业权投放数量。

提高重要矿产资源集约程度，优先向郑州都市圈优势矿业企业配给重要矿产资源。

（三）着力构建环境安全体系

第一，加强水源保护，不断改善水环境质量。健全郑州都市圈规范完备的水资源保护体系，地表饮用水水源地一级保护区的水质标准不低于国家规定的《地面水环境质量标准》Ⅱ类标准。以生物措施为主、工程措施为辅，在郑州都市圈主要河流流域内通过水源涵养工程"削峰填谷"，增加河道基流，建设以森林植被为主体的生态安全体系。

第二，防治大气污染，有效改善空气质量。加快调整郑州都市圈能源消费结构，提高各个城市清洁能源比例和能源利用效率。实施郑州都市圈各个城市公交车、出租车、市政专用车等特殊车辆清洁能源改造工程，推广应用压缩天然气、液化天然气、混合动力和纯电动等清洁能源汽车。制定郑州都市圈扬尘专项控制方案，建立由住建、环保、园林、城管等部门组成的综合协调机构，开展城市扬尘综合整治。

第三，防治土壤污染，改善土壤环境质量。开展郑州都市圈土壤环境质量调查与评估，完善郑州都市圈土壤环境质量基础数据库。以预防为主、防治结合、综合治理，合理划分郑州都市圈土壤环境优先保护区域，严格控制郑州都市圈新增土壤污染，加强土壤污染治理与修复。

（四）着力构建环境监测体系

第一，加强生态环境监测预警系统建设。建立郑州都市圈生态环境信息平台和公开制度，打造郑州都市圈生态环境信息中心，提高生态环境监测和管理的信息化水平，使郑州都市圈生态环境建设实现智慧感知、智慧管理、智慧服务。提高郑州都市圈各个城市各级环境监测机构的装备和技术水平，应用在线自动监测等先进技术对重点区域、流域环境状况以及污染源排放情况进行及时有效地全面监控。

第二，建立健全郑州都市圈生态环境公共服务基础数据库。运用遥感、地理信息系统、卫星定位系统、决策支持系统等技术，建立包括生物资源、环境质量、地质环境等内容的生态环境动态监测数据库，实现基础数据与网络共享。充分利用现有统计工作基础，建立健全郑州都市圈生态环境统计数据库。

第三，促进郑州都市圈生态环境建设标准化、制度化。通过地方标准、企业标准及各项相关制度的制定、贯彻和实施，使郑州都市圈生态环境建设的各项工作标准化、制度化。推进郑州都市圈能源节约标准化工作，大力开展交通运输工具和农业机械的节能标准化工作。积极推进郑州都市圈节约用水标准化工作，对高耗水行业进行节水技术改造。

参考文献

[1] 田文富. 培育生态文明意识, 构建生态文化体系——以郑州市为例 [J]. 黄河科技大学学报, 2014, 16 (4): 77-80.

[2] 秦海旭, 于忠华, 刘海滨, 等. 美丽南京的实现路径研究 [J]. 安徽农学通报, 2014, 20 (Z2): 93-95, 133.

[3] 商金红. 发展循环经济 构建和谐辽宁 [J]. 环境保护, 2010 (2): 57-58.

[4] 路云霞, 李文青, 于忠华, 等. 以绿色理念引领经济发展生态化转型路径研究——以南京市为例 [J]. 科技资讯, 2017, 15 (1): 77-79, 82.

[5] 郑伟, 王华春, 王秀波. 标准化在生态文明建设中大有可为 [J]. 经济研究导刊, 2013 (25): 298-300.

推进郑开同城化亟待破解的六大难题[*]

推进郑开同城化是贯彻落实习近平总书记中央财经委第六次会议重要讲话精神的具体行动，对于提升郑州国家中心城市能级、引领中原城市群一体化发展具有重要意义。郑汴一体化战略实施近20年来，郑州和开封两座城市在交通、电信等领域"五同城一共享"方面取得了实质性进展和显著性成效。与此同时，由于思想观念、体制机制、行政壁垒、利益格局等一系列深层次障碍的制约，郑开同城化发展仍然面临着不少困难和问题。推进郑开同城化发展，必须坚持问题导向，强化组织领导，采取创造性措施破解深层次难题，着力推动同城化迈向高质量发展新阶段。

一、破解思想认识不尽一致难题，着力营造社会共识、凝聚最佳合力

解放思想是解决一切问题的总开关，推进郑开同城化也迫切需要打开思想观念这个"总开关"，进一步夯实同城化发展的思想认识根基。长期以来，由于不同的角度和出发点，郑开两地部分干部群众对于要不要推进一体化进程、到底该采取什么模式、下一步侧重点是什么等重大问题，在思想和认识上不尽统一，在思路和意愿上存在不同意见，"消极懈怠论、单打独斗论"等论调和"上热下冷、东热西冷"的情况不时出现。例如，部分开封人认为，同城化只会导致郑州虹吸效应持续强化，开封的利益会因此而受损。而个别郑州人认为，开封与郑州实力差距巨大，发展速度缓慢，与其同城只会拖累郑州，根本没有必要同城化。破除这些狭隘思想和认识误区，必须充分认识郑开同城化对于郑州都市圈建设、中原更加出彩的重大意义，通过开展"同城化发展大讨论"等活动，加强舆论宣传力度，着力解放思想、更新观念，统一认识、凝聚共识，营造郑开同城化的浓厚社会氛围，为郑开同城奠定坚实的思想基础。

---

[*] 作者：刘刚，河南省社会科学院政治与党建研究所副研究员。

二、破解政策支持不够有力难题，着力加强顶层设计、完善政策措施

近年来，郑州与开封两地贯彻落实省委、省政府决策部署，通过成立领导小组、召开联席会议、主要领导互访、签署合作备忘录等形式，围绕重点领域共同研究确定了一大批合作事项和标志性工程，两市四大班子和市直单位之间也在一些具体事项方面保持着沟通，为深入推进郑开同城化发展奠定了坚实基础。但是，两个城市的同城化发展不仅需要地市政府层面的协同与合作，而且需要省级乃至更高层面的顶层设计和政策措施给予支持。然而，相较于长三角一体化、成渝双城经济圈等国家战略的实质性利好加持，以及合肥兼并巢湖、成都托管简阳、西安代管咸阳等兄弟省市高位推动的实践模式，郑开同城化缺乏高能级的规划引领和突破性的政策支持。为此，一要做好系统谋划，积极争取国家政策支持。以习近平总书记重要讲话精神为契机，按照前瞻30年的眼光，加强对郑开同城化重大意义、独特优势、实施路径的系统谋划，努力推动郑开同城化上升为国家战略、先行示范区、获批国家级新区。二要加强顶层设计，加快完善制度体系。尽快研究制定关于推进郑开同城化引领中原城市群一体化发展的指导意见，并由省直有关部门负责完善具体实施方案和相关配套政策，共同构建同城化发展的四梁八柱。三要鼓励先行先试，大胆创新体制机制。创新规划、土地、要素、财税等领域同城化发展制度，打破行政壁垒和制度藩篱，鼓励郑开两地加强政策协同和治理联动，打造全国跨行政区域同城化发展先行区和郑州都市圈一体化发展引领区。

三、破解组织领导欠缺力度难题，着力健全领导机构、强化组织保障

党委政府的坚强领导是推动事业发展的根本保证，也是推进郑开同城化发展的强有力手段。郑汴一体化虽然起步较早，但由于实质性推动不够，一直以来进展缓慢，效果不甚理想。全面推进郑开同城化发展，必须发挥省委牵头抓总作用，通过建立高规格的组织领导机构，加强对同城化重大项目和政策措施的统筹协调。一要成立省级专题议事协调机构。建议在中原城市群和郑州国家中心城市建设工作领导小组办公室下，成立由省委、省政府主要领导任组长，一名常委副省长任副组长，郑州市、开封市主要领导和省发改委等相关厅局负责同志为成员的"郑开同城化专项工作组"，全面加强对同城化工作的组织领导。二要建立市级专班工作推进机制。建议以郑州、开封两地政府为主，省直相关厅局配合，定期召开"郑开同城化党政联席会议"，通过专班推进、清单管理、督查落实，形

成常态化的工作推进态势。建立干部双向交流任职机制，为郑开同城化发展提供组织活力。三要创新示范区运行管理体制。建议参照航空港区省直管的模式，借鉴长三角一体化示范区经验，采用"理事会+执委会+发展公司"的组织架构，分别作为决策平台、运行机构和开发主体，理顺郑开同城化先行示范区的管理体制。

四、破解资金投入难以持续难题，着力建立多元机制、拓宽筹资渠道

同城化发展需要大量的资金投入作为保障。在当前全省经济下行压力普遍加大的情况下，想要推动郑开同城化，"钱从哪里来？"是不容回避的一大难题。要破解这一难题，需要建立多元投入机制，多渠道筹措发展资金。为此，一要争取财政资金支持。通过推动郑开同城化上升为国家战略，争取更多国家资金支持，获取中央预算内投资倾斜。也要认识到郑开同城化是关系到全省高质量发展的大战略、现代化河南建设的大工程，切实加大省级财政投入力度。同时，郑州和开封也必须主动作为，切实加大投入力度。二要建立成本共担机制。建议省级层面设立同城化发展专项基金，优先发行地方政府专项债券，对基础设施建设、重点产业发展、生态环境保护等项目给予适当支持，鼓励郑开两地政府按股本比例成立合资公司，采用企业化运作方式开发管理。三要建立财税共享机制。打破税收分成和GDP属地化统计惯例，对于先行示范区或特别合作区内新增税收增量按照一定比例在两地政府间进行分配。四要建立要素共生机制。共同争取央企和省管国企重点项目落地。鼓励运用PPP、BOT等模式，支持各类社会资本参与同城化项目建设。建立跨市域重大项目用地省级为主、两市协同保障机制，联合争取金融机构信贷投放。

五、破解产业发展协同不足难题，着力推动错位互补、实现链式发展

城市间产业协作是同城化发展的重要基础，也是其根本动力。但是由于区域特色定位不鲜明，缺乏统一的规划布局，加上区县招商激烈竞争，导致郑开两市产业分工不明确、产业发展不协同，甚至出现某些方面的产业"同构化"问题，不利于释放规模效应和提高产出效率。此外，由于行政区划的排他性导致空间毗邻地区产生屏蔽效应，体制机制因素对生产要素流动的影响广泛存在，人才、技术、资金、数据等要素目前在两地之间自由流动还存在一定障碍。全面推进郑开同城化发展，必须找准利益共同点和优势互补点，在厘清定位、突出特色的基础上，构建分工明确、互相协作的产业格局。一是推动产业错位互补链式发展。加

推进郑开同城化亟待破解的六大难题

强产业发展规划和政策对接,围绕延链补链强链,共同构建合理分工、错位互补、有序竞争、高效协同的同城化产业体系。二是推动园区合作共建。发挥郑州高新区、经开区、航空港区等高端园区的引领带动作用,以先行示范区和兰考特别合作区为载体,通过结对共建、"飞地经济"等多种形式,创新园区管理模式,优化利益分享机制。三是推动创新资源共享。以共建郑开科创走廊为抓手,建设统一技术交易市场和产业协同创新联盟,深化重点领域联合攻关,共享大型仪器设备和高端人才资源。四是联合开展招商引资。谋划联合招商推介活动,共享招商引资数据,共同制定产业目录和优惠政策,协同承接区域产业转移。

六、破解公共服务供给不均难题,着力统一政策标准、均衡市民待遇

基本公共服务大致均等是同城化发展的重要标志,也是事关广大人民群众切身利益的敏感问题。由于经济实力和地方财力的差异,郑州与开封两地在教育、医疗、文体、社会保障等直接关系人民群众美好生活的公共服务方面,供给种类、供给方式和供给水平还存在不小的差距,而这直接影响着两地老百姓的获得感。推进郑开同城化发展,要把公共服务同城化放在突出位置,按照先易后难、循序渐进的原则,着力缩小两地在民生事业投入上的差距,朝着同城同标准、同城同待遇的方向持续努力。一是推进义务教育结对共建。鼓励郑州派遣管理团队和教学骨干托管开封中小学校,实行集团化发展,共同组建基础教育联盟。二是推进医疗机构均衡布局。采用合作办院、设立分院、组建医联体等形式,扩大优质医疗资源覆盖范围,健全双向转诊机制,鼓励医师多机构执业,推进检查结果互认。三是推进社保医保统一标准。拓展社保"一卡通"开发应用和"一站式"直接结算,逐步统一医保、社保、低保和公积金、养老金标准。四是推进文旅资源一同开发。统一布局公共文化服务设施,联合举办大型文体赛事,确保相互开放、共建共享。五是推动政务服务一网通办。纵深推进放管服改革,全面推行政务服务事项"一网通办",实现市政管理的同一张网、监管执法的同一标准、应急资源的统一调度,共同打造一流营商环境。

参考文献

[1] 楼阳生. 高举伟大旗帜牢记领袖嘱托 为确保高质量建设现代化河南 确保高水平实现现代化河南而努力奋斗——在中国共产党河南省第十一次代表大会上的报告[N]. 河南日报, 2021-11-01.

[2] 河南省国民经济和社会发展第十四个五年规划和二〇三五年远景目标纲要, 河南省

人民政府网站，https：//www.henan.gov.cn/2021/04-13/2124914.html，2021-04-13.

［3］河南省新型城镇化规划（2021—2035年），河南省人民政府网站，https：//www.henan.gov.cn/2022/02-16/2399795.html，2022-02-16.

［4］王建国等．郑州大都市区建设研究［M］．北京：社会科学文献出版社，2017．

新时代传承创新中华传统孝文化的路径探索[*]

人之行，莫大于孝，百善孝为先。孝文化在我国源远流长，是中国传统道德思想的核心内涵。作为中国人永恒性的伦理情感和道德规范，中国传统孝文化是中国家庭、社会、国家的精神内核，是为人处世的基本准则和社会道德的底线，也是中华文明的一切道德规范的根基和发展前提，对维持家庭和谐、社会稳定和国家统一，以及中华民族精神品格的养成都产生着重要影响，成为铸牢中华民族共同体意识的重要力量。随着社会制度的变迁，快速的工业化和城镇化进程带来的农村大量人口的流动、城市文化冲击、各种反文化的侵蚀，传统孝文化在社会变迁中历经流变与再塑，不断被赋予新内涵以适应社会的进步。大力弘扬中华民族传统美德，加快中国传统孝文化的创造性转化与创新性发展，积极探索再塑中国传统孝文化之路，是培育和践行社会主义核心价值观、提升我国文化软实力的一个重要途径，也是应对人口老龄化社会、维护国家安全和社会稳定、实现人民对美好生活新期盼的重要支撑。

一、加强体制机制创新

孝不仅是家庭伦理中对子女行为的规定，而且形成了涵盖个人、家庭、社会、国家的文化系统。制度的转换与建构是孝文化传承创新的必要保障。在现代化进程中，家庭结构日渐松散，家庭所承担的社会政治领域功能也日渐松散，但家庭属性是社会最基本的组织。社会是放大的家庭，家庭是缩小的社会，即家庭和社会是同构的。在全社会树立积极健康的老龄观，需要完成这种同构，加强顶层设计和相应制度框架的保障，让每一个人扩大对养老的认同，扩大"家"的范围，将养老制度创新视为与"自己家"相关联的事情，加快建设健全相关政策体系和制度框架，建立养老服务综合监管制度，不断提升养老服务质量及管理

---

[*] 作者：刘兰兰，河南省社会科学院社会发展研究所助理研究员。

水平。

（一）健全养老工作机制

要把老龄化工作纳入政府治理的重要议题，建立由地方分管领导挂帅，民政部门牵头的养老服务部门联席会议制度，健全党委领导、政府主导、部门负责、社会参与的养老服务工作机制。逐级落实相关职能部门责任，重新梳理、评估和完善养老服务政策文件，细化工作措施，解释工作规则，完善分类指导的政策条款，确保精准施策。

（二）加强养老资金保障

加快建立完善与各地经济社会发展水平相适应的稳定的财政投入机制，修订完善资金补助政策，加大资金服务力度，鼓励支持社会资本参与养老服务，增强多元主体助力养老服务的活力。坚持把养老服务体系建设资金、养老工作经费、高龄失能补贴纳入财政预算，建立高龄老人津贴制度、经济困难失能老人补贴制度，养老机构、社区养老服务中心一次性建设补贴和运营补贴政策，以及养老机构意外责任险补贴、消防改造补贴制度等，支持养老服务工作全面开展。

（三）强化落实配建政策

重点治理规划没有编制、新建住宅小区与配套养老服务设施"四同步"（同步规划、同步建设、同步验收、同步交付）未落实、社区养老服务设施不达标、已建成养老服务设施未移交或未有效利用等问题。成立孝善理事会，选树孝善敬老先进典型。在有条件的县市区推广孝善基金。按照"子女为主，自愿参与，循序渐进，分级管理"的原则，设立孝善敬老基金，引导子女赡养老人尽孝心，使孝善文化在农村落地开花，形成尊老、敬老、养老、爱好的良好风尚。

（四）推进公办养老机构改革

充分发挥公办养老机构兜底保障作用，在满足基本需求的前提下，坚持公办养老机构公益属性，确定保障范围，有条件的地方可以将多余床位向社会需求开放。在参与主体上，可以在明晰产权的前提下，鼓励社会资本以承包、租赁、联营、合资、合作等方式参与公办养老机构改革，实施公建民营，引入先进的现代养老服务管理理念、运作模式，逐步转型为以护理型为主的经营业态，不断提升养老服务业整体经营管理水平。

（五）加强养老人才保障

积极开展大规模、多层次职业技能培训。加强养老人才队伍建设，进一步完善养老服务人员薪酬激励机制，适当提高社会养老服务机构养老护理员岗位补贴，逐步形成结构合理、技术达标、爱岗敬业、相对稳定的养老服务工作队伍，不断提升规范化服务水平。

二、健全基本养老服务体系

养老是百姓心头大事,是人民生活幸福的"国之大者"。习近平总书记指出,要大力弘扬孝亲敬老传统美德,落实好老年优待政策,维护好老年人合法权益,发挥好老年人积极作用,让老年人共享改革发展成果、安享幸福晚年。随着人口老龄化进程的不断加快,老龄人口的不断增长,我国正在经历着世界历史上规模最大、速度最快的老龄化过程。数据显示,截至2021年底,全国60岁及以上老年人口达2.67亿,占总人口的18.9%[①],多层次养老服务需求潜力巨大。如何探索孝文化在新时期养老服务体系中的传承创新,将是一项长期的艰巨任务。

当前,我国基本养老服务项目和保障标准还缺少制度性安排,基本养老服务内涵还不够清晰、外延不够明确。各地市围绕发展养老服务业,谋划出台支持举措。如《上海市养老服务条例》内容涵盖居家、社区、机构等各类养老服务形态,并将建立长期护理保障机制、深化长三角养老服务一体化等纳入其中。《山东省养老服务条例》把养老服务纳入国民经济发展规划,遵循政府主导、社会参与、市场运作、保障基本,并把山东省多层次养老服务工作,以法的形式固定下来,纳入法制轨道,让养老服务从此有法可依。健全基本养老服务体系,按照"居家为基础、社区为依托、机构为补充、智慧为手段,医养相结合"的养老格局,不断完善市县乡村四级养老服务体系。要从服务对象、服务内容、资金保障等方面探索基本养老服务体系。

(一)精准界定服务对象

优先保障经济困难家庭、计划生育特殊困难家庭中的失能、重残、高龄老年人,普通家庭中的中度以上失能老年人,独居重残、高龄老年人,健全老年人关爱服务体系。加快破解农村养老难题,实现特困老年人"兜得起",互助养老场所幸福院"建的起",建成之后"用得上",服务发展"可持续",进一步完善农村老年人关爱体系。

(二)加强服务内容清单管理

规范老年人基本生活照料、健康管理服务、休闲娱乐服务、巡防关爱服务、法律援助服务、居家适老化改造、养老设施建设、津补贴发放、基本医疗保险、老年教育、户口迁移等内容服务标准,根据各地实际情况,统筹考虑老年人生存安全、生活需要、照护需要、社会参与和精神娱乐等各类需求,进一步细化基本

[①] 据测算,预计"十四五"时期,我国将进入中度老龄化阶段,届时,60岁及以上老年人口总量将突破3亿,在总人口中的占比将超过20%。2035年前后,我国将进入重度老龄化阶段,届时,60岁及以上老年人口将突破4亿,占比将超过30%。数据来源:《中国青年报》客户端9月20日。

养老服务保障内容清单。

（三）确保养老资金保障管理

加快研究设立中央财政专项科目，稳定基本养老服务投入，同时，可将与老年人直接相关的老年人能力综合评估、居家养老等事项明确为中央与地方共同财政事权。要加快发展多层次、多支柱养老保险体系，健全基本养老、基本医疗保险筹资和待遇调整机制，扩大年金制度覆盖范围，规范发展第三支柱养老保险，积极发展商业医疗保险，更好地满足人民群众多样化需求。

三、大力发展普惠型养老服务和互助性养老

当前我国正在经历从补缺型社会福利向适度普惠型社会福利制度的转变，适度普惠型社会福利制度可以在保障国民基本生活的基础上，通过对国民收入实行再分配，发挥稳定社会、缓解社会矛盾的功能，从而真正成为社会的"稳定器"和"社会安全网"。普惠型养老服务是社会福利制度的重要组成部分，是在基本养老服务之外，由政策引导，靠市场供给，面向所有老年人群体的一类服务，其目的就是让所有老年人都能获得养老服务。

（一）大力发展适度普惠性养老

普惠型养老是养老服务体系发展的基本方向。一要加强分类指导，充分考虑不同老年人群体的养老需求，加强对养老机构的规划、审批、指导，对于生活不能自理的老年人群体要发展公立养老机构，发挥公益性作用，对于有一定生活自理能力和经济能力的老年人群体，要发展"民办公助"养老机构，提供个性化、多样化服务。对于高收入老年人群体，可以通过商业化养老机构提供高附加值服务。二要提升服务理念，对信息化基础条件较好的地区，加快发展智慧健康养老，实施"互联网+智慧养老"工程，加快养老服务信息化进程，依托市县两级信息平台，推进居家社区养老服务"居""网""卡"三位一体模式建设。建成集"养老大数据、综合监管、养老服务"三大功能于一体的市县两级综合养老服务平台，实现养老数据资源共享、互联互通，全方位满足老年人生活、健康、安全、出行及娱乐等各方面要求，促进养老服务更加智能便捷高效。三要加强养老服务场所建设，规划养老公共用地，对于新开发的小区，要预留老年服务场所土地，规划建设养老服务场所。加强养老服务质量考核，对养老院服务质量的运营管理、生活服务、健康服务、社会工作服务、安全管理等方面定期进行质量考核评估。根据评估结果实行挂牌管理，接受社会监督和网络监督，并建立奖励机制，选树评估情况较好的机构，打造样板示范点。

（二）互助性养老是重要补充

互助性养老是指老年人在家庭、家族、邻里、社区等成员之间的生活照料、

精神慰藉等方面的互助活动。互助式养老来源于我国传统孝文化理念，如"不独亲其亲""出入相友，守望相助，疾病相扶持""老吾老及人之老"等。在我国，农村互助养老模式较为成熟，发展最好最让人熟知的是肥乡互助幸福院，其突出特点是"集体建院、集中居住、自我保障、互助服务"，是村集体办得起，老人住得起，政府支持得起的农家门口幸福院。主要模式是村委主办，政府支持，社会参与，低成本、小福利和基本公共物品的集体供给，兼有居家、社区和机构养老的生活方式，形成自我管理，自我服务，抱团互助的模式。还有结对组圈式互助养老、据点活动式互助养老、时间银行式互助养老。

（三）探索完善互助式养老形式

互助性养老形式新颖，在缓解养老压力方面发挥了重要作用。但也面临着现实困境，如服务能力和需求能力的不匹配、资金支持不稳定、服务水平参差不齐等。为此，一要加快推进互助养老规范化，在法律层面明确互助性养老在养老体系中的作用和地位，明确政府在互助性养老中的定位和职责，明确参与主体的合法权益，实施管理主体准入标准，规范服务标准和操作规范，建立互助性养老内外监督机制，确保规范化发展。二要探索多元治理的新型互助性养老模式，吸纳志愿机构、社会团体、学校、企事业等多元社会力量，提供多种形式养老服务，如组织大中小学生利用假期到社区为养老机构和老年人提供互助性服务，并将此纳入学生品德考核、社会实践考核范畴，组织机关事业单位人员到社区养老机构提供互助性服务，把服务人数、服务时长列入精神文明单位考核标准。三要加强专业化培训，加强对服务人员的专业理论知识和技术知识培训，通过定期开展服务技能培训和专家讲座等方式，提升互助服务者服务技能，确保服务质量符合行业规范。

四、推动养老事业和养老产业协同发展

养老事业和养老产业对养老服务业来说，是车之双轮，鸟之双翼。从事业角度来说，国家高度重视人口老龄化，提出贯彻落实积极应对人口老龄化国家战略，落实好老年优待政策、维护好老年人合法权益、发挥好老年人积极作用、让老年人共享改革发展成果。从产业角度来说，建设基本养老服务体系，既要突出政府供给保障主体地位，也要发挥市场等方面的重要作用，实现政府主导、家庭尽责、市场和社会参与的有机统一。

（一）一体化推进养老事业和养老产业

坚持围绕事业办产业、办好产业促事业，强化政府主导作用，按照政府保障基本、市场满足需求、社会增加供给、个人积极参与的原则，建设政府为主体、家庭为基础、社区为依托、机构为补充的多主体协同参与的养老服务体系。要统

筹好城市农村养老体系协同发展，畅通养老规划与土地规划、城乡规划、卫生规划等的衔接，促进养老服务各要素有效配合，实现养老事业和养老产业相互促进，协调发展。

（二）培育养老服务新业态新模式

要推动养老事业和养老产业协同发展，完善社区居家养老服务网络，构建居家社区机构相协调、医养、智养、旅养融合的养老服务体系。一是加快医养融合，通过采取养老机构配套设置医疗服务、独立设置医疗机构，与周边医疗资源协议合作等形式，不断满足老年人的医疗服务需求。同时，与卫健、医保部门联合建设老年"护理院"，打通医保直接付款渠道，聘请顶点医疗机构签约医生按需上门巡诊，提供健康管理、康复治疗或紧急医疗救治等服务，切实提升医养服务水平。二是深耕智慧养老，实施"互联网+养老"，加强信息技术与养老服务深度融合，建成集"养老大数据、综合监管、养老服务"三大功能于一体的市县两级综合养老服务平台，实现老年人数据、服务组织数据链接整合，实现养老机构等级评定、绩效考核、消防安全和食品安全监管，实现政府购买服务管理、老年人助餐、助浴等服务在线申请，机构网上等级备案等，为老年人提供信息查询、医疗康复、生活照料等养老服务。三是发展旅养融合，根据各地农林牧副渔资源，打造生态康养旅居业态，构建集养老居住、养老服务为一体的综合康养综合项目，吸引老年人前来游览、休闲、劳作、体验。

（三）提升养老服务效能

创新养老品牌，引进知名养老品牌运营管理，开展养老机构等级评定，促进养老服务提质增效。推动产业发展，建设养老产业园区，推动适老化产品展销、适老器具研发等产业项目。建设专业化、规范化养老护理专兼职人才队伍，加大对养老服务人员培训管理，提升养老护理人员工资待遇，保障健康养老行业服务可持续供给。完善智慧养老运营平台，把服务、医疗、老人等连接起来，快速配比供给与需求，有效节约时间、服务成本与管理成本，缓解政府的养老负担，提升老年人的居家养老品质。

参考文献

[1] 马妍，苏发祥. 孝文化认同与铸牢中华民族共同体意识［J］. 回族研究，2021，31（3）：30-34.

[2] 李丽容，王净. 中国优秀传统孝文化视域下老年人精神赡养问题［J］. 中国老年学杂志，2022，42（5）：1262-1265.

[3] 屈群苹. 慈孝文化的现代困境与实践转型：浙江"慈孝仙居"的经验表达［J］. 治

理研究，2019，35（1）：114-121.

［4］邢继雯．认同、互构：德孝文化与乡村善治的耦合机理［J］．领导科学，2021（24）：98-101.

［5］民政部：截至2021年底我国60岁及以上老年人达到2.67亿．人民网［EB/OL］．http：//laoling.cctv.cn/2022/09/02/ARTIPEKeWJyoMqWnHCptkATJ220902.shtml.

［6］张军．我国适度普惠型社会福利制度构建的目标选择［J］．学术探索，2022（2）：68-80.

实施民生领域改革战略融合发展城市养老服务[*]

2019年9月召开的河南省委工作会议确定全面实施河南十大战略,其中包括全面深化改革战略,抓实民生领域改革,不断增进人民福祉。河南的老龄化程度在全国处于中等水平,但是河南的工资收入在全国趋于垫底,养老消费能力不足,养老事业发展欠账,养老产业有势头缺后劲,城市养老服务难以满足养老需求,而城市社区挖潜空间很大,亟须大胆改革体制机制,事业产业相互促进,居家、社区、机构统筹考量,尽快实现养老服务规划目标。

一、养老服务领域改革的历史与现实背景

我国的养老服务体系建设经历了四个历史演变阶段:一是政府和家庭共担养老责任阶段(1949年至20世纪70年代末),二是养老服务初步市场化阶段(20世纪80年代至1999年),三是养老服务市场快速发展阶段(2000年至2012年),四是养老服务市场全面发展阶段(2013年至今)。以服务场所和服务来源为标准,养老模式可分为家庭养老、居家养老、社区养老和机构养老,现阶段纯粹的家庭养老正在向居家养老转型,将来纯粹的家庭养老可能会消失而成为历史遗迹。

截至2020年底,我国60岁及以上人口为2.64亿,占全部人口的18.70%,其中65岁及以上人口为1.91亿,占全部人口的13.50%,其中失能、失智、半失能老年人总数已经超过5000万,占全部老年人口的19%。2020年河南60岁以上老年人达到1754万,占常住人口的16.98%。深度老龄化、快速老龄化和高龄化,对养老服务体系建设提出了新要求和新挑战,养老需求庞大而供给不足,如

---

[*] 本文为河南省社会科学院创新工程项目22A27"城市养老服务居家社区机构融合发展研究"阶段性成果。

作者:祁雪瑞,河南省社会科学院法学研究所研究员。

何又快又好地提供和保障基本养老服务成为政府面临的大课题。[①] 对此,省委、省政府都高度重视,河南省政府 2021 年工作报告在扎实有效保障改善民生板块中总结,年度新建社区养老服务设施 2027 处,但是离 2022 年社区养老服务设施全覆盖的规划目标还有不小的差距。城市养老服务需求量不及农村,但是复杂性和痛感度高于农村。"加快社区居家养老服务体系建设"是积极老龄化国家战略的重要内容。河南和全国一样,社区、居家养老服务供给是短板,而实践中的教训昭示,在公共财政投入有限和专业运营人员不足的情况下,社区和居家养老服务供给必须主要依靠养老机构才是可持续的。所以,养老服务居家社区机构融合发展是养老服务体系建设的正确方向,需要深入研究推动和完善。

二、城市养老服务居家社区机构融合发展是根本出路

养老服务发展走过了单纯依靠机构→逐步做实社区→延伸居家服务的历史阶段,现在到了链接三个空间、融合三种形式的历史关口。居家、社区养老是低成本应对人口老龄化的根本出路,而机构养老的专业优势和规模优势是失能老人和高端养老的优选,都是不可或缺的,三者既分工又合作。居家养老、社区养老和机构养老是三大类养老需求和养老方式,对接三种养老服务提供方式,是我国养老服务体系的三大组成部分。从我国养老服务的实际需要以及发达国家社会养老服务发展的成功经验看,三者不应该是相互分割、孤立独进的关系,而应该是一体化、融合性发展的关系。三者各有侧重,各司其职、相互促进、融合发展,共同服务于积极老龄化和健康老龄化国家战略,才是正确的发展方向,为此需要改革体制并重塑机制,纠正一些偏狭,完善一些不足,填补一些空白。

三、养老服务体系三大组成部分之间的关系

对于居家、社区、机构三者在养老服务提供中的关系,政策的要求是,"居家为基础、社区为依托、机构充分发展、医养有机结合","居家、社区和机构养老融合发展"。老年群体的实际养老状况是,"9073"或"9064",即 90% 的人居家养老,7% 或 6% 的人社区养老,3% 或 4% 的人机构养老,但是养老需求的满足情况,在居家和社区领域比较欠缺,居家养老的服务提供方,主要是社会家政而不是社区。在过去的政策设计和实际工作中,三者大多是相互孤立、相互割裂的,2019 年以后国家提出了融合发展,实际却没有真正落实。而从我国养老服务的实际需要以及发达国家社会养老服务发展的成功经验看,三者却不应该是相互孤立的(尤其是居家养老和社区养老),而是应该融合、协调发展的。融合、

---

① 老龄健康司:《2020 年度国家老龄事业发展公报》2020 年度国家老龄事业发展公报(nhc. gov. cn)。

协调发展包括共同进步的一体化发展和相互合作的互助发展两层含义。

四、养老服务居家社区机构融合发展中的问题分析

（一）养老服务供给呈现"哑铃形"特征

养老服务的现状是，追求经济效益的市场化机构提供的高端服务和政府兜底的敬老院提供的低端服务居多，普通老年人消费得起、质量有保证的中档服务不足，政府服务普惠性欠缺，高端养老服务企业没有为中下层分忧的社会责任担当，政府对此的引导和规制欠缺。解决养老夹心层需要补足社区养老服务的短板。截至2021年第一季度，全国共有养老机构38670个、机构养老床491.8万张，机构空床、社区缺床现象普遍，服务供给呈现结构性失衡。①

（二）政策误导养老服务投资偏重机构

从政府养老服务资金投向看，主要是以直接投资建设和建设补贴、运营补贴的名义，用在了养老机构和养老床位上，而居家社区养老服务方面，却少有政府资金投入。从社会资金投入来看，跟随政府补贴政策走，也是以投资养老机构为主，特别是投资于养老公寓、养老地产建设，更有甚者，形成了入门费400万元、月消费近2万元的高端养老园区在多地出现，有过剩之虞，而且已经出现烂尾，政府的各种补贴和优惠政策偏颇也是重要原因，补贴项目多，补贴行为和养老服务需求方少。

（三）城市社区养老设施数量少服务少

自2013年开始，政府在城镇社区陆续修建了一些设施，但是，其效果基本未能达到设计初衷，多半是有名无实，大多数是空闲或改作他用。社区自营的大多数已倒闭，机构运营也多勉强维持。机构运营的持续性主要跟服务规模有关，30张以上床位才能盈利，而一般社区只有10张左右床位。2022年3月的调研显示，作为省会城市的郑州，多数社区没有养老服务，去居委会、办事处咨询也得不到相关信息，工作人员的回答是："我们没有钱，上级没有要求。"②

（四）居家社区养老服务发展不够

居家养老与传统家庭养老的最大区别，就是得到政府和社会提供的养老支持。目前社区养老的依托作用远远没有充分发挥，很多养老家庭感觉无力和无奈。拥有养老服务平台的社区占比仅为10.4%，老年人的需求和养老服务资源难

---

① 民政部.2021年1季度民政统计数据[EB/OL].http://www.mca.gov.cn/article/sj/tjjb/2021/202101qgsj.html.

② 祁雪瑞2022年对郑州市及其他城市的养老服务相关课题调研成果和对河南省养老服务管理部门的访谈笔录。

以实现无缝对接,只有不足10%的老年人使用过居家养老服务。

（五）老年群体消费能力不足依赖外援

老年人生活基本保障水平较低,2021年的统计数据显示,城市老人的平均月收入为2377元,而农村仅为832元,这与养老服务的市场价格甚至80%折扣的老年优惠价格相比,老年人自身购买养老服务的能力明显不足。2021年郑州市的社区助餐服务,午餐15元,老年人优惠价12元,在养老服务普惠项目补贴资金停止发放服务券之后,餐饮公司承诺,就餐老年人仍然可以享受原优惠价,但是大多数老人却不再去就餐了。新建养老机构有"高大上"的倾向,脱离了普通老人的经济承受能力。另一个非常重要的问题是,长期照护保险覆盖面小,仍然限于已参加城镇职工基本养老保险的城镇职工。

五、城市养老服务融合发展的国外借鉴

在国外,居家养老服务一般称为"老年人社区照顾"。主流意识认为,马斯洛提出的人的五种需求层次,即生理需求、安全需求、社交需求、尊重需求和自我实现需求对老年人同样适用,服务管理和服务提供也朝着多样化、多主体方向发展。以英国为首的一些发达国家从20世纪中后期便纷纷开启了"去机构化"的养老模式转变,由机构独大转变为居家社区机构均衡融合发展。居家养老服务主体不仅包括家庭成员,还包括社区、社会组织、政府、企业、非营利组织等。日本、新加坡、英国、西班牙等先期老龄化国家无不如此,分析借鉴这些国家的先进经验,可以加速我们养老服务领域改革进程。

六、养老服务融合发展的对策建议

国务院办公厅2019年4月发布的《关于推进养老服务发展的意见》,对推进居家、社区和机构养老服务融合发展提出了明确要求,这将是今后一段时期养老服务体系建设的主要遵循依据。针对实践中的瓶颈和实践对顶层设计缺陷的比照,本课题组提出如下建议。

（一）对老年人家庭成员和社区志愿者免费培训

目前社区的养老服务提供主要是承接政府购买项目,是准公共产品。在居家养老以养老服务体系基础性支柱、家庭自我养老服务为主的情况下,政府支持对老年人家庭成员和社区志愿者进行免费培训显得必要而迫切。传统家庭养老对老年人的特殊需求缺乏科学认识,因而回应不准确、不充分,需要专业化的培训和启蒙。社区志愿者是弥补社会养老服务和家庭养老服务缺失的重要力量,应该充分重视和运用。

（二）探索"物业服务+养老服务"模式

对于社区居家养老服务提供，社区物业服务企业具有很多天然的优势，比如多项业务合并运作节约成本的优势，熟悉养老家庭状况工作人员随叫随到的优势等。支持物业服务企业开展养老服务，是补齐社区短板低成本高效益的选择。某社区物业在2022年2月的宣传资料显示，其工作人员义务帮助了一位本社区的独居老人晒被子，老人很感激。但是，这种举动没有形成常规服务，只是偶尔为之，没有持续性。

（三）打造社区"三社联动"机制

应以社区为平台、社会组织为载体、社会工作者为中坚，社区志愿者为支撑，积极探索互助养老服务。建立志愿服务记录制度，探索"学生社区志愿服务计学分""时间银行"等激励性做法，充分调动各类主体参与社区养老服务的积极性。

（四）支持养老机构向周边进行功能辐射

养老机构实现功能辐射，为周围居家养老和社区养老提供支持，是实现居家、社区和机构养老一体化发展的关键一环。居家社区养老服务提供、技能培训、业务指导，都离不开机构专业、规模优势的发挥。

（五）积极推动"机构社区化"和"社区机构化"

机构社区化就是要大力发展社区嵌入式小型养老机构，并把服务延伸到居家和机构之外的社会；社区机构化就是要在社区内发展多种形式的社会养老服务机构和组织，如医疗卫生机构、助餐助浴机构、日间照护机构、聊天陪伴志愿者组织等，而不仅仅是养老机构，要以专业化细分服务涵盖并做实养老服务。

（六）提高普通老人支付能力

我国老年人养老服务的需求意愿与行为之间存在明显的背离，近30%的老年人未将需求意愿转化为实际的利用行为，主要原因是支付能力不足。在不增加政府支出的情况下，可以考虑改革补贴对象，将每年补贴给养老机构的"建设补贴"和"运营补贴"直接补贴给经济困难的老人，即由"补砖头""补床头"转向"补人头"。

（七）建立支持家庭养老政策体系

基于血脉亲情的缘故和社会心理的习惯，家庭在情感关怀和心理沟通方面的作用不可替代。家庭在养老方面的基础地位，仍将在相当长的时期内保持下去。应针对家庭养老能力弱化的问题，完善家庭支持政策，政府、企业和社会共同合理分担家庭养老的责任。现在养老育幼的家庭税收抵扣已经实现，虽然抵扣额度有点儿低。如今，男性休产假也基本普及，养老政策应效仿育幼政策，将养老假政策化、法律化。

（八）尽快将长期照护保险覆盖全体老人

政府应将保基本和福利多元化相结合。"一人失能，家庭失衡"是失能失智老人家庭面临的重大困境，更是独生子女家庭难以承受之重。应认真总结第一、第二批试点城市的经验做法，特别是已经先行实施城乡居民长期照护保险的上海、北京、青岛、成都等地的成功经验，科学测算资金需求，合理分配投资责任，尽快将长期照护保险覆盖面扩大到全体城乡居民，这也是间接提升老人对社会养老服务的消费能力。

（九）建立区级以上养老服务信息平台

养老机构跨区域发展已经相当普遍，老年群体的流动性也日趋增加，信息平台建设至关重要，资深养老机构早有呼吁。搭建统一的、高级别的信息平台的最终目标是全国性的养老服务信息平台，是推进居家、社区和机构养老服务一体化发展的基础性工程。应以"智能化服务、大数据应用、全流程监管"为宗旨，打造覆盖养老服务所有环节的大数据平台。目前平台建设政府介入不足。

（十）政府购买倾斜智慧养老服务和产品

虚拟养老院是大众化养老服务的未来形态，它的初级阶段是智慧养老。现代网络信息技术是联通家庭、社区和机构的最有效手段，智慧养老也是提高养老服务质量、节约服务成本的不二选择。通过智慧居家社区养老平台，服务人员与老人的配比能从1∶5提高到1∶10，企业人力成本显著降低。政府购买倾斜智慧养老服务和产品，是促进三种养老服务融合发展的强劲推动力。南宁市"3+6"的智慧社区养老模式设计值得借鉴。鉴于线上网络建设的复杂性，社区可优先发展智能养老用品的租赁服务。

（十一）社区和机构积极搭建互助养老平台

互助养老包括老年人内部互助、代际互助和社会互助等多种形式。老年人群体内部互助养老也并不意味着互助体内部的绝对自给自足，还是会需要外部的一些服务，相当于养老小团体团购服务。社区互助养老是社区和居家养老多元化形式中的一种趋势性存在，通过这种相对新型的养老模式，也能促进居家、社区和机构养老的融合发展。

（十二）加强养老服务融合发展制度建设

目前，强调居家社区机构融合发展还只是停留在一句话表述的倡导上，相关立法还未见到，政策也鲜有，制度建设与这一事项的重要性不匹配，还需要一系列的制度体系进行落实。应总结地方立法经验，结合养老服务融合发展中面临的困境，提出养老服务立法的基本原则，融合发展养老服务应当解决的关键问题，规范化法定化政策导向和需要开展的工作项目与程序。

参考文献

[1] 向运华,王晓慧.新中国 70 年养老服务体系建设、评估与展望[J].广西财经学院学报,2019(6).

[2] 老龄健康司.2020 年度国家老龄事业发展公报[EB/OL].nhc.gov.cn.

[3] 中国失能半失能老人 4063 万占老年人口近两成[EB/OL].中国新闻网,http://www.chinanews.com/sh/2016/10-09/8025761.shtml.

[4] 民政部.2021 年 1 季度民政统计数据[EB/OL].http://www.mca.gov.cn/article/sj/tjjb/2021/202101qgsj.html.

[5] 祁雪瑞.2022 年对郑州市及其他城市的养老服务相关课题调研成果和对河南省养老服务管理部门的访谈笔录.

[6] 崔树义,杜婷婷.居家、社区、机构养老一体化发展研究[J].东岳论丛,2021,42(11):36-44.

治理现代化视域下的河南县域营商环境优化策略*

"水深则鱼悦,城强则贾兴"。为了推动县域经济"成高原",河南将优化县域营商环境作为重要突破口,提出要着力打造特色鲜明的县域营商环境品牌,大幅提升县域营商环境便利度。省内各县(市)也纷纷出台行动计划、实施意见等政策措施,力图在优化制度供给、服务供给和要素供给等方面取得更多成绩。然而,由于营商环境的公共性、系统性和复杂性,优化营商环境必然是一项多主体参与的公共治理活动,靠传统的思维定式和管理方式来推进显然力有不足,必须将更多的治理主体有效纳入营商环境建设之中。这就需要把县域营商环境优化放在县域治理现代化的进程中进行审视,在县域层面进一步确立现代治理理念,全面强化政府自身建设,持续深入推进"放管服"改革,并有效整合各方力量,着力构建政府、市场和社会协作治理机制,推动县域营商环境在县域治理水平的提升中不断实现再优化、再升级。

一、营商环境与县域治理的逻辑契合

(一)治理现代化视角下的营商环境基本属性

从现代化治理的视角观之,好的营商环境是政府、企业、社会等多元主体共同治理的结果,是由经济、政治、社会等领域的规范、规则构成的制度集合体,还具有明显正外部效应的特殊公共产品。其一,作为公共治理产物的营商环境。地方政府履行经济职能、发展本地经济的传统手段是拼资源、拼环境、拼政策,而优化营商环境则意味着要致力于为市场主体全生命周期提供高效、精准、持续的制度供给。从单纯招商引资到优化营商环境的转变是一场全方位、多层次的变革,政府在其间虽然仍然是责任主体,但同时也需要企业和社会公众的广泛参与。市场主体是营商环境最直接的感受者、体验者和评估者,而各类社会组织和

---

* 作者:金东,河南省社会科学院城市与生态文明研究所副研究员。

广大公众也是营商环境的有力维护者和监督者。营商环境的打造,是作为政府的公共部门和作为市场主体、社会主体的私营部门分工协作、密切合作下的公共治理活动。其二,作为制度集合体的营商环境。在制度经济学中,制度被理解为一套关于行为和事件的模式,包括法律法规等正规约束和伦理习俗等非正规约束,是经济运行和经济发展的内生变量,其主要作用在于抑制潜在的机会主义行为,使人们的行为更可预见,并由此促进劳动分工和财富创造。在某种程度上,优化营商环境就是解决体制机制等方面的"软环境"问题,通过由各种正式和非正式制度构成的有机组合,以更好地规范和引导市场主体的行为活动。其三,作为特定公共产品的营商环境。公共产品的典型特征是非竞争性和非排他性,即产品的受益对象之间不存在利益冲突,增加受益人不会增加成本,但排除受益人却需要很大成本。营商环境既不可被分割平摊,也难以被独自享受,属于市场主体共有的公共产品。优化营商环境就是要最大限度地满足公共利益的诉求,通过其正外部性的发挥为各类市场主体带来普惠性利好。

(二)优化营商环境是县域治理现代化的必然要求

现代化治理离不开良好的经济基础,只有在高质量发展中才能实现高水平治理。河南不少县域综合实力不强、政府财力有限、结构性矛盾突出,同时面临着总量不足和转型升级的双重压力,在县域治理现代化中的一大挑战就是治理资源投入不足,对公共物品供给、公共服务提供、激励机制建设、重大危机应对等心有余而力不足。而提出优化营商环境这一论题的出发点就是要更好地摆脱贫困、推动发展。世界银行营商环境项目的发起者迈克尔·克莱恩认为,与单纯依靠援助的方式相比,营造鼓励创业的营商环境更加有助于从根本上解决发展中国家的贫困问题。同样,对于广大县域而言,优化营商环境是经济发展的重要条件,其所带来的直接效果是市场活力的增强和经济总量的增长,而通过"放管服"等方式助力供给侧结构性改革,也会在稳住县域经济基本盘的同时进一步提高经济增长的质量。因此,在优化营商环境助推县域经济发展、县域经济发展助推县域治理现代化这一逻辑主线下,"营商环境"与"县域治理"之间建立了紧密的连接。不惟如此,营商环境建设本身也是现代化治理的一项重要内容。近年来,为了主动适应、把握和引领经济发展新常态,各地纷纷出台政策举措,致力于打造更具活力和吸引力的营商环境,营商环境正成为地方政府治理竞争的新场域。

(三)现代化治理为县域营商环境优化提供有力支撑

随着市场经济的不断发展和社会转型的不断加快,县域社会流动加快,利益诉求多元,原有的社会结构和社会秩序被不断打破,而新的制度体系还没有完全建立起来,在观念陈旧、方法滞后、市场不完善、法治不健全等多种不利因素的交织影响下,县域营商环境优化面临不小的压力。相对于传统社会而言,"现代化"的治理是对原有的社会形态进行调整、超越和完善,以适应现代社会发展要求的过程。如果分别从治理体系和治理能力两个维度评判,现代化治理应当至少包括协同化的组织体系、规范化的制度体系、法治化的运行体系,以及社会需求的发现和满足能力、社会共识的凝集和动员能力、治理资源的整合和利用能力等方面。在现代化的治理体系和治理能力的有力支撑下,以市场主体需求为导向对原有的规则秩序进行重新审视和建构,将会大大减少利益藩篱的阻隔,加快营造良好的营商环境的步伐。在县域层面推进现代化治理虽然存在一定的难度,但同时应当看到的是,县一级通常拥有较为完备的治理系统,又能够近距离倾听群众诉求,是将风险隐患防患于未然、化解在基层最直接有效和最有潜力可挖的治理层级。如果通过机制创新、技术赋能等方式合理配置和利用好人力、物力、财力等资源,将县域治理的潜在优势成功转化为治理效能,县域社会的市场化、民主化、法治化程度大为提高,对市场主体的开放度、透明度和可预期性也会越来越高,整体营商环境势必越来越好。

二、新时期河南县域营商环境优化的策略选择

近年来,河南省以习近平总书记关于县域治理"三起来"重要指示为根本遵循,围绕市场环境、政务服务、投资贸易、法治建设等领域持续发力,探索打造县域营商环境的"河南样板",并专门出台《河南省优化县域营商环境实施方案》,为县域营商环境持续优化提升做好顶层安排。省内各县(市)也积极贯彻落实上级有关决策部署,努力改善本地的行政效能、工作作风和社会生态,以求在优化营商环境上不断取得新成效。与此同时,虽然县域营商环境优化最近几年表现得热热闹闹,但整体而言还存在很大短板,现代治理理念尚未完全确立,多主体合作治理网络尚不完善。河南省2020年营商环境评价结果显示,县域营商环境总体得分明显低于省辖市,县域企业办事成本仍需压减,企业满意度相对不高。在治理现代化视域下,新时期的河南县域营商环境优化应当从以下四方面展开:

(一)进一步解放思想转变作风,强化"店小二"意识

理念决定方向,思想决定行动。要推进县域营商环境建设上台阶上水平,就必须从思想上、理念上实现质的突破和提升。优化营商环境要求政府方面要适应现代社会治理的需要,由权力思维转向服务思维,认清自我定位不是对微观主体进行指令性管理,而是为企业生产经营创造良好发展环境。为了切实促进县乡干部解放思想、转变作风,当好服务市场主体的"店小二",应至少在以下三方面重点发力:一是激励领导干部积极作为,克服"怠"的问题。引导领导干部切实认识到营商环境是市场主体的生命之氧、县域经济的培育之土,围绕优化营商

环境主动想事、主动干事，站在"用户体验"的角度换位思考，做到服务企业不推诿、协调事项不扯皮。同时，对于存在"轻商""卡商""压商"等损害营商环境建设的相关人员则要严肃问责。二是激励领导干部提升能力，克服"庸"的问题。通过开展专题培训、考察观摩、交流研讨等形式多样的方式，着力提升县乡干部的学习研究能力、岗位履职能力和精准服务能力，让广大领导干部在优化营商环境工作中发挥好战斗堡垒和先锋模范作用。三是激励领导干部敢于担当，克服"怕"的问题。"怕"的主要表现是前怕狼后怕虎，不敢干事、不愿担责、不想较真碰硬。对此，既要要求领导干部强化责任担当，锤炼过硬的工作作风，也要优化约束激励机制，通过出台鼓励创新、容错免责的制度和办法等方式为领导干部营造一定的试错容错空间。

（二）持续深入推进"放管服"改革，提高政府治理效能

在县域层面推动"放管服"改革向纵深发展，围绕"放得更宽、管得更严、服得更优"做文章，既是激发市场活力，让市场在资源配置中起决定性作用的需要，也是更好发挥政府作用，提高政府治理效能的需要。一是持续推进行政审批制度改革。为了让县一级拥有更多的自主权和主动性，应致力于构建市县一体化、扁平化的审批机制，依法有序向县（市）下放审批权限，做到能放尽放、真放实放，对与行政许可相关联的行政权力、公共服务和收费等事项，应当一并下放，确保关联事项能在同一层级"一链办理"。与此同时，要支持推动县（市）加强审批承接能力建设，通过专题培训、现场指导、案例示范、购买服务等方式，完善审批事项的流程支持和专业技术支撑，确保下放审批事项"接得住"。二是探索创新政务服务方式。加强政务服务中心窗口建设，完善异地受理、业务流转、监督管理等线上线下融合办理机制，健全实体大厅与网上办事大厅相结合的政务服务模式。针对一些地方存在的政务服务数据、信息传输存在壁垒，不能实现网络信息实时共享的情况，应积极推进一件事联办平台建设，推动各县（市）"一件事一次办"业务系统全部接入省一体化政务服务平台，还应拓展县域高频便民移动服务应用，推动更多应用场景实现"掌上办"。三是持续激发企业发展活力。应当以在河南全省开展的"万人助万企"活动为契机，在强化水、电、气、路、暖、通信等基本保障基础上，围绕企业全生命周期有针对性开展服务，重点围绕信贷融资、土地使用、人力资源等问题实施专项攻坚，对重点企业要一企一策、一事一议，千方百计破解影响企业发展的瓶颈制约。

（三）重点打造法治化县域营商环境，降低制度性交易成本

良法善治是市场经济的内在要求和有力保障，只有在法治环境下才会有公平的竞争和稳定的预期。新时期的县域营商环境优化特别要强化法治对于营商环境建设的突出作用，为县域内的各类市场主体营造稳定、公平、透明、可预期的良

好环境。一是加强法律法规宣传贯彻落实。加强对县域各类市场主体和广大群众的普法宣传,严格按照《民法典》规范处理民事主体间的人身关系和财产关系,认真落实包括企业法、合同法在内的各种市场经济基础法律,以提升破产审判司法能力和破解执行难问题为重点,着力提高涉市场主体司法案件办理水平。二是提升县域依法监管能力。要持续推进综合执法体制改革,推进跨部门联合监管,加强审批监管联动,增强事中事后监管的针对性、有效性。还要坚持严格执法与柔性执法相结合,果断查处假冒伪劣、商业欺诈等违法行为,严厉打击地方黑恶势力,也注意把准违法处罚尺度,切实履行执法者的普法、教育、预防、服务责任,避免监管过多过滥。三是加快完善重点领域的信用建设。要在政务诚信、商务诚信、社会诚信和司法公信等重点领域大力推进信用建设,加强信用信息公开和共享,构建政府和社会共同参与的守信联合激励和失信联合惩戒机制。特别需要指出的是,县级政府自身应当强化契约精神,力戒"新官不理旧账",政府做出的承诺和签订的合同务必兑现,在讲诚信、守信用方面走在前面。

(四)健全完善多元主体协同治理机制,形成强大治理合力

优化营商环境的过程同时也是公共资源的再配置过程,而公共资源配置的绩效标准应当是帕累托改善。由于营商环境的公共性使然,不同群体、不同层级的公众都在以不同的形式影响着营商环境,依靠单一的政府管制难以起到帕累托改善,只有健全由政府、市场主体、社会组织、公众等多主体共同参与的治理网络实施协同治理,加快推进县域治理的现代化进程,才能使县域营商环境不断取得质的提升。一是强化营商环境建设的公共性导向。县域营商环境优化必须始终把公共利益和民众需要作为出发点和落脚点,把人民满意不满意作为评价营商环境好坏的最高标准,通过一系列的制度供给和政策创新更好地回应企业和群众的期待。二是着力构建多元协同的营商环境治理机制。协作治理需要政府扮演好领导者角色,也需要其他参与主体能够真正发挥出影响决策的作用。政府要同各类市场主体、社会主体在平等协商中建立互信、凝聚共识,例如,在出台与生产经营活动密切相关的规章制度,以及制定涉及行业发展和企业权益的政府规划、技术标准时,就需要充分听取相关市场主体、行业协会、商会的意见和建议。三是发展壮大各类行业协会、商会等社会组织。河南县域层面的社会组织普遍存在自身力量薄弱、规模化水平较低、内部管理不够完善、社会认可度不高等问题,应鼓励现有各类行业协会、商会等组织进一步规范自身管理,加强企业自治和参事议事,有效维护市场主体的合理诉求和合法权益。

参考文献

[1] 娄成武,张国勇. 治理视域下的营商环境:内在逻辑与构建思路[J]. 辽宁大学学报(哲学社会科学版),2018(2):59-65.

[2] 吕朝辉. 地方治理现代化的衡量标准——基于体系与能力的关系视角[J]. 求索,2020(3):188-195.

[3] 杨华. 治理机制创新:县域体制优势转化为治理效能的路径[J]. 探索,2021(5):63-77.

[4] 何翔舟,吴俊杰. 国家治理的现代理念及体系构建[J]. 天津行政学院学报,2017(4):3-10.

河南推进营商环境法治化的路径思考*

在中央全面深化改革领导小组第二次会议上,习近平总书记提出:"在整个改革过程中,都要高度重视运用法治思维和法治方式,发挥法治的引领和推动作用,加强对相关立法工作的协调,确保在法治轨道上推进改革。"优化营商环境是一场全面深化改革的攻坚战,必须发挥法治的规范和保障作用,在法治的轨道上推进营商环境领域各项改革,做到每一项改革都于法有据,用法治的力量营造稳定、公平、透明、可预期的营商环境,让各类市场主体放心投资、安心经营、专心创业。因此,法治是最好的营商环境,在高质量建设现代化河南新征程上,必须要以习近平法治思想为指导,从立法、执法、司法、守法等全过程推进河南营商环境法治化建设,努力为实现两个"确保"提供有利条件、奠定法治基础。

一、加强营商法治环境领域的立法供给

加强党对营商环境领域地方立法的坚强领导

《中共中央关于加强党领导立法工作的意见》等政策文件进一步完善了党领导立法工作的制度安排。当前,通过党中央提出立法工作的目标、任务和方针战略,党中央审定全国人大常委会立法规划等立法制度,切实加强了党对立法工作的领导。在加强营商环境领域的地方立法供给时,也必须坚持党的领导,将其贯彻在立法的整个过程中,还要完善将党的政策转化为地方立法的机制。

结合河南现有的营商环境立法工作现状,建议从以下两个方面着手:一方面,整合现有的河南营商环境立法方面的政策要求,形成一部专门化、体系化的政策文件,来指导河南营商环境领域的立法工作。另一方面,全省制定专门的立法规划。营商环境法治化建设不可能一蹴而就,需要长远的规划。立法工作也是如此。与社会经济发展相适应的"良法"是实现营商环境"善治"的前提和保障。为更好优化营商环境,河南应当结合现实基础和未来发展,以五年为周期,

---

* 作者:王运慧,河南省社会科学院法学研究所副研究员。

考虑制定营商环境领域的专门立法规划,为五年内相关重大立法做好充分准备,指导具体的立法工作。

二、优化营商法治环境领域的审批执法

(一) 加强政府部门之间审批和执法的联动机制

从政府的角度来看,法治化营商环境要求政府做到"放权""管理"和"服务",并协调处理好三者之间的关系。政府的"放管服"改革与营商环境法治化建设之间有着密切的关联。"放管服"改革的效果影响营商环境法治化建设的进程,而营商环境法治化建设的现状又是评价"放管服"改革效果的直接标准。高效便民不仅是政府"放管服"改革的主要目的,也是法治化营商环境的必然要求。但在实际审批和执法中,仍面临"九龙治水"成效低下的窘境。

为改变此种现状,河南可以从以下三点着手:第一,在日常行政管理的过程中,政府各部门要建立信息共享机制。信息共享机制降低了部门之间沟通与协调的成本,合理压缩了行政服务的时间,为在法律规定的期限内依法准确办事提供了外在条件,还提高了行政处理的质量和效率。例如,河南省在《进一步优化营商环境 更好服务市场主体实施方案》中就推行了企业开办一网通平台、许可证跨地互认等新举措,降低了市场主体的成本负担。第二,建立部门联合处理的常态化机制。通常,一项行政事件会涉及工商、税务、消防等多方面的行政处理事项。单个部门独自处理其职权范围内的事项,通常会产生更多的成本,而且囿于专业人才、时间等关键资源的限制,获取充分证据的难度较大,不利于做出高质量的行政处理决定。多部门联合处理的常态化机制不仅可以实现资源的优势互补,调动更多的资源还原事情的真相,以充分的证据和准确适用的法律依据做出行政处理决定,而且使得作为行政相对人的市场主体更有效地配合行政机关的调查处理,减小对其经营活动的不利影响。例如,住建部为持续整治规范房地产秩序,联合国家税务总局、公安部等部门共同发文,建立常态化的整治机制,促进房地产市场平稳健康发展。第三,推进网络化信息化建设。随着科技的发展,互联网在行政审批和执法的过程中发挥越来越重要的作用。这也是未来行政审批和执法活动发展的趋势。目前,河南省委书记楼阳生强调指出,要以前瞻30年的眼光,大力实施数字化转型策略,以优化营商环境。在实践中,浙江省通过制定《浙江省电子商务条例》,推进网络化信息化建设,建立公共数据平台,主动服务电子商务平台经营者,营造便利的营商环境。

(二) 提升行政执法人员的法治素养

法治化营商环境,是为了人,建设也要依靠人。因此,行政执法人员要具备较高的法治素质。高素质的行政执法人员是营商环境法治化建设的重要保障。但

囿于以前政府机构臃肿、部门职责不清、办事效率低下等不利因素的遗留影响，在政府机关履行行政执法职责的公职人员中仍然有一部分执法者缺乏应有的法治素养，不利于依法行政水平的提升。

有鉴于此，河南要采取相应的措施，提高行政执法队伍的法治素养，使之满足营商环境法治化建设的高质量需要。第一，加强对现有执法队伍的法律培训工作。行政执法队伍是直接行使公权力、直接影响市场主体经营活动的一线人员。行政机关应当从源头把好质量关，对履行执法职责的公职人员进行培训，使之具备应有的法治素养和能力。例如，河南省郑州市、周口市等地方政府通过举办行政执法培训班，提高了执法人员的法治素养，取得了令人满意的执法效果。第二，设置合理的招聘条件。为应对变化迅速、错综复杂的市场环境和满足高标准的执法需要，作为加入行政执法队伍的新生力量应具备较高的法治素养，服务于营商环境法治化建设的大局。从现实可能和岗位需求来看，可考虑将法律学历背景、国家法律职业资格证书等作为执法岗位招聘的优先条件。

（三）充分发挥行政复议制度的功能

在行政法上，行政复议具有行政救济、行政监督和行政司法行为的性质。这也是其功能的主要体现。但行政复议制度作为营商环境法治化建设的重要内容，没有发挥其应有的效能及时有效地化解行政纠纷并纠正行政机关的不当行政行为。虽然现行法律规定，县级以上人民政府和做出行政行为的政府工作部门的上一级主管部门都可以成为行政复议机关，行使行政复议职权，但是囿于行政复议机关过多导致各机关处理的案件分配不均衡、行政复议人员过于分散等原因，行政复议的质量不高、效率低下，根本无法满足化解众多行政纠纷的需要，从而使大量的行政纠纷涌入诉讼当中。这种情况既损害了政府的公信力，也增加了市场主体的维权成本，阻碍了市场经济的发展。为此，《法治中国建设规划（2020—2025年）》和《法治政府建设实施纲要（2021—2025年）》都明确提出了要推进行政复议体制改革，以改变此种现状。

考虑现实状况和社会需要，河南可以从以下两个方面改革，提高行政复议的效率和质量。一方面，集中行使行政复议职权。政府可以将部分部门的行政复议职权进行集中，整合行政复议资源形成合力，更好地办理行政复议案件。此外，集中行使行政复议职权的部门及其工作人员应保持自身的独立性，避免其他行政机关的不当干预，影响行政复议的效果。河南省的行政复议制度改革具有代表性。除海关、金融、税务等行政机关和国家安全机关外，全省县级以上政府按照"一级政府只设立一个行政复议机关"的要求，由本级政府集中行使行政复议职权。并且，这种模式下，新设立的行政复议机关独立于其他行政机关，更有利于发挥行政复议的三重功能。另一方面，保障行使行政复议职权的公职人员具有高素质的法律能力。行政复议所要解决的法律纠纷不是简单的法律问题，涉及的情况更为复杂，对具体负责处理行政纠纷案件的办案人员来讲有更高的要求。因此，政府应当设定一定年限的法律工作经验、国家法律资格证书等门槛，并经考核通过，选取其行使行政复议职权。

三、强化营商法治环境领域的司法保障

习近平总书记在民营企业座谈会上说"民营经济是我国经济制度的内在要素，民营企业和民营企业家是我们自己人。"民营经济是市场经济的重要组成部分，其发展也要受到法律的保护。作为民营企业的掌舵人，民营企业家对民营经济发展有着至关重要的影响。其合法权益更应当得到司法的保障。但从司法实践看，依然存在不少民营企业家的合法权益受到刑事司法不法侵害的事件。

为切实保护民营企业家的合法权益，河南营造公平公正的法治化营商环境可以从以下两个方面入手：一方面，兼顾企业经营和司法效果，审慎适用强制措施。在对民营企业家涉嫌经济犯罪采取拘留等剥夺人身自由的强制措施时，应遵循"能不捕的不捕，能不诉的不诉"的原则，综合考虑其犯罪的性质、情节和影响以及企业的生产经营现状，审慎地做出决定，实现惩罚犯罪和保护经济发展的双重目的。在对民营企业家的财产采取查封、扣押等强制措施时，要严格区分企业的财产和企业家的财产、合法的财产和非法的财产，并且要遵循适度的原则对相应的财产采取查封、扣押等强制措施。另一方面，恪守刑法的谦抑性，严格划分民刑案件的界限。司法机关在处理民营企业家不正当行为时应按照罪刑法定、疑罪从无的原则，依据证据和客观现实，考虑民营企业家的主观因素，审慎地区分一般违法行为和犯罪行为。只要没有足够的证据，司法机关就不应当将其作为刑事案件进行处理。

四、营造风清气正、公平公正的守法氛围

（一）构建"亲、清"型政商关系

营商环境法治化建设离不开政府和市场主体之间的良性互动。其中，领导干部和企业家之间的关系至关重要。而在实践中，二者的关系却出现两种极端现象。一是懒政不作为。主要表现为领导干部抱着"多一事不如少一事"的思想，力求不出错，机械性地适用法律法规，对企业家不管不问。事实上，不仅违法乱作为是违法，违法不作为如懒政、怠政等，也是违法。二是过分"亲密"。主要表现在违规接受宴请、收受财物等违法违纪行为。这两种现象对法治化营商环境是极大的污染，降低了经济发展的质量，助长了权力寻租、贪污腐败的歪风邪气，严重破坏了风清气正、公平公正的守法氛围。因此，要严格划分领导干部和

企业家交往的合理界限，正确处理好二者的关系，构建新型的政商关系。例如，河南省洛阳市纪委监委通过"一套机制强推进""两张清单定规矩""三项联动促监督""四项措施提质效"的创新性的"1234工作法"，构建"亲而有度""清而有为"的政商关系，为经济发展营造了良好的营商环境。对于企业家而言，"亲"是要与政府保持沟通和联系，利用自身的优势发展地方经济。企业家可以在保证自身经营的同时，配合政府的需要，对企业经营作出适当的调整，实现企业盈利和社会责任的双目标。"清"是要合法经营，不采用贿赂等非法手段获取利益，并且，在遭受不法侵害时，企业家应积极主动采用合法的手段维护自身的合法权益。

（二）完善信用机制建设

综合考虑河南现阶段法治的发展程度和社会信用环境的现状，可以采用以下两种方法，以完善现有的信用机制。第一，强化破产程序的应用。僵尸企业的存在不仅浪费了大量的社会资源，而且扰乱了正常的市场秩序，破坏了优胜劣汰和公平竞争的市场环境。因此，对于没有希望的企业，应当逐步采取措施，降低对经济的不利影响，将其通过破产清算程序有序地退出市场。而对有潜在生存能力的企业，应进行破产重整，使之重新焕发活力。例如，河南省通过债务重组、资产处置、破产程序等方式，兼顾职工安置、税务办理等方面的考虑，对省属僵尸企业进行分类处理，既防止国有资产的流失，又维护市场经济的发展和社会稳定，取得了令各方都满意的社会效果。第二，建立良性统一的信用奖惩机制。目前，我国信用建设存在的最大问题就是失信成本过低。有些情况下，失信获得的收益甚至已经超过了失信损失的成本。虽然我国各地区已开始实行黑红名单制度，用以实现信用奖惩的良性循环。但是囿于监管和协调的缺失，各地区"黑红名单"的项目不一致、标准不统一、评价机制千差万别，致使其无法在全国范围内更好地发挥作用。政府应当统筹信用信息的采集和评价标准，并在全国性的信息平台上进行恰当的披露，以供市场主体和国家机关查询使用。此外，政府还应通过完善失信惩戒机制，例如，限制高消费、限制贷款等，依法进行社会治理，完善社会信用治理体系建设。

参考文献

[1] 习近平.加强政治建设提高政治能力坚守人民情怀 不断提高政治判断力政治领悟力政治执行力[N].人民日报，2020-12-26.

[2] 习近平.把握新发展阶段，贯彻新发展理念，构建新发展格局[J].求是，2021（9）：23.

［3］习近平.营造稳定公平透明的营商环境 加快建设开放型经济新体制［N］.人民日报，2017-07-18.

［4］郭富青.营商环境市场化法治化的中国思路［J］.学术论坛，2021（1）：1-12.

［5］王运慧.法治化营商环境如何打造［N］.河南日报，2021-07-26.

以立法推进河南新型高端智库建设的构想[*]

中国特色新型高端智库是党和政府科学民主依法决策的重要支撑，是国家治理体系和治理能力现代化的重要内容，是国家软实力的重要组成部分。近年来，河南新型高端智库建设蓬勃发展，取得了显著成效。为进一步加强河南新型高端智库建设，充分、高效发挥智库在党委政府决策中的咨询效能，建议依据、执行上位法，结合河南实际，制定较为全面、统一、细化的智库建设立法性文件。

一、以立法推进新型高端智库建设的必要性

开展新型高端智库建设立法是贯彻落实党和国家有关政策的需要，是执行有关行政法规的要求，也是新时期进一步提升党委政府决策的科学性、民主性、依法性的现实需要。

早在2013年4月，习近平总书记就对建设中国特色智库做出重要批示。党的十八届三中全会通过的《中共中央关于全面深化改革若干重大问题的决定》提出，加强中国特色新型智库建设，建立健全决策咨询制度。这是在中央文件中首次提出"智库"的概念。近年来，习近平总书记多次强调，广泛听取各方面专家学者意见并使之制度化，对提高党的执政能力、提高国家治理能力具有重要意义。

2019年9月1日起施行的《重大行政决策程序暂行条例》（国令第713号）第三节"专家论证"第十九条第一款规定：对专业性、技术性较强的决策事项，决策承办单位应当组织专家、专业机构论证其必要性、可行性、科学性等，并提供必要保障。第二十一条规定：省、自治区、直辖市人民政府应当建立决策咨询论证专家库，规范专家库运行管理制度，健全专家诚信考核和退出机制。市、县级人民政府可以根据需要建立决策咨询论证专家库。决策机关没有建立决策咨询

---

[*] 作者：邓小云，河南省社会科学院法学研究所所长、研究员。

论证专家库的,可以使用上级行政机关的专家库。

智库是一种相对稳定的、独立于政治体制之外的政策研究和咨询机构,其意见具有较强的中立性、专业性。专家咨询论证是人民依照宪法参与管理国家事务、经济和文化事业、社会事务的一种具体途径和形式,是公民知情权、参与权、表达权的重要体现,也是党政决策贯彻群众路线的具体途径和形式。这种途径和形式有必要走向法治化,得到制度化的规范、保障和有序、高效发展。开展新型高端智库建设立法,对于依法组建高水平智库、深化专家参与,进而提升立法、行政规范性文件制定和重大行政决策的质量,有深远意义。

二、河南开展新型高端智库建设立法的可行性

河南开展新型高端智库建设立法有一系列规范性文件可提供制度基础。根据中共中央办公厅、国务院办公厅印发的《关于加强中国特色新型智库建设的意见》(中办发〔2014〕65号),中共河南省委办公厅、河南省人民政府办公厅印发的《关于加强中原智库建设的实施意见》(豫办〔2015〕32号);河南省民政厅等九部门转发了民政部等九部委联合印发的《关于加强社会智库健康发展的若干意见》(民发〔2017〕77号);中共河南省委高校工委、河南省教育厅根据教育部印发的《中国特色新型高校智库建设推进计划》(教社科〔2014〕1号)等上位法制定了《关于加强河南省高校智库建设的意见》(豫高发〔2021〕134号)。目前,对于党政部门智库、社科院(联)智库、党校智库、高校智库、社会智库、企业智库六大重点智库,既有综合性的《关于加强中原智库建设的实施意见》予以整体规范,又有专门针对社会智库、高校智库建设的规范。这些规范在总体要求和组织领导上有交叉重叠,在发展格局和发展措施上各有侧重。可以考虑在统一的智库建设立法中保留宏观指导性的内容,同时针对不同类型的智库作出微观差异化的制度安排。

河南开展新型高端智库建设立法具有现实基础。近年来,河南省智库建设迅速发展并取得明显成效,为服务决策、服务大局做出了积极贡献。总体来看,河南智库结构版图可概括为"七路大军",即高等院校、社科院(所)、党校(行政学院)、党委政府及其部门研究所(室)、学术团体等社会组织智库、媒体智库和企业智库(企业智慧决策及执行系统)。这七类重点智库从名称来看就各有特色,如河南高校高端智库联盟、河南省社会科学院、河南省社会科学界联合会、中共河南省委党校(河南行政学院)、河南省清风智库研究中心、河南科技智库、智库河南、河南省智库文化研究院、河南智库教育研究院、河南发展智库平台、中原智库旅游研究院、河南日报智库、洛阳市交通运输战略发展研究院(洛阳市首家"交通智库")等。不同类型的智库各自有相对独立的主体系统和运行平台,所发

挥作用的领域、场域也比较明确、具体。经过多年运行，河南各类智库积累了一定的经验，同时急需更加开放、融合发展的制度支撑。在这样的情势下，可以考虑以地方性立法为河南新型高端智库进一步发展提供依据和规范保障。

三、河南开展新型高端智库建设立法需要重点关注解决的问题

河南如何进一步有效、协调发挥各类智库的决策咨询功能，实现新型高端智库建设立法的目的，目前尚面临一些问题。以下三方面问题可能需要重点关注解决：其一，智库的法律地位不明。如果通过立法推进智库建设，就要明确智库作为法律主体的地位、权利、义务和责任。然而，目前各类智库性质不一，或行政性或事业单位或企业或社会组织，并且同一智库内部人员归类不同，如党校和社科联内部就有部分行政编制、部分事业编制。这种情况下难以界定智库的法律地位。其二，地方智库存在结构不合理、影响力不够、独立性不足、经费匮乏的问题，尤其是市县级智库人才匮乏、人员研究积极性不高，社会智库、企业智库缺失等问题突出。其三，智库普遍缺乏评估审查机制。新型高端智库应该造就一支坚持正确政治方向、德才兼备、富于创新精神的决策咨询队伍，建立一套治理完善、充满活力、监管有力的智库管理体制和运行机制，充分发挥咨政建言、舆论引导、社会服务、人才培养、对外交流等重要功能。对此，如何设定合理、有效的评价标准，是较之配置人员和经费而言难以具体化的问题。

针对上述问题，新型高端制度建设立法性文件中可考虑以下解决思路：一是建立各级党委政府设立决策咨询委员会统筹相应区划的智库建设与管理的制度，以协调有关部门加大对智库的经费等资源支持，依法主动向智库发布有关信息，同时在七类重点智库中做大做强河南省社会科学院、省委党校、郑州大学、河南日报社等头阵智库，使其产生品牌效应，提升其竞争力，进而发挥它们的横向带动、纵向引领作用，形成各有特色、协调合作、资源共享、创新发展的省域新型高端智库体系。二是有重点地培育一批智库领军人才和杰出英才、特色课题或项目，激发智库的活力。三是由智库内部制定标准并按此进行研究成果质量审查，然后交给智库外没有参与该项目的若干同行人员进行审查，进而结合成果转化效果等指标，建立智库内外有机结合的评估审查机制，增强智库的竞争力。四是落实党中央、国务院发布的《促进科技成果转移转化行动方案》等文件精神，健全智库创新成果应用转化机制，提升智库之间以及智库与社会的聚合力。

参考文献

[1] 杨发庭，费洋. 国际比较视野下智库建设刍议［J］. 文献与数据学报，2020（4）：

111-121.

［2］杨胜兰．印度智库建设的成就、困境及其启示［J］．智库理论与实践，2020（6）：78-87.

［3］叶京，陈梦玫．新型智库发展趋势下智库人才队伍建设的对策研究［J］．社科纵横，2020（9）：119-123.

［4］卢文辉，毕丽萍．日本智库信息资源建设的经验及其对我国高端智库建设的启示［J］．智库理论与实践，2021（6）：126-133，142.

［5］马健瑞，曹建海．新时期我国新型高端智库建设的使命与创新发展建议［J］．全球化，2022（3）：114-121.

［6］唐立军，陶品竹．中国特色新型智库建设须着力几个"强化"［N］．光明日报，2022-05-06.

［7］樊欣，孙浩进．聚力高水平地方智库建设［N］．中国社会科学报，2022-06-02.

［8］王建红，祁斌斌．大数据赋能新时代智库建设的问题与对策［J］．华北电力大学学报（社会科学版），2022（4）：58-64.

［9］荆林波，吴田．中国特色智库建设综述与展望［J］．中国软科学，2022（11）：165-175.

［10］李柯凝．习近平新时代中国特色社会主义思想指导下的中国特色新型智库建设［J］．安阳工学院学报，2022（6）：1-3.

创新驱动发展战略下我国新型智库信息资源保障体系建设研究[*]

创新是推动经济社会发展的第一动力,也是实现中华民族伟大复兴的力量源泉。党的十八大提出实施创新驱动发展战略,2016年国务院发布了《国家创新驱动发展战略》,党的十九届五中全会确立了创新在我国现代化建设全局中的核心地位。习近平总书记也多次提到"当今世界,谁牵住了科技创新这个'牛鼻子',谁走好了科技创新这步先手棋,谁就能占领先机、赢得优势"。2021年10月29日,河南省第十一次党代会提出实施"十大战略",把创新驱动战略摆在第一位。

当前我国正处在全面发展的战略机遇期,面对国际国内复杂严峻的新形势、新挑战,只有抓创新、谋创新,实施创新驱动,才能更好地融入经济全球一体化中。新型智库作为国家创新发展的重要组成部分,已逐步发展成为政府和社会决策的重要参与者,承担着对社会发展态势进行科学预判、对区域发展出谋划策的职能。智库参与政府决策和社会治理的程度,以及智库综合影响力和智库竞争力的提升,由智库研究成果的质量所决定。智库科研成果的提升,依赖资金、信息资源、人才等物质基础,其中信息资源是开展科研创新的核心。目前,我国智库信息资源建设面临着信息制度不健全、信息公开不足、信息收集处理能力欠缺等问题,严重影响智库的科研产出。及时、全面、精准的信息资源能够提升决策咨询效率,降低智库决策风险。因此,十分有必要构建合理、高效的智库信息资源保障体系,提升科研成果质量,确保智库的可持续发展。

一、智库信息资源保障体系建设的理论分析

(一)信息资源保障体系建设的必要性

信息资源是智库研究的起点与基石,是智库开展科学研究的基础。所以,各类智库的发展都离不开信息资源的保障。进入新的发展阶段,面对现实问题的敏

---

[*] 作者:丁晓,河南省社会科学院文献信息中心研究实习员。

感性、复杂性和多变性，智库决策咨询服务逐渐转变为"人脑战"，其决定因素是信息资源。一方面，要通过资源获取和平台建设，从海量数据中发掘信息价值满足用户需求；另一方面，信息资源是智库竞争的核心资本，更是全球智库发挥情报服务功能的保障。从某种意义上讲，智库的情报服务依赖于智库研究，而高质量的研究成果则由信息资源转化而来。由此可见，高质量的研究成果和高水平的信息资源建设是密不可分的，高质量的研究成果决定智库的影响力和长远发展，因此，建设高水平的新型智库必须重视信息资源保障体系建设。

（二）信息资源保障体系建设的可行性

1. 国家政策的支持

2013年11月，党的十八届三中全会发布的《中共中央关于全面深化改革若干重大问题的决定》首次提出要建设中国特色新型智库。2015年1月，中国共产党中央委员会办公厅、中华人民共和国国务院办公厅发布的《关于加强中国特色新型智库建设的意见》中，指出了我国智库建设的发展路径和总体目标。其后，中央又出台了《关于社会智库健康发展的若干意见》和《国家高端智库建设试点工作方案》，对我国社会智库和高端智库发展给予了建设指导。2021年3月，党的十三届全国人大四次会议批准的《中华人民共和国国民经济和社会发展第十四个五年规划和2035年远景目标纲要》中，再次提出"加强中国特色新型智库建设"。这一系列文件对我国智库建设提供了重要的政策支持和指导，为智库信息资源保障工作提供了良好的政策环境。

2. 相关资源的支撑

在明确智库信息资源保障体系建设目标和思路、划分工作任务的基础上，要大力发展组建资源支撑服务机制，通过完善支撑服务机制辅助智库信息资源保障体系建设。智库信息资源保障体系建设的顺利开展，依赖多方面资源的共同保障，主要包括文献资源、人才队伍、科研经费、新技术的应用等，这些物质基础同等重要，缺一不可，共同为智库信息资源建设提供强有力的资源支撑。其中，文献资源是智库开展科学研究的基础，为信息保障体系建设提供了数据保障；人才队伍是智库可持续发展的内在动力，为信息保障体系建设提供了智力支撑；稳定经费是智库稳步发展的动力来源，为信息保障体系建设提供了资金保障；信息新技术的应用丰富了信息数据处理分析的手段，为信息内容的深度挖掘及智能化信息保障平台建设提供了无限可能。

二、智库信息需求分析

信息资源是智库科研竞争力的核心，需要对信息收集、分析、挖掘、输出的每个流程进行科学严谨的掌控，才能提供准确高效的决策咨询服务。因此，研究智库的信息需求特征、需求主体和需求内容是构建智库信息资源保障体系的基础和前提。

（一）信息需求特征分析

我国新型智库担负着咨询决策、科研评价、知识传播、政策普及、预测未来等职能，分析我国智库信息资源建设情况和国际一流智库的建设经验，发现我国新型智库信息需求具有以下特征：①时效性。信息技术迅速发展，只有及时、迅速地将新信息、新技术提供给智库研究人员和情报分析人员，才能确保信息及时流通，保证研究成果的适用性和前瞻性。②不确定性。随着研究内容、研究阶段、信息环境的变化，研究人员的信息需求也随之动态变化，需要及时的信息供给，保证信息服务的准确性。③整合性。智库研究涉及政治、经济、科技等多学科、多领域，智库自身的信息资源和政府的信息供给不能满足其信息需求，需要借助外部信息进行资源整合。④继承性。大部分智库研究领域和研究课题不是一个全新的工程，而是在已有研究的基础上不断丰富革新的过程，这就要求现有研究要继承和扩展已有的数据信息，服务于科研创新。

（二）信息需求主体和需求内容分析

智库信息资源保障体系主体构成中，信息需求主体、信息服务主体、信息辅助主体三者构成了一个合作网络，在信息保障过程中三个主体定位不同，承担的任务不同，对信息的需求内容不同，信息获取的渠道、信息处理的方式等方面也存在差异。信息需求主体是指智库管理人员和智库研究人员，决定着信息需求过程管理和行为；信息服务主体包括政府、企业和社会公众；信息辅助主体包括研究所、数据商、图书情报部门等第三方信息服务机构。分析可知，需求主体的信息需求，关注的是解决研究问题具体操作过程中产生的信息需求；服务主体的信息需求，考虑的是与研究课题相关的综合信息或前沿科技信息；辅助主体的信息需求是指全方位、多维度的信息资源支持。

三、智库信息资源保障体系构建

（一）信息资源保障体系构建原则

1. 以用户为导向原则

信息资源保障体系是中国特色新型智库建设的重要组成部分，其建设目的是通过信息服务为用户提供及时、准确、全面的智力产品，辅助用户的科学决策，因此，智库信息资源保障建设要坚持"用户至上"的原则。此外，信息资源保障体系建设应符合国家要求的相关政策法规，政策信息是构建信息保障体系的先决条件，及时准确的政策预判才能保障其良性发展。

2. 科学规范原则

信息资源保障体系涉及政府部门、智库自身、信息服务机构等，必须加强顶层设计，建立一个科学规范、系统高效的统一系统，从整体上对智库信息资源保障体系进行组织、协调、管理，以调整优化资源布局，促进智库信息资源保障体系的科学有序发展。此外，智库研究信息需求内容广泛、形式多样，需要采取统一、规范的数据标准，才能满足用户的信息需求。

3. 共建共享原则

智库信息资源保障体系的可持续发展依赖各机构之间的信息共享，共建共享加速了各类信息在各机构间的流动，扩展了信息流动的广度与深度，提高了资源利用率，也提升了信息服务范围。此外，要注重智能化信息共享平台的建设和信息资源安全建设。

4. 可持续发展原则

智库信息资源保障体系建设是一个循序渐进且系统的过程，需要在已有信息保障资源的基础上进一步丰富与优化，以满足用户不断变化的信息需求。因此，信息资源保障体系建设应重视当前需求，着眼于长远发展，统筹好发展规划，更好地为用户提供智力服务。

(二) 信息资源保障体系构成主体

信息资源保障体系涉及成员主要包括政府、信息服务机构、智库、公私企业和社会公众，它们既相互支持，又相互联系，共同构成智库信息资源保障体系运作的基础。

政府作为整个社会的监督者和管理者，具有成熟完备的调控能力和强大的信息优势，既能从宏观层面协调信息保障体系建设，又能通过信息公开强化智库自身信息资源建设。智库研究涉及多学科、多领域的知识信息，仅靠智库自身和政府提供的数据资源无法满足研究需求，需要第三方信息服务机构提供信息支撑。研究所、数据商、图书馆、企业信息机构、高校信息机构等第三方信息服务机构供给的数据资源内容广泛，且信息加工的深度也适应需求，满足了智库机构的基本信息需求。智库将内部和外部获取的信息资源转化成科研成果，作用于服务对象，为政府提供决策服务、为企业和社会公众提供发展咨询等信息服务。科研成果的推广应用给智库机构带来了资金支持和评价反馈，也促进了成果转化，提升了智库学术影响力和社会影响力。

(三) 信息资源保障体系构建

从智库信息需求和信息保障体系构成主体出发，我国智库信息资源保障体系可从组织层、资源层、应用层三个层次构建。各层次按照智库业务流和信息流合理衔接，既相互独立，又彼此支持、缺一不可，共同维护信息保障体系的良好运转；以政府宏观调控和信息服务机构为信息支撑的外部环境保障，与智库机构内部相协调的内部环境保障相互支持，优化完善智库管理和智库信息互动，为智库科研创新提供全面的信息保障，所构建的智库信息资源保障体系如图1所示。

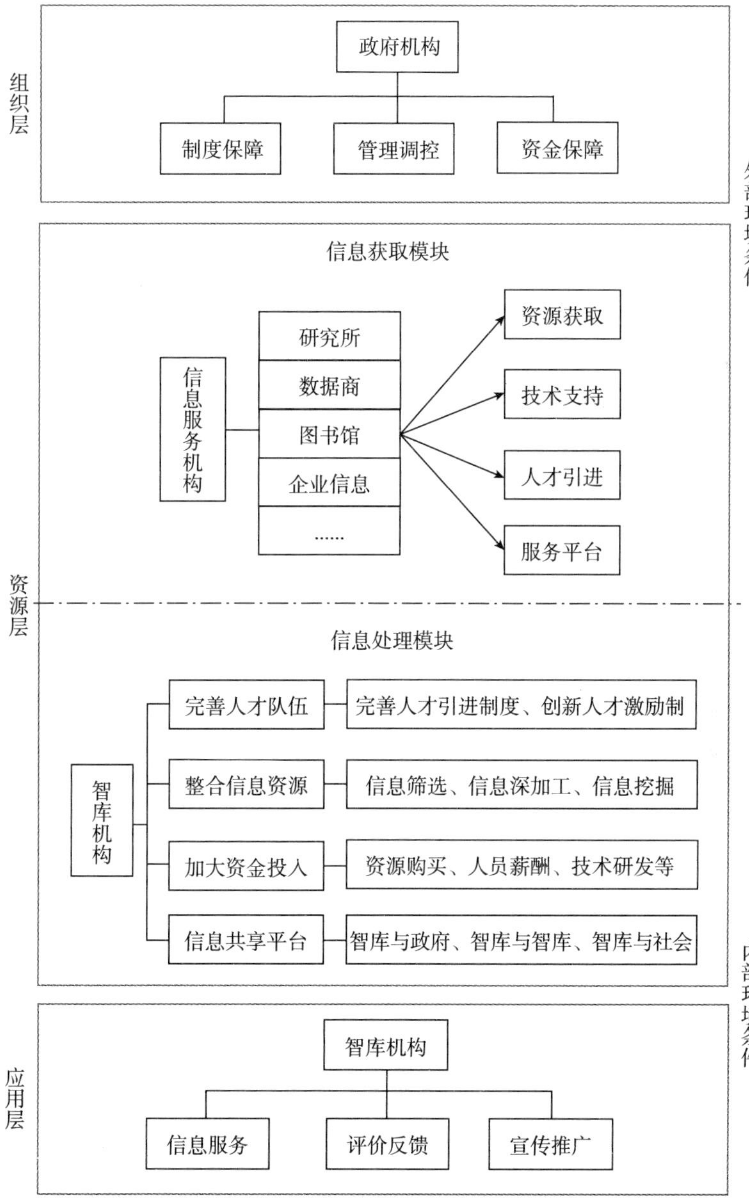

图1 智库信息资源保障体系

1. 组织层信息资源保障

智库信息资源保障体系中，位于组织层的政府从整体把握智库信息保障工作建设方向，政府的信息保障主要体现在制度保障、管理调控、资金保障三个方面。

（1）制度保障。智库信息资源保障体系建设涉及多方力量，如政府、信息资源机构、其他智库机构等，建设过程受到经济社会发展现状、国内外政治环境等因素的影响。所以，构建满足智库信息需求的保障体系，需要政府的制度保障及宏观调控。完善智库信息资源建设相关的政策法规有利于调控相关部门的责权关系，为智库信息资源保障体系中的信息平台建设、信息资源获取等方面提供良好的制度支持和监督。

（2）管理调控。智库开展科研创新必须掌握丰富的信息资源，但在智库的建设运营中，政府与智库之间、智库与智库之间、智库与信息资源机构之间信息交流严重不足，导致信息获取、信息流通存在壁垒。因此，需要政府建立一个智库信息管理平台，通过整体规划、部门协调、资源整合等，强化管理调控，规范智库信息资源管理，保障信息管理平台的合作共享。

（3）资金保障。智库信息资源保障体系建设是一项长期且复杂的工程，需要充足的建设资金，无论是主体运营、信息资源购买，还是智力成本，都离不开政府的资金保障。美国为保障智库的正常运作，专门设置了智库资金资助管理部门；日本政府每年对智库的经费拨付约占科研经费总支出的1%。发达国家智库的建设经验表明，智库建设离不开政府的资金支持，我国要加大智库信息资源保障体系建设的资金投入。

2. 资源层信息资源保障

智库信息资源保障体系中，资源层是智库信息保障工作的核心环节，主要包含信息获取和信息处理两个模块。信息获取模块属于信息资源机构信息资源保障，信息处理模块属于智库机构自我信息资源保障。

（1）信息获取模块。智库研究属于密集型智力产业，需要收集丰富的实践信息和理论知识，并对其进行科学严谨的数据分析，才能形成最终的研究成果。在信息化时代，数据信息规模巨大且复杂，碎片化、非结构化数据的增加给智库信息获取和分析挖掘带来了一定的难度，影响了智库工作效率。而信息资源机构在智库信息资源保障体系中发挥着至关重要的作用，它不仅拥有丰富的文献资源，还同时拥有专业的情报分析人才、先进的数据信息处理技术、高效规范的数据信息服务平台。信息资源机构的信息获取不是单一的资料收集和数据整理，同时需要管理、技术、科研等方面资源做支撑，才能使信息获取的各个流程环节衔接更加顺畅。其中，图书馆可借助自身的资源优势，提供报纸、图书、多媒体等信息资源；科研院所和高等教育机构通过培养服务智库信息化建设的专业人才，进行信息安全、资源整合等技术保障工作；统计局和数据商可借助数据优势，搭建智能化数据服务平台，推动公开数据的开放共享，实现智库研究的数据支持。因此，信息获取模块的构建可以从资源获取、技术支持、人才引进、平台建设等方面考虑，共同发挥信息保障作用，为科研创新工作提供有效的信息供给。

（2）信息处理模块。智库信息资源保障建设中，位于资源层信息处理模块的智库自身起到关键作用。智库自身的信息保障是指智库自身对上一环节获取的外部数据资源进行深入且专业的筛选和处理，将研究相关的外部信息和智库已有的内部信息相融合，扩大相关信息库，保障智库信息分析和信息管理的顺利进行。在此过程中，智库研究相关的选题、研究过程和研究结论完全依赖于获取到的信息资源，先进的信息技术和处理方法直接影响研究结果的呈现及研究信息的整合。

智库信息资源分析和管理的信息化、数字化建设是未来的发展趋势，这就要求智库必须通过培养高水平的管理人才和技术开发人才，利用新技术搭建信息管理平台，实现研究数据的高效处理和深度整合，以满足智库研究所需的信息，提升智库的综合影响力和核心竞争力。因此，智库信息处理模块可从完善人才队伍、整合信息资源、加大资金投入、搭建信息共享平台四个层面构建，为智库自身的信息保障体系打下坚实基础。

3. 应用层信息资源保障

应用层是服务主体将智库成果服务于服务对象，得到评价反馈的信息转化利用过程。我国新型智库在运营过程中较为注重信息服务，在成果推广和反馈评价环节相对较弱。智库是知识型服务机构，研究成果内容丰富、形式多样，如研究报告、学术论文、专著等，可以为政府提供决策咨询，也可以为企业提供发展咨询、技术支持等。在智库信息资源保障体系建设中，不能一味地注重数据资源收集、整合，也要注重信息成果的宣传推广，宣传推广对智库未来发展、扩大智库影响力起到举足轻重的作用。同时要加强与社会各界的信息交流，及时得到多方面、多维度的反馈评价，根据反馈建议进一步完善信息保障体系建设。应用层构建可以从智库信息服务到评价反馈，再到宣传推广，逐步完善信息保障体系的最终环节，实现智库的稳步长远发展。

四、结语

随着国家治理体系和治理能力现代化的进一步加强，智库信息资源保障体系发挥着越来越重要的作用。本文构建的组织层、资源层、应用层信息资源保障体系中，政府从整体把握智库信息资源保障的建设方向，信息服务机构为智库机构的信息供给、信息处理提供坚实的基础,智库机构通过宣传推广、评价反馈加强自身建设,内外联动共同支持智库信息资源保障体系的良好运行。相信随着智库信息资源保障体系的建设和完善,智库的信息处理、分析能力会再上新台阶,为我国新型智库的政策研究、咨询服务等提供强大的基础保障,不断提升新型智库的综合影响力和竞争力。

参考文献

[1] 黄晓斌,罗海媛.兰德公司的信息保障体系建设及启示[J].情报理论与实践,2019,42(12):24-29.

[2] 任福兵,李玲玲.基于主客体信息需求的智库信息资源保障体系构建[J].现代情报,2018,38(4):156-162.

[3] 史琳,宋微,张舒逸.吉林省智库信息资源保障体系建设研究[J].智库理论与实践,2019,4(2):51-57.